高等学校教师

高校教师
职业道德修养

李建华 / 主编

姚文佳 / 副主编

刘铁芳 / 主审

湖南省高等学校师资培训中心 / 组织编写

湖南师范大学出版社

再版前言

高等学校教师岗前培训是新补充到高等学校的教师任教前的职业培训。目的是使青年教师了解教师职业的特点和要求，掌握基本的教育教学知识、技能和方法，树立素质教育观念，增强职业道德修养，依法从教。岗前培训也是国家加强高校青年教师队伍建设的重要举措。为了进一步做好高校教师岗前培训教材建设工作，提高岗前培训教学效果，2005 年由湖南省教育厅组织、湖南省高等学校师资培训中心负责具体实施，编写了用于高等学校教师岗前培训的《高等教育学》《高等教育心理学》《高等教育法规概论》《高校教师职业道德修养》等系列教材。2010 年湖南省高等学校师资培训中心又组织对这套教材进行了全面的修订，同时，为了适应提高新任教师的教育教学技能的需要，还新编辑出版了《高校教师教育教学技能》。2010 年修订、编辑出版的岗前培训系列教材，在科学性、前沿性、实用性、针对性、创新性等方面都有很大的提高。五年来，这套教材在提高我省高校教师岗前培训的质量与效果方面发挥了积极作用。但在实践中也发现这套教材仍然存在一些问题，如结构体系设置不够科学合理，有些内容陈旧、重复、不够精练，高等教育发展出现的新情况、新内容、新成果没有在教材中得到反映，等等。因此，2014 年以来，我们组织对这套教材进行了再次修订。为做好修订工作，编委会先后三次召开教材修订会议，组织相关主编与专家进行了认真研讨，提出了具体可行的修订方案。经过各位教材编者一年多时间的辛勤工作，现修订工作已经按期顺利完成，修订后的新教材即将由湖南师范大学出版社出版发行。新修订教材的主要特色是：

1. 体系结构更趋合理，更加科学。修订后的五本教材在内容上基本各自独立，在体系结构设置上更加科学，呈现条目化、专题化，层次清晰，重点突出，观点正确，实现了系列教材编写风格的统一。

2. 内容更加精练、紧贴前沿。教材修订突破传统编写框架，剔除了陈旧、重复与过时的内容，压缩了篇幅，更加精练；同时吸纳了近五年来高等教育改革与发展的新内容以及学科前沿的最新研究成果，使教材内容更贴近前沿，具有创新性。

3. 更具实用性与针对性。新教材剔除了一些实用性、针对性不强的教学案例，增加了大量内容新颖、实用性、针对性更强的案例，使教材与高校教育教学实践更加联系紧密，增强了教材的实用性、针对性。

这套教材作为湖南省高校教师岗前培训教材，它的修订出版对提高我省高校教师岗前培训的质量、促进高校教师专业发展将发挥重要作用。

编委会

2015 年 7 月

目 录

第一章

高等教育发展与高校教师职业道德

● 内容提要

　　本章主要阐述高等教育发展与我国高校教师职业道德的关系。高等教育的不断发展对我国高校教师的职业道德建设也提出了相应的要求。加强高校教师职业道德建设是实现"以德治校"的重要保证，是提高学校德育实效性的需要，是实施素质教育的根本保证，同时，也是转变社会风气，提高高校教师素质的必然要求。

● 学习目标

1. 通过学习，了解中西方师德的历史发展以及师德的基本含义。
2. 通过学习，理解新时期加强高校师德建设的意义。
3. 通过学习，把握高校教师职业道德的特征以及主要作用。

教师的事业是提高人的素质，使人完善，使人类进步的崇高事业。18世纪启蒙思想家和教育家卢梭曾说过："在敢于担当培养一个人的任务以前，自己就必须要造就成一个人，自己就必须是一个值得推崇的模范。"教师要教育人、改造人、完善人，首先要不断完善自我，加强自身的道德修养，塑造自己的完美人格。高尚的道德情操一直是师德的根本标志，也是教师整体素质的核心部分。努力培养和提高教师个人的道德修养，是教师从事教书育人这一崇高职业所必须具备的基本素质。因此，高校的道德建设必须把加强师德建设放在核心地位。

第一节　师德——一个亘古常新的话题

高校教师作为教书育人的主体，肩负着培养社会主义事业接班人的神圣职责。社会主义事业的成败，民族的兴亡，祖国的前途和命运，在很大程度上取决于全民族科学文化素质的提高和人才的培养。而教师的素质和水平，不仅直接影响到教育事业的成败，而且影响到全民族的科学文化和道德水平。一个大学教师不仅要有渊博的科学文化知识，懂得教育的规律，而且要有较高的道德修养，不断提高道德认识，培养自己高尚的道德情操和道德品质，去完成时代赋予的历史使命。

一、师德的含义

探讨高校教师师德，首先就要明确师德的含义。只有深刻地把握师德的含义，才能使现代师德的建构拥有坚实的基础。师德是社会道德的重要组成部分，是指教师在从事职业活动中逐步形成的道德观念、道德情操、道德行为和道德意志的总和，是教师应遵守的道德原则规范和应具有的道德品质，是教师素质的核心。师德体现着社会和人民对教师的希望和要求，是教师在处理和调整教育教学活动中人与人之间关系的基本的道德要求。只有教师师德高尚，学生才能"亲其师，信其道"。高校教师师德水平的高低，不仅反映了教师的个人素质和道德修养，反映了高校教育系统整体道德水平，还反映了社会整体的道德风貌。师德不仅超越了一般的职业道德，还是一种特殊的角色道德。

（一）师德超越了一般的职业道德

1. 师德涵盖面广，渗透性强

师德与一般的职业道德是不同的。一般说来，职业道德是某种职业范围之内的所特有的道德要求，是独立于公德、私德之外的。作为一种独立的道德形态，职业道德一般不扩大到社会公德、个人私德的领域。也就是说，如果我们认定师德是一般的职业道德，那么师德仅仅指教师从事这一职业时的道德要求，而不能涵盖教师作为一个普通人的公德、私德，更不能渗透到教师工作之外的生活中。但实际上，师德并非如此。师德不仅涵盖面远远超出了职业道德的所辖范围，而且还渗透到公德与私德的领域，使教师的整个生活中都充满了作为一个教师所应具有的道德要求，而无课堂内外之别。即使教师走下讲台，走出教室，人们仍会以"为人师表"的标准去看待他，衡量他，以致教师在社会公共场合以及私人生活中，也必须持有教师的身份标准。如果某个教师在道德上表现出一些与教师身份角色不符的行为，大家就会指责他"当教师的怎么会这样"，"不配为师"，等等。在人们的眼中，教师应该是各方面都优秀的人物，无论是在校内还是在校外，而一般的职业道德中很少有像师德这样的要求。营业员下班以后，人们并不以一个营业员的标准去要求他，他在公共场合和个人生活中的一言一行并不涉及其行业规范，而教师则不然。师德明显超出职业之外，而又渗透在公德和私德之中。当然，师德并不是做教师的这个人的所有的道德，而是教师在关系到教育方面的、涉及教育领域的、可以对教育领域发生影响的职业生活、社会公共生活和私人生活中应该持有的道德。

师德是对一般职业道德的超越，这是由教育的本质所决定的。教育是一种高尚的事业，是培养下一代的活动，这决定了师德与一般的职业道德有着根本的不同。教师本身具有教育性，教师的行为不仅涉及自身，更重要的是要考虑到对学生的影响。教育赋予了教师这一特定的社会角色，也赋予了教师特殊的道德要求。作为教育者的教师不仅是作为"劳动者而存在，而且作为劳动手段而存在"，"劳动的执行者和工具是融合在一起的"，一个技术精湛的工人尽管个人生活不检点，还可以顺利地工作；但一个个人生活不检点的教师就难以立足于讲台。工人只是作为劳动者本身，面对的是机器。教师作为劳动者和劳动手段，他本身面对的是人，从事的是塑造人的灵魂与精神的工作，其劳动本身就有对劳动者及劳动手段的道德要求。

师德与公德及私德既相互联系又相互区别。高校教师在公德和私德方面的道德表现是其整体道德水平的综合反映，也会影响到其在职业活动中的表现。一个在公德和私德方面表现较好的老师，也必然更加关心、爱护学生，尊重和理解学生，反之亦然。因而人们常常把一些公德和私德的要求列入师德规范之中，即便像衣着整洁、举止大方之类的文明礼仪也列入其中。其实，衣着是否整洁、举止是否大方与个人习好和修养相关，是个人在生活方式、生活态度方面的一种自我选择。衣着整洁、举止大方本身并非道德要求，但由于其在教育中对学生可能产生影响，因而，对教师而言，就具有道德意义了。

2. 师德要求高，示范性强

百年大计，教育为本，教育是一项神圣的事业。从社会期望来看，由于教师的社会地位重要，肩负的责任重大，人们对师德的要求就更高。作为教师，就要把教育看成是可以托付终身的事业，而不能仅仅当作谋生的职业。职业道德是从事某一职业的人所应遵循的基本的道德要求，现代的教师仅仅具备一般的职业道德要求是远远不够的，还不能说是具有真正意义上的师德。师德无疑是高于一般职业道德的。教师在教育中体现出来的应该是一种事业心，而不仅仅是一种职业感。现代教育要求教师做一个能够为教育献身的"蜡烛"，而不是仅仅靠从教为生的教书匠。

"学高为师，身正为范"，师德不仅要求高，而且示范性强。这表现为师德上的一个"道德验证效应"，即教师要求学生做到的，自己首先要能够做到。一个教师宣讲道德，学生就期望其言行一致，能够说到做到。如果教师说到而自身做不到，学生就会怀疑其正确性，从而降低教育效果。这就要求教师不仅要做"言之师"，而且要做"行之师"，不仅能够坐而论道，而且能够起而行之。一个人虽然满腹经纶，但生活放荡、道德败坏，就不配为师。自古至今为人们所称道的优秀教师都是道德高尚的人，他们以自身的卓越品行在社会上树立了光辉的形象。在生活中，提起某某是教师，人们就会很自然地认为他的品质应该是不错的。因为社会赋予教师一个预先的设定，教师总是道德水平较高的人，要不然就不能成为教师。既然是教师，道德素养上则不应该是差的。

师德的高要求、强示范性要求教师不仅要以言立教，更要以身立教，这使得教师的个人生活也具备了教育性，使教师时刻生活在社会的监督之中。师德要求教师不仅在教育中要堪称楷模，而且在家庭和社会中也要做出表率。教师在道德

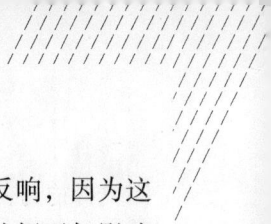

方面（无论公德还是私德）一旦出了问题，总会引起社会上强烈的反响，因为这和人们对教师的道德期望形成了巨大的反差。一个道德水平低下的教师不仅影响到自身的信誉，而且影响到学生的成长，还影响到教师队伍的整体形象。我们虽不能强求每个教师都是典范，但教师至少应该做到在职业道德、公德和私德上无可厚非。

当然，"道不远人，远人非道"，师德的要求也不能脱离教育实际和教师生活的实际。在现实生活中，师德有时候难免会与公德及私德出现冲突，如教师对子女的教育与学校教学任务之间的冲突，教师自身的价值观念与学校的教育理念之间的矛盾，等等。面对这些冲突和矛盾，我们所应做的是既不能用师德过于限制教师作为社会普通一员的私人生活，也不能让教师在私人生活领域背离师德。师德与公德、私德之间应该是和谐一致、相辅相成、相互促进的。

（二）师德是一种特殊的角色道德

师德是一种特殊的角色道德，是作为"教师"这一特定的社会角色所应具有的道德，从其产生发展来看，师德与人类文明共始终。有的职业道德会随着职业本身消失而消失，而师德却是永恒的。教育的永恒性决定了师德的永恒性。教师是师德的载体，有了教师就有师德。师德伴随着教师角色的产生而产生，伴随着教师角色的发展而发展，师德与教师这一角色共始终。这可以从师德的社会意义上和个体意义上的产生发展历程中探析。

1. 从社会意义上看师德的产生发展

从社会意义上看，教师角色先于教师职业出现，兼职教师早于专职教师出现。这就决定了师德从诞生那一刻起就是一种角色道德。当教师成为一种独立的职业之后，其职业道德才成为师德中的主要部分。

教育家杨贤江说过，自有人生，便有教育。我们同样可以说，"自有教育，便有教师"。师德与教育的联系比师德与职业的联系更为紧密。教育的产生，标志着教师的产生，教师产生了，师德也就应运而生了。

在我国古代，"老师"在很长时间里都是由年长的、有经验的老年人担任的，一般是"老者为教"，"能者为教"。古代文献中记载，学校在夏时称为校，在殷时称为庠，周时称为序。在"庠"和"序"中，一般是德高望重的老年人对年青一代进行教育。《史记·孟子荀卿列传》中也记载："齐襄王时，而荀卿最为老师。"后来，就把教学生的人称之为老师，如金代元好问在《示侄孙伯安》一诗中写道:"伯安入小学,颖悟非凡貌,属句有凤性,说字惊老师。"但此时,"教师"还并不是作为一种专门的职业,而是作为一种特定的社会角色存在的。教师不是作为独立的职业出现的,具有"兼职"和"官师合一"的特点。在奴隶社会时期,教师一般都由官吏兼任。"师"之名称起源于军官,"师"最初就是军官的称号。在封建社会时期,官学(中央、地方)中教师大多也是"官师合一"。官学中的教师享有优厚的待遇,教职与官职是有联系的。例如,南朝宋吏部尚书何尚之领国子祭酒,中散大夫裴松之领国子博士。在西欧封建社会时期,宗教垄断学校教育,教师一般由僧侣、教士、神甫、牧师担任,而在民间,商人、裁缝、木匠和鞋匠也充任着教师的角色。

教师作为独立的职业出现始于春秋时期的教育变革。官学衰落,私学兴起,原来是政教合一,现在是教育从政治中分离出来,教师不再由官吏兼任,而成为一种独立的职业。教师是专门的脑力劳动者,以传授知识经验、培养人才作为自己谋生的途径。如《吕氏春秋·离谓》记述郑国的邓析讲《竹刑》,授法律,"与民之有狱者约,大狱一衣,小狱襦裤,民之献衣,襦裤而学讼者,不可胜数"。在创办私学的人中,最出色的是孔子,他培养了弟子三千,其中贤者就有七十二人。

在漫长的封建社会中,官学与私学一直是并行的,专职与兼职教师也同时并存。在教育上虽然存在官学和私学的分化,但对师德的要求是相同的,教师的角色定位也是一致的。当然,官师与塾师的地位不可同日而语,名师与非名师也相去甚远。以收徒讲学为业、经济来源靠学生的塾师,其地位并不是很高。由于我国崇尚的是"学而优则仕",因此私学的教师常常是官员的后备军,落第秀才执教鞭、进蒙馆,一有机会,还是要去从政的。直到近代,官师才真正分离,教育上由教师专门执教。

当教师成为独立的职业并且有了专职教师以后,就需要有关于这一职业的基本的道德要求来规范从事本职业的所有人,这样教师的职业道德就诞生了。职业道德所规定的是为师从教的最基本的道德要求,显然这是包括在教师的角色道德之中的。当今世界各国都重视教育,在师德方面也大多颁布了成文规范,虽然名称各异,但基本上都是对教师这一特定角色的道德要求。

知识窗

教师尊称的由来

在我们这个有着数千年文明和尊师传统的国度,从古代以来,老师的称谓便很多，其中尊称约有"师氏"、"西席"、"山长"、"师长"、"老师"、"先生"等。

"教师"一词最早出现在《学记》中："教师者所以学为君也。"古代称教师为"师"，与军队有关。西周立国之初，为了加强军队统治力量，统治者便开始办学校，培养贵族子弟。这些贵族子弟在学校主要是学习射箭、驾驭等军事技能，而后才是学习文化。因此，西周初期学校的教师都是由高级军官担任，因其职名未变，人们称他们为"师"或"师氏"。

随着社会的进步和文化教育事业的发展，文官任教的人也逐渐多起来，因而教师便成为社会上一部分人的职业。由于"教"是传授知识的主要手段，因此，人们便逐渐把"教"和"师"合起来，成为"教师"。

"西席"之称源于《称谓录》卷八："汉明帝尊桓荣以师礼。上幸太常府，令荣坐，东面，设几。故师曰'西席'。"后称塾师为"西席"。西席又别称西宾、讲席。柳宗元诗："若道柳家无子弟，往年何事乞西席。""西席"成为我国历史上较早的对教师的尊称。

"山长"之称源于《荆相近事》。五代十国时，蒋维东隐居衡岳，以讲学为生，受业者众多，尊称蒋维东为"山长"。后代山中书院的主讲老师亦称为"山长"。

"师长"是古时对教师的尊称。《韩非子·五蠹》："今有不才之子……师长教之弗为变。"《杨国先生全集》卷三十九有："子弟教不率从，必是教之不尽其道，为父兄师长者，但当反己自求，未可全责子弟也。"如今常常称"为人师长"，也指的是教师。

"老师"原是金元时代地方小学教师的称谓。金代文学家元好问《示侄孙伯安》诗："伯安入小学，颖悟非凡貌。属句有凤性，说字惊老师。""先生"原为古时对老年教师的尊称。《礼·曲礼》："从于先生，不越路而人言。"郑玄注："先生，考人教学者。"《管子·弟子职》："先生既息，各就其友。"不过到了今天，"先生"一词已发展到泛指对男士的尊称了。

资料来源：蒋怀士，石家庄新闻网，2008年9月15日

2. 从个体意义上看师德的产生发展

师德不仅有社会意义上的永恒性，而且有个体意义上的永恒性。社会意义上的师德有一个产生发展的过程。社会意义上的师德从整个历史过程来看是绵延无

穷、长期存在的，并不随着每个教师个体的消亡而消亡，而是与教师这一特定的社会角色共始终的。只要有教师角色存在，就有社会意义上的师德存在。个体意义上的师德也有一个产生发展的过程，个体的师德与个体的教师角色共始终。也就是说，个体意义上的师德是随着个体的从教开始而产生，一旦形成就会支配个体的一生。

师德不是自发的，师德对某一个体来说是非遗传的，是一种获得性的存在。从理论上说，在教育上要求教师自从教开始就应该有师德，但实际上并不是每个教师只要一从教就有了师德。师德在个体身上有一个成长发展的过程，这个过程与个体接纳、内化"教师"这一特定社会角色的历程是同步的。

在师德的发展过程中，个体要进行角色转变，由其他的社会角色转化为教师角色。只有个体真正内化了教师这一角色，才能够拥有构建师德的基础。师德在个体身上的成长是需要时间的，也是需要教育的，需要把社会意义上的师德转化为个体意义上的师德，这里有一个教育和学习的过程。个体师德形成的时间上的早晚快慢，因人而异。有人一生停留在某一阶段，也许有人很早就达到了较高的阶段。师德的形成过程相当复杂，大致可分为四个阶段。

第一个阶段（准备期）：教师一般是师范院校所培养的学生。个体在角色上要由学生角色转变为教师角色，在道德上就要由学生道德转化到教师道德，这里有一个适应过程，在从教为师之前应有所准备。师范生的实习是当教师的准备阶段，实习不仅是教法的实习，而且也是师德的学习。此时的师范生的角色定位是"准教师"。"准教师"身上所体现的道德还不能说是真正意义上的师德。

第二个阶段（规范期）：从事教师这一职业活动，并获得国家教育机构的认可，可以说进入了教师这一特定的社会角色。也就是说，教师从教之后，就处于了师德的规范期。但此时只是遵从了规范。对于这个时期的教师来说，师德只是外在的要求。教师只是服从外在的规范，尚没有真正内化。教育实践是师德形成的唯一源泉。刚毕业的教师，常给人的感觉是不像教师，不仅是专业上不成熟，没有经验，而且是师德上也不成熟，只是处在规范期。

第三个阶段（磨合期）：这是指外在的师德规范与教师个人内在道德之间的冲突与磨合。一方面，从社会其他角色转变为教师角色，这里有一个适应的过程，其间不乏冲突。另一方面，教师自身师德的形成过程中也存在道德冲突，需要一个道德上的适应过程。解决这些冲突问题时，教师是作为一个教师角色来解决还是作为一个一般公民来解决是不同的。作为教师不仅要考虑自身的地位角色，更重要的是要考虑自己做出选择的影响（这样选择的教育意义）。

第四个阶段（自由期）：教师在师德上走向自主，能够自觉地按照师德的要求指导和规范自己的一言一行。这时的师德不只是外在规范，已内化为教师自身道德体系的一部分，成为教师的内在观念和信念。可以这样说，教师只有在实践中不断地磨炼、内化，最终走出道德冲突，才能形成个人真正意义上的师德。处于自由期的教师对规范的遵守不是由外而内，而是由内而外，用内在的观念指导行动，达到道德行为的自由化的高境界。在这个时期，教师在做出道德选择时，不用事事去对照师德标准和规范，不用被动地依靠外界的力量和约束，而是在面临道德困境时能够主动地思考，运用内在的道德去权衡善恶是非，从而做出正确的抉择。

从以上的分析中可以看出，是教师角色决定了师德的本质和内涵。教师在社会中表现出了一定的道德形象，代表了一种社会职责和理想。社会对教师的期望和要求是通过教师具体的教育活动实现的，教师角色是教师自身价值在教育内部和外部社会的体现。师德是伴随着教师角色的出现而出现的，是教育对教师道德上的要求。教师不仅有其政治地位和其经济地位，更重要的是有其道德地位。社会上提起教师，都会肃然起敬，因为这里有一个长期的社会角色认同——教师有较高的道德水平。这就是其道德定位，从某种程度上说教师就是一种道德的标志。

二、中国传统师德思想概述

伴随着人类教育实践活动的产生、发展和教师这一职业的出现，教师职业道德应运而生，并在一定社会的政治、经济、文化和历史条件下形成和发展起来。我国是一个"尊师重教"传统历史悠久的国家，在中国历史上，师德不仅是教师个人品德修养的问题，还上升到开创太平盛世、安邦治国的政治高度。中国传统师德的形成主要是以儒家思想为核心，兼容墨、法、道、佛诸家思想。儒家认为师者应发扬闻道、传道、行道和殉道的精神。所谓："朝闻道，夕死可矣！"儒家还主张"学为师之德"。到朱熹时代，儒家又把知识教育与道德教育统一起来，连方法步骤也程式化了，即在开导受教育者的同时，不断提高自身的道德认知和修养。

（一）传统师德的显著特点

几千年来，我国教师道德经过漫长的历史进程，不断发展、丰富、完善，尽管各朝各代对教师的具体道德要求不尽相同，但是其主导思想和基本精神却是一致的、连贯的，在历代统治者及教育家的传承发扬下逐渐形成了具有中国文化特色的师德传统。这些师德传统是千年的地道中国模式，具有自身显著的特点。

1. 服从整体的道德要求

这是由中国文化的政治伦理一体化的特征决定的，教育道德关系也是一种政治关系。教师是"道"的直接体现者，是政治关系的代表。教育为政治服务成为首要的任务并表现为建立社会的道德秩序服务，这也影响了教师的道德价值取向。在教师道德的形成过程中，否定个性的独特发展，强调人的社会化，个体对整体道德的服从。比如教材的统一规划，教学内容的固定刻板，教学方法的重背诵记忆，都被认为是合乎教师的职业道德的。

2. 综合、全面的道德要求

从中国文化的整体思维和综合体验的特点出发，教师道德也提出了全方位的要求。对教师在"师言"、"师行"、"师形"、"师德"和"师功"诸方面都有很高的要求，一定要是学生和社会的表率。强调德智统一，两者相互依存，相互渗透，相互影响，不可偏废。

3. 积极入世的道德要求

我国教师道德以积极入世为其价值取向和根本的道德要求。我国教师道德传统坚持"修"、"齐"、"治"、"平"的原则，强调以"出世"的精神，干一番"入世"的伟业。所以中国的教师一般都具有淡泊名利、不计个人进退的精神境界，同时又具有强烈的社会责任感和历史使命感。

4. 内心自觉的道德要求

这是强调内在的道德功能和道德自觉，主张教师要"洁身"、"立身"。教师的内心道德自觉表现为"慎其所立"、"贵其全也"的自身发展；"谨言慎行"、"好学多思"的自身修养；"内美"、"修能"的个人形象；"自知"、"自信"、"自得"的自我调节；强调教师道德自律，实现"慎独"的自我完善境界。我国教师职业道德传统从内视的角度，提出了为师为圣的道德、为师为圣的要求、为师为圣的方法，并从中获得为师为圣的乐趣，从而达到高尚的师道境界。我国传统师德这些熠熠生辉的特点，使之具有不衰的魅力。

（二）传统师德的主要内容

由于我国传统伦理文化的特点及其对教师职业的要求，社会赋予教师职业以特殊的尊严感和历史责任，为获得和维护这种尊严并对教师提出相应的职业品质要求，在长期的教育实践中逐步形成了优良的师德传统。主要体现在以下六个方面。

1. 深厚的爱生敬业情感

儒家主张"仁者爱人"。对教师来说，爱人的具体表现就是关心、爱护学生，热爱教师这个职业。孔子把对学生的热爱，对教育的忠诚看做是教好学生、搞好教学的前提。他认为"爱之，能勿劳乎？忠焉，能勿悔乎？"孔子学说的继承者孟子，也把"得天下英才而教之"当作人生的三大乐事之一。

在我国历史上，人们将"师"与"天地君亲"并举。荀子的"隆师"思想，则把隆君师与事天地、尊先祖共同作为"礼"的根本。教师的作用上升到了安邦国、导民众、正民风的高度，这种特殊的社会地位和社会作用要求教师必须具有强烈的责任感和使命感。这首先表现为"诲人不倦"的精神。孔子认为"教不倦，仁也"，这是教师最宝贵的品格和最崇高的精神境界。孟子则提出"得天下英才而教育之，三乐也"。王夫之强调："讲习君子，必恒其教事。"其次表现为无私教诲的宽广胸怀，在对学生传授知识的过程中做到"无私无隐"。孔子曾非常坦诚地对学生们说："二三子以我为隐乎？吾无隐尔乎。吾无行而不与二三子者。是丘也。"他平等地、毫无保留地把自己的知识、品德传授给了学生们，甚至连他的亲儿子在他那里也未听到过"异闻"。墨子鲜明地提出"有道者劝以教人"是教师之大善，"隐匿良道，而不相教诲"是教师的大恶。这种品质充分表现了教师的博大胸怀和崇高人格。传统的敬岗思想还表现为积极主动的教育态度。孟子曾提出，学生问则教师回答，学生不问则教师不答。对这种消极的教育态度，墨子曾明确反对，主张"虽不扣，必鸣者也"，就是要积极主动，以"为义"的精神"劝教"和"说教"，甚至要"强教人"。

爱生是敬业的必然。爱生的情感包括几个方面：第一是尊重学生的人格，平等待人，爱生亲徒。孔子以"学而不厌，诲人不倦"为座右铭，对学生关怀备至，亲切异常。既热爱学生，教师就必须辛勤操劳，为之服务；对学生要尽忠，就要尽心教诲他；教师关心学生的疾苦，师生之间的感情才能真挚。由于他身体力行，孔门师生关系和谐融洽，这对后世尊师爱生美德的形成，影响颇大。清代唐甄

（1630—1704）在谈到教师为什么要亲近学生时说："教者贵亲，亲者易知；承教者亦贵亲，亲则易化。煦妪覆育，如鸡之伏卵，而后教可施焉。"教师对学生有了爱心，学生才会接近他，理解他，他所教育的内容也更加有感染力，容易使学生接受。第二是热爱学生。不是放纵、迁就学生，而是要对学生严格要求，无论是知识上还是品德上，绝不能降低标准去迎合学生苟且偷安的心理。孔子对宰予学习上的怠惰，曾进行了严厉的批评和谴责。他还要求学生们在生活、学习、意志品质方面刻苦磨炼，严格要求自己。孟子也要求教师要严格要求学生，要"苦其心智，劳其筋骨，饿其体肤"。对于这一点，王夫之也明确指出，教人必须有严格的要求，学习必须向较高处努力。教师如果降低标准，"俯从"自己的学生，那只能使学生一辈子陷于"不知不能"的悲境，这是教师道德所绝对不能允许的。第三是对学生殷切的希望，谆谆的教导。教师总是不满足学生对自己传授知识的掌握，而是更希望学生能超越自己，"后生可畏，焉知来者之不如今"。荀子发扬了孔子的思想，鼓励弟子超过先生，提出"青出于蓝而胜于蓝"的思想，后人韩愈更是提出"弟子不必不如师，师不必贤于弟子"的主张，并要求教师要做"伯乐"，善于"相马"。这些都是值得后人继承并发扬光大的。

2. 强烈的育人至上意识

教师的一切道德实践活动的目的都是为了培养人才，这是我国古代教育家的基本主张。育人至上是传统师德的核心内容，是区别于其他传统职业道德的本质特征。早在商周时期，先贤们就提出教师要造就能"修己治人"的人才。孔子首创私学，招生授业，弟子三千，而最引以为豪的则是"七十二贤人"。因为这七十二个得意门徒就是通过道德教育而成才的。他把道德教化置于教育的首位。"德之不修，学之不讲，闻义不能徙，不善不能改，是吾忧也。"他认为，不修养德行，不讲求学问，听到仁义的事不能照做，有缺点不能改正，这是他最担忧的事情。可见孔子立教是以修德、讲学、徙义、改过作为教育之本，而将道德教育和道德修养放在第一位。管仲说的"终身之计，莫如树人"，也深刻地说明了培育人才有着无可比拟的社会价值。权德舆所说的"育才造士，为国之本"，更是明确地提出了造就人才对国家、民族的决定性意义，即"教不立，学不传，人材不期坏而自坏"。

我国的古代教育中，人才的素质结构被粗线条地勾勒成"德"与"才"两个方面。因而传统教育的内容既注意对学生才能的培养，更重视其德行的养成。在

传统学校教育中，在德育与文化知识教育的关系上，坚持以德育为首位的原则；在道德教化与政令法规关系上，坚持以德教为主的原则，正所谓德教为先。荀子说的"礼者，所以正身也；师者，所以正礼也"，明示了教师在引导人的行为举止、塑造人的道德品质方面的作用。《礼记·文王世子》也指出："师也者，教之以事而喻诸德者也。"这明确地指出了教师不只要对学生传授知识和技能，还要晓谕、培养他们优良的道德品质。"教之以事"是手段，"喻诸德者"才是最终目的和根本出发点。用汉朝贾谊的话来说："夫民者，诸侯之本也。教者，政之本也。道者，教之本也。有道，然后教也。有教，然后政治也。"意思是，老百姓是诸侯的根本，教育是政治的根本，道德是教育的根本。有道德才有教育，有教育才有政治。这段话充分体现了传统师德强烈的育人至上、德教为先的原则。

3. 严谨的为人师表作风

中国古代的教师道德特别强调为人师表。从孔子开始就认为，言行相符、以身垂范是君子最基本的德行。教师以身作则，以自己的模范行为作为学生的表率，可以形成巨大的教育力量。他认为，"其身正，不令而行；其身不正，虽令不从"，"苟正其身矣，于从政乎何有；不能正其身，如正人何"。在一定意义上，身教比言教更为重要，也更有教育力量。同样，墨子的"以身戴行"和孟子的"教者必以正"都诠释了为人师者以身作则的重要性。荀子提出教师必须"以身为正仪而贵自安者也"，"以善先人者谓之教"，强调教师要"正仪"、要"善先"，教师要成为学生效法的表率。唐代韩愈继承并发扬了"身为正仪"的思想，在《通解》一文中以古代许由、龙逢、伯夷为例，深刻阐发了"以一身立教，而为师于百千万年间"的道理，显示了以身作则、为人师表的强大作用。明人王廷相在《雅述》一文中则通过针砭时弊，反证了以身作则的重要性："古人有身教焉，今人惟恃言语而已矣。学者安望其有得？"教育家叶圣陶先生说："教育工作者的全部工作就是为人师表"，更是一语道破为人师表的重要性。身教重于言教，教师的思想品质、作风行为时时都在影响、熏陶、感染着学生。学生的可塑性极强，他们不仅会向书本学习，更会向教师学习。教师的一言一行、一举一动都会成为他们学习的榜样。所以传统教师非常注重"端品为先"，否则，"模范不端，则不模不范矣"。所以扬雄才感慨："师哉，师哉！桐子之命也。务学不如务求师。师者，人之模范也。"这种模范作用在古人的身上，一方面体现为教师要具有高尚的品行，如清代陆世仪在《思辨录辑要》中强调"人品不立，则自知不足以为人师"，另一方面也要求教师是业精的榜样。"师者，所以传道、授业、解惑者也。道之未闻，业之未精，有惑而不能解，则非师"，强调了教师必须有较高的理论知识水平，才能完成"传道、授业、解惑"的任务。

4. 不倦的好学进取精神

中国传统师德中，好学进取是履行职责的重要保证。学习态度、知识水平，对一般人来说，本身并不具有道德含义，但教师职业的特殊性，赋予了教师本人的学习态度和业务能力以道德意义。教师必须具有良好的知识素养和教育教学能力，才能承担起培养人才的重任，否则，就会如黄宗羲所说的"道之未闻，业之未精，有惑而不能解，则非师矣"。因此，教师在追求和运用知识的过程中，必须有尚知爱智、勤思穷理、开拓创新、谦虚谨慎的态度，具有不倦的好学进取精神。这主要体现在几个方面：①好学博识。《礼记·学记》中指出"能博喻然后能为师"，作为人师必须广泛地通晓知识。孔子认为"博学而笃志，切问而近思，仁在其中矣"，即教师要成为仁爱的人，必须广博地学习而且持之以恒，学习经常思考与自己有密切关系的问题。王充也有同样的看法："古今不知，称师如何！"传统师德从教师的特殊地位出发，在强调博喻的同时还要求教师要"学而知不足"，子曰："温故而知新，可以为师矣。"这里蕴涵的思想一方面包括学是为了思，为了增强人类认识的力量，提高认识世界、改造世界的水平；一方面表明学是为了创造，为了推动社会的发展而学习。自西汉起，"温故知新"就成为官方选拔聘任教师所遵循的主要思想原则。②疑旧知新。尽管"中土之学，必求古训"，将尊师重道、守护师说视为学生的责任、为师的必备条件，但与尊古同时并存的还有疑古。孔子提倡质疑，欢迎学生诘问，"吾与回言终日，不违，如愚"，认为读书不思考易受欺骗，不提出相反观点是愚蠢。孟子也训示学生："尽信书，则不如无书。"博学只是问题的一个方面，更重要的是学思结合，创造性地发现新的知识，以此去开启学生的智慧。不仅要"博学之"，更要"审问之，慎思之，明辨之"。③知行并重。在中国古代教师道德思想中，对知行关系进行了深入的探讨，其实质是研究"致知"和"力行"的关系，强调知行的统一，尤其是老师须言行一致。荀况认为，"不闻不若闻之，闻之不若见之，见之不若知之，知之不若行之。学至于行之而止矣"。墨子认为，教师的好声誉，绝不能从取巧中得到，只有"以身戴行"，"得一善言，附于其身"，随时随地见诸实行，才能做到言行一致，"言必信，行必果，使言行之合犹合符节也"。意思是说，教师讲话要使学生相信，教师的行为一定要符合教师的许诺，这样才能使言行符合。（符节是古代朝廷用做凭证的信物。）朱熹也说："学之之博，未若知之之要。知之之要，未若行之之实。"要使道德修养达到目标，"功夫全在行上"。王阳明在《传习录》中说："知是行的主意，行是知的功夫，知是行之始，行是知之成。"

5. 精湛的教育教学理念

教育是一门艺术，更是一门科学，从而要求教师必须有一套行之有效、科学合理的教育方法。在教育方法上，传统师德为我们留下了许多宝贵的财富。

（1）因材施教。即针对学生不同的能力、品性、志向采取不同的教育方法，这是孔子教学的重要经验。宋代学者朱熹在其《论语集注》中有言："夫子教人，各因其才。"孔子在教学实践中很注重"听其言而观其行"，在此基础上进行教育，注意发挥学生们的特长，使其各尽其才。对于这种因材施教的思想，孟子又做了进一步发挥，他说："君子之所以教者五：有如时雨化之者，有成德者，有达材者，有答问者，有私淑者。此五者，君子之所以教也。"正是由于因材施教，孔孟之学成为春秋战国时期的"显学"，实现了《中庸》中所说的"天之生物，必因其才而笃焉"的自然法则。

（2）循序渐进。这是中国古代施教中的一个重要方法。这一方法符合教学的客观规律，欲速则不达，只有循序渐进才能达到教学的目的。孔子认为："夫子循循然善诱人，博我以文，约我以礼，欲罢不能。"意思是说，教师应该循循善诱地教导学生，也就是说教学要有次序地进行，促进学生增长知识，约束学生的礼节不出格，达到欲罢不能的效果。隋人王通在其《文中子·立命》中认为，孔子教学先教《诗》《礼》，继之《春秋》《乐》《书》《易》，正是循序渐进的体现。"先济乎近，然后形乎远"，这样才易于达到教学目的。

（3）启发诱导。主张教师发挥主导作用，调动学生主动学习和独立思考的积极性。孔子是首创者，他说："不愤不启，不悱不发。举一隅不以三隅反，则不复也。"即要求教师在学生最想知道而不知道的时候去开导，在学生最想说出又说不出的时候才去启发。一旦学生不能举一反三，教师就要停下来，直到使其能够做到告其一隅而推知其他三隅始罢。《礼记·学记》对这一方法又做了进一步的发挥："道而弗牵，强而弗抑，开而弗达。"要求教师引导学生而不强行牵着走；督促鼓励学生而不斥责；为学生打开知识的大门，开个头，并不把学识事事讲透，而是让学生自己去思考。做到了这一点，"可谓善喻矣"。

（4）寓教于乐。中国古代教师主张通过音乐来对学生进行道德教化，起到陶冶学生性情的作用。荀子写了《乐论》，阐明音乐的道德教化作用，认为音乐是感人至深者、最速者，乐能使人性情和平而庄重，能使君臣上下和敬、父子兄弟夫妇和亲、长幼和顺，最能起到移风易俗的作用。《礼记·乐记》说："乐者，乐也。君子乐得其道，小人乐得其欲。以道制欲，则乐而不乱；以欲忘道，则惑而不乐。"古代教育家很早就意识到艺术对于道德教化的渗透作用。

6. 鲜明的教育开明作风

教育开明是中国传统师德的重要准则。中国传统师德的教育开明作风主要表现在两个方面：一是对待教育对象上的平等，二是教学过程中师生关系的平等。我国最早的学校教育其教育对象都是奴隶主贵族子弟。到春秋时期，以孔子为代表的教育家开始提倡教育的普遍性和平民性，极力倡导"有教无类"。孔子主张，只要学生诚心求教，潜心学习，无论他贫富、贵贱、智愚、亲疏、远近、老幼，都可以成为教育的对象，教师都应该一视同仁，热心教诲。

在孔子的学生之中，有来自不同阶层和地域的学生。"有教无类"的思想和实践不仅对当时扩大、普及教育，发展文化起了积极作用，而且成为后来教师赞美和效法的榜样，逐渐成为我国古代师德思想的一项主要内容，至战国时为孟子所继承和力行。孟子的门人称道孟子设学收徒："往者不追，来者不拒，苟以是心至，斯受之而已矣。"皇侃认为："人乃有贵贱，宜同资教，不可因其种类庶鄙而不教之也。教之则善，本无类也。"意思是说，由于种种原因，人有贵贱、贫富差别，但都可以接受教育，绝不能因平凡卑贱而不去教化他们，经过教育才会懂得做人的道理，人本来就没有类别之分。从教育史上来说，"有教无类"是一次重大的革新，它冲击了奴隶主贵族独占文化教育的特权，扩大了教育范围，由此形成了"教育公正"、"一视同仁"等一系列师德品质。

我国传统师德一方面十分讲究师道尊严，以维护教师的地位和威信，另一方面也很强调"教学相长"。"教学相长"思想早在孔子所主张的"学无常师"、"三人行，必有我师焉"、"敏而好学，不耻下问"等言论中就产生了。他还提倡"当仁，不让于师"，鼓励学生敢与教师争鸣，唯真理是从。韩愈进一步发挥了这一思想，认为谁先得道，谁就是老师，因此师生之间"弟子不必不如师，师不必贤于弟子"，应该互相学习。明朝的王阳明还明确提出"凡攻我之失者，皆我师也"的思想，鼓励学生指出、批评老师的不足和错误，而老师则应乐意接受。可以说

传统师德很早就意识到，教与学是相对的，互相包含、彼此促进，为后世留下了许多有价值的理论。"学然后知不足，教然后知困。知不足，然后能自反也；知困，然后能自强也。故曰：教学相长也。"即是说，学生通过学习而知道自己不足；教师通过施教知道自己还有不甚明了之处。学生知不足，就会反省自己，奋发学习；教师知不足，就会自强不息，增益其所不能。清朝段玉裁注："学所以自觉，下之效也；教人所以觉人，上之施也，故古统谓之学也。"教学不仅能解除困惑，弥补不足，还能证明是非。正如王阳明所说："使吾而是也，因得以明其是；吾而非也，因得以去其非，盖教学相长。"教学相长不仅指教师在教育学生时，因钻研教材而提高了自己的学识，而且也指学生对教师也有启发帮助，所以教与学相辅相成，教育学生学习的过程，也是教师自身提高的过程。

以上几方面是我国传统师德的主要内涵，虽远非全部，但从几个方面充分体现了古代教育者对于教师职业、治学育人、师生关系、自身修养等方面的认识。师德是教师个体道德和职业道德的有机统一，所以它具有明显的意识形态特色，受制约于社会的政治、文化和社会风俗习惯，体现着鲜明的时代特征，因为传统师德有它不可避免的历史与阶级的局限性，我们对它应有一个全面的、辩证的认识。

（三）传统师德的现代批判

传统师德是一个动态概念，不同时代、不同民族的教师道德规范是不断变化的，它对社会的适应性也不是无条件的，它要随着变化了的时代、社会、教育内容等而进行更新。纵观中华几千年的历史，儒家加强师德建设的目的是维护和巩固儒学在思想文化建设方面的统治地位。挖掘和利用的动力是"万般皆下品，唯有读书高"、"劳心者治人，劳力者治于人"。传统师德建设思想最担心、最害怕的是没有恒心和毅力。所以，孔子主张要坚持、要有耐心："浸润之潜，肤受之愬，不行焉，可谓明也已矣。浸润之潜，肤受之愬，不行焉，可谓远也已矣。"

中国传统师德具有封闭性的一面，这与我们当今创造性、开放性的人才教育观也是不相适应的。中国封建社会，长期以"独尊儒术"为教育的基本价值取向，儒家"六经"被奉为经典，人们只能在既成的思维框架中去思维。具体到教育教学过程可概括为"孔孟之徒教授孔孟之道"，同时要严格遵从"师法"、"家法"，从而确定了传统师德"法古"、"崇威"的价值取向。在教学内容上把古人的重要著述绝对地经典化，变成绝对权威，使得一般的教育对象或学子的学习只能囿于经学的有限范围；在教学方法上要求教育者"信而好古"，用"注释"的方法去阐明其思想；在师生关系上则表现为崇尚教师的权威；等等。这些师德规范，表现为因循守旧、抱残守缺，缺乏与时代共鸣的内趋力，无益于开放性人才的培养，自然是21世纪的中国教育所应尽力摈弃的。

今天人类已步入21世纪，教育事业已呈现出崭新的姿态。培养具有创造性、开放性的人才，对传统师德提出了严肃的挑战。这就要求我们对传统师德重新审视，在继承中取其精华，去其糟粕，通过更新完善，形成符合时代要求的规范体系。强调创造性人才的培养，是因为现代社会文明的真正财富将越来越表现为人的创造性。人们衡量一个国家的实力如何，也主要看其拥有创造性人才的多寡。因此，在知识经济悄然到来、现代经济技术基础发生革命性变革的今天，教育应把培养和造就创造性人才作为学校教育的终极目标，教师应始终把培养学生的创新精神放在首位。按照这样的教育价值观去审视传统师德，不难看出传统师德把"传道、授业、解惑"作为师道的僵化信条，强调更多的是教者对学者的传、授、解，忽略了学习主体——学生的主动探索精神，忽视了教师对学生创造力培养的职责。这在"为师"的职业要求和道德标准上有所反映，如孔子的"述而不作"，孟子的"言必称三代"，朱熹的"是知圣门之学，别无要妙，彻头彻尾，只是一个敬字而已"。这些显然与现代教育理念相去甚远。教育活动的本质不仅是吸收、继承，还在于创新、突破。这就要求教师必须在传授已有知识的同时，积极培养学生的求异性思维，引导他们去探索未知的科学真理，去尝试创造，开拓新的知识领域。

三、西方师德的历史考察

(一) 古希腊和古罗马时期

西方引以为荣的是古希腊文明，古希腊的教育也很繁荣。在古希腊、古罗马时期诞生了一大批著名的教育家，像德谟克利特、苏格拉底、昆体良等，他们不仅著书立说，而且广收门徒。此时，师德思想主要体现以下几个方面。

1. 即言即行

古希腊哲学家德谟克利特是西方第一个对教师提出道德要求的人。他认为教师要言行一致、表里如一，"应该热心地照道德行事，而不要空谈道德"，"一切都靠一张嘴来做而丝毫不实干的人，是虚伪和假仁假义的"，教师要能够"在一个人也看不见时和在大家都看见时一样不做坏事"。古罗马教育家昆体良认为教育质量的好坏在于教师的质量，要培养学生高尚的道德，教师首先就要具有高尚的道德，教师是"能够教育学生即言即行的人"。如果教师不具备良好的道德，那么对学生进行教育就"不是给战士提供武器，而是给强盗提供武器"。

2. 爱护学生

德谟克利特反对体罚，他认为"用鼓励和说服的语言来造成一个人的道德，显然比用法律和约束更能成功……说服而被引上尽道德义务道路的人，似乎不论私下或公开都不会做什么坏事"。昆体良也反对体罚，认为体罚"不是一种体面的惩罚方式"，"如果这位教师，是一位精通干练的人，他绝对不需要此种惩罚"。昆体良主张教师要避免羞辱学生，"凡不正当地严厉指正学生的错误，有时会使学生的心理产生不良效果。学生会因此丧失希望，懊悔不已"，以致"害怕事务，不敢尝试新的事物"。昆体良还要求教师要"首先唤起他自己对学生的父母般的情感"，"他要严厉，但不过分，要和蔼，但不可太亲昵"，"教师对待需要矫正的学生，不能操之过急，也不能放任不管。他在教学时态度要诚恳，在工作时要忍耐。要十分用心，而不要苛求"。

3. 民主平等

古希腊教育家苏格拉底在教育中力求创设一种民主平等的教育氛围。他对学生的教育是在民主的气氛中进行的，他和学生之间是平等地交流而不是凌驾于学生之上。苏格拉底在西方首先使用了启发式的教学方法，形成了他的独特的精神助产术，在民主平等的氛围中对学生循循善诱。

古希腊、古罗马的文明对西方各国都产生了深刻的影响，以致后世的文人"言必称希腊"，且以懂得拉丁文为荣。这一时期人们思想活跃。伟大的教育家苏格拉底，其教育思想至今还有着不朽的生命力，他所树立的教师典范不亚于中国的孔子，其民主平等的教育思想至今还有着积极的意义。在当时的奴隶制社会中，奴隶主阶级残酷地压迫奴隶阶级，体现在教育上是体罚盛行，特别是在斯巴达的教育中，体罚就是一种正规的教育方式，而且被认为是道德的。这种教育思想在中世纪发展到了顶峰，以致有这样的谚语：儿童的耳朵是长在背上的。但是，体罚从一开始就受到批评，许多教育家都主张教师要爱护学生，不能采取暴力手段。

（二）中世纪时期

西欧中世纪有"黑暗时代"之称，封建等级森严，教会势力强大，推崇经院神学，号召禁欲、绝对服从、以神学图解一切。中世纪的教育与师德几乎没有什么建树。中世纪以后，社会经济的发展使资产阶级逐渐登上历史的舞台，"人文主义"兴起。"人文主义"在教育上主张重视人的尊严、价值、自由和个性，反对体罚，反对呆读死记和压抑个性。在16至18世纪，产生了一批有影响的教育家，如夸美纽斯、洛克、卢梭、裴斯泰洛齐等，在师德方面也有许多新的思考和实践。

1. 树立榜样

17世纪捷克民主教育家夸美纽斯认为"教师是太阳底下最光辉的职业"，教师要成为道德卓越的人物，在真诚、积极、坚定等方面都成为学生的榜样。他提出"教师的急务是用自己的榜样来诱导学生"，"应经常把学生所当模仿的行为的榜样给予他们，应当把自己当作一个活生生的榜样。除非他能这样去做，否则他的一切工作便是白费"，"教师自己越是热忱，他的学生便越会显得热心"。英国教育家洛克也强调教师的榜样的作用，他认为"没有什么事情能像榜样这样温和地而又深刻地打进人们的心里"，"做导师的人自己便应当具有良好的教养，随人、随时、随地都有适当的举止与礼貌"。洛克还主张"导师也应以身作则"，"导师的行动千万不可违背自己的教训，除非是存心使儿童变坏。导师自己如果任情任性，那么教育儿童克制感情便是白费力气的；自己如果行为邪恶，举止无礼，则儿童的行为邪恶，举止无礼，也就无法改正。坏榜样比良好的规则更容易被采纳，所以他应该时时留心，不可使儿童受到不良的榜样的影响"。法国教育家卢梭认为，教师"在敢于担当一个人的任务以前，自己就必须要造就成一个人，自己就必须是一个值得推崇的模范"。卢梭主张教师要在"品德和诚实方面应已为人所确信"，他说，"我宁愿把有这种知识的老师称为导师而不称为教师，因为问题不在于要他拿什么东西去教孩子，而是要指导孩子怎样做人"。

2. 热爱学生

夸美纽斯认为教师要像慈父般爱护学生，要"让儿童在没有殴打、没有号泣、没有暴力、没有厌恶的气氛中，总之，在和蔼可亲和愉快的气氛中喝下科学的饮料"。他认为教师对学生"可以忠告，可以劝导，有时候还可以谴责，但是应该格外当心，要把他的动机表示明白，要确切地表明他的动作的根据是严父般的慈爱，为的是要建立他的学生的品性，不是要去压抑他们。除非学生明白这层道理，完全相信这层道理，否则他是会去轻视一切纪律，存心反对纪律的"。瑞士民主主义教育家裴斯泰洛齐提出了"爱的教育"，他认为"道德的实质就是积极地爱人"。

他要求教师要像父母爱孩子一样爱学生，他说，"我决心使我的孩子们在一天中没有一分钟不从我的面部和我的嘴唇知道我的心是他们的，他们的幸福就是我的幸福。他们的欢乐就是我的欢乐"。

3. 宽严适度

教师对学生教育和要求要宽严适度。夸美纽斯认为"事实上，施用强力的结果，我们反而只能使人憎恶学问，不能使人爱好学问。所以，我们每逢看见有人心理受了病，不爱用功，我们便当采用温和的疗法，除去他的毛病，绝不可采用暴烈的方法"。洛克反对溺爱和体罚，他提出"对于儿童有一种贪便取巧的惩罚方法，就是鞭挞儿童，这是一般教师所知道的或想到的管理儿童的唯一工具，是教育上最不适用的一种办法"，"因为这种奴隶式的管教，其所养成的也是一种奴隶式的脾气。教鞭胁迫着的时候，儿童是会屈服的，是会佯作服从的；可是一旦不用教鞭，没人看见，知道不会受到处罚的时候，他便愈会放任他的本来的倾向"。他强调教师态度应该温和，不能用恐怖迫使儿童接受知识。他说，"你不能在一个战栗的心理上面写上平正的文字，正同你不能在一张震动的纸上写上平正的文字是一样的"，教师要让学生得到"安适与自由"，保持一种"安闲澄静"的心情。

4. 遵循自然

卢梭反对摧残儿童个性的呆读死记和体罚，他提出自然教育理论，提倡"回归自然"，主张教师应该让儿童按自己本性发展。"大自然希望儿童在成人以前就要像儿童的样子。如果我们打乱了这个次序，我们就会造成一些早熟的果实，它们既不丰满也不甜美，而且很快就会腐烂；我们将要造成一些年纪轻轻的博士和老态龙钟的儿童。"裴斯泰洛齐提出，"教育要顺应儿童天性，使儿童和谐发展，要注意人的天性和人的天然能动性而投其所好，要以人的本能来引导他，使其不得不走必由之路"。

教育家们的这些见解来自于实践，往往自己就是身体力行者。夸美纽斯曾当过文法学校的校长，主持兄弟会学校；洛克担任过大学希腊文和修辞学教师以及家庭教师；卢梭从事过多种职业，并曾任家庭教师；裴斯泰洛齐自己就办过教养院、孤儿院和中学，并在其中进行教育实验。在这段历史时期，教育逐渐世俗化，反对迷信，反对消极地言从，注重理性。夸美纽斯认为人是造物中最崇高、最完善、最美好的，他不相信基督教的原罪说，他注重教学的直观性和对学生的温和的态度，不强迫学生死记硬背。这也反映了当时资本主义思潮试图冲破封建思想的过程。资本主义思想的先进之处就在于其重视人的价值和作用，尊重人的个性和自由，体现在师德上便是强调对学生的爱和尊重学生的个性。

（三）近代时期

19 世纪，资本主义从自由发展阶段转入帝国主义阶段。资本主义国家为了自身发展的需要都很重视教育，对教师也有了正规的教育和培训。19 世纪诞生了马克思主义，在国际社会产生深刻的影响。马克思关于人的全面发展学说及对人本质的科学界定，在教育理论方面开辟了新的天地。同时，19 世纪还产生了许多有影响的教育家，如赫尔巴特、第斯多惠、乌申斯基、涂尔干等。在师德方面他们也有许多卓越见解，赫尔巴特提出的"没有无教育的教学"的观点就说明了师德对学生的潜在影响。这些教育家们的师德观点主要有：

1. 教师要拥有良好人格

德国民主主义教育家第斯多惠被誉为"德国教师的教师"。他认为教师应该有良好人格，"希望引导别人走正确的道路，激发别人对真和善的渴求，使别人的素质和能力得到最高的发展，因此他应当首先发展他本身的那些优秀的品质"。被誉为"俄国教师的教师"的俄国教育家乌申斯基认为教师的道德品质对于学生是"任何教科书、任何惩罚和奖励制度都不能代替的一种教育力量"。他认为，在教育中，一切都应从教师的人格出发，因为人格的教育力量是无穷的。法国社会学家涂尔干主张"正像牧师是上帝的解释者一样，教师也是他所处的时代和国家的伟大道德观念的解释者"，因此教师要具有"伟大的道德人格"，以便作为"社会的代言人"。

2. 教师要自我教育

第斯多惠要求教师"把自我教育作为他终身的任务"。他认为，"谁要是自己还没有发展、培养教育好，他就不能发展、培养和教育别人"，"只有他自己致力于他自己的教育和修养时，他才能实在地培养和教育别人"。

3. 以教育为事业

第斯多惠主张教师要"把培养和教育的事业作为自己一生的使命"，教师要有坚定的职业信念，"他要为它奉献自己的整个心灵。它牢牢地约束住教师，按天职他是教师，教学成为他的生命，他的养料"，"教育者和教师必须在他自身和在自己的使命中找到真正的教育的最强烈的刺激"。乌申斯基认为，"一个教师如果不落后于现代教育的进程，他就会感到自己是克服人类无知和恶习的大机构中的一个活跃而积极的成员，是过去历史上所有高尚而伟大的人物跟新一代之间的中介人，是那些争取真理和幸福的人的神圣遗产的保存者。他感到自己是过去和未来之间的一个活的环节……他的事业，从表面上看虽然平凡，却是历史上最伟大的事业之一"。

4. 尊重学生个性

第斯多惠认为教师必须尊重学生个性。他说，要"考虑到你的学生的个性"，"不能也不应使一切人都成为一模一样的人，并教以一模一样的东西"，"不能以同样的尺度要求所有的人"，"不应压制个人的自由和个性的发展"。

这些教育家们自己就是教师，并在教育理论上都有深入研究。第斯多惠提出教师要自我教育，对教师自身提出了更高的要求。第斯多惠和乌申斯基都主张应把教育当作一种事业，要求每个当教师的人都要为这种事业而奋斗，这对资本主义金钱主宰一切的社会形势确是一个大挑战。

（四）20 世纪以来

20 世纪是资本主义与社会主义共存的时代。尽管世界政治风云变幻，各国的经济还是一片繁荣。尤其是 20 世纪后期，科技的发展促使知识经济成为可能。世界各国都看到了教育对经济发展的巨大推动作用，因而十分重视教育。教育的重中之重是教师，各国都重视教师队伍的建设。20 世纪出现了许多的教育家和风格迥异的教育流派，教育家们纷纷著书立说，新的教育理论层出不穷。比较大的教育流派有：实用主义教育、新教育、改造主义教育、要素主义教育、永恒主义教育、结构主义教育、新行为主义教育、存在主义教育等，著名的教育家也有很多，这里主要以杜威、苏霍姆林斯基、贝克等有关师德的论述做一概括探讨。

1. 热爱学生

苏联教育家苏霍姆林斯基对学生始终怀有一种深切的爱，这种爱构成了他全部教育思想的核心，并且贯彻在他的全部教育实践中，这体现在他的一句名言里："什么是我生活中最主要的东西呢？可以不假思索地说，就是热爱儿童。"苏霍姆林斯基主张应"把在教育工作中确立人道主义原则视为每个教师教育素养的最重要的品质"，要杜绝不人道、不道德的做法，"我们的社会主义道德与那种压制积极性、倡导恭顺的资产阶级道德不同，它多方激励集体和个人的创造性、积极性和革命斗争精神"。

2. 师生民主

苏霍姆林斯基认为"教师应当不仅仅是教导者，而同时也是学生的朋友，应当和他们共同去克服困难，和他们喜忧与共"，"对于孩子来讲，最好的教师是在精神交往中忘记自己是教师而把自己的学生视为朋友、志同道合的人的那种教师"。这是因为"这样的教师连他学生内心最隐秘的角落也都很了解，因而他口中的话语便成为能在年轻的、正在形成中的个性上起作用的有力武器"。美国当代教育家贝克主张师生民主，反对教师权威，他提出，"要完全避免权威主义是相当困难的，但是，使我们的教学成为非权威的和对话式的教学应当成为我们的理想。教师应尽其所能地为他们的学生服务，与他们共同努力以确保对话的实现"。贝克曾把教师比作一个曲棍球教练，他并不一定非要比队员打得好，但他要拥有杰出的教练技巧，这样才能够受到学生尊重。师生之间要能够相互学习，贝克曾用船上的乘客来说明这个问题："我们必须承认，在一个社会中，不论长幼、贫富，也不论是男女还是教师和学生，都是一起发展的，不是一个团体跑在前面，然后再帮助另一些人赶上他们。"

3. 尊重个性

美国教育家杜威是现代西方教育史上最有影响的教育家。杜威倡导"儿童中心主义"，尽管他的看法有失偏颇，但是，他批判传统教育轻视儿童、压抑儿童，倡导对儿童个性的弘扬与尊重，这是值得肯定的。杜威认为"教师在学校中并不是要给儿童强加某种概念，或形成某种习惯，而是作为集体的一个成员来选择对于儿童起着作用的影响，并帮助儿童对这些影响做出适当的反应"。他特别指出，"指导并不是从外部强加的，指导就是把生活过程解放出来，使它最充分地实现自己"。

20世纪是教育的繁荣时期，不仅教育理论有了大的发展，而且教育实践也一片繁荣。20世纪的教育理念是"以人为本"。首先是弱化了教师权威，强调学生的尊严和个性，如美国教育家杜威用儿童中心主义来消解教师权威。教师权威来源于过去教育中神学造成的言从。而今在西方，人们的思想日益开放，弘扬人的主体性，教师权威慢慢被消解了。在教育中，教师往往采取中立的态度，而不能凭借其权威决定学生的意志。

总之，无论是中国还是西方的教师道德传统，在爱岗敬业、追求知识、尊师重教等方面还是有许多的共同之处。但是由于产生的文化背景的不同，在具体的规范和准则上还是存在差异。中国是历史悠久的文明古国，加上两千多年儒家思想的渗透，形成了相对稳定的文化传统，也使得中国的教育者形成了一个固定的思维模式。而在西方，由于宗教和教育紧密联系，传统师德除了宗教外，没有权威的"宗法"、"宪章"。因此，西方的思想家思维活跃，这无疑有利于促进学术及科学的发展。通过比较，中西方师德的区别主要体现在如下几个方面：

首先，中国古代讲求"内得于己"，在道德修养上注重内省和慎独、自我修养，而西方国家更重视外在因素对道德的约束。中国的"慎独"精神，把教师行为的修养推到最高的境界。要求教师在独处时，同样自我反省，严格要求自己，这才是真正的"君子"。西方国家深受实用主义和功利主义的影响，一般不会提倡教师应具备某种品质，对教师的道德品质定位不高。例如在美国，教育作为一种公众服务，学生是"上帝"，教师有义务为学生提供服务。他们的教师必须遵守作为教育服务者的职业道德，具备法律规定的教师素养和品质便可，强调的是一种服务理念。

其次，中国强调教师的自我修养，教师要给学生做表率，而这种表率作用使得教师的形象神圣化。虽然学生会对神圣的教师形象产生崇拜感，但是由于这种神圣感距离学生太遥远，很难对其产生感染力。西方国家强调教师外在行为的表演，并非发自内部的道德养成。他们没有对教师的"言"和"行"要求一致，经常要求学生按照教师说的去做，并非按照教师的行为去做。中国师德的要求以传统习惯和道德为前提，而西方师德的要求是以法律为准绳。在西方资本主义发展的过程中，教师的道德发展还强调以理性和法律为依据，西方国家教师的各种行为规范要在法律的框架下进行。正如德国的哲学家康德所言："善行要服从律令的意志。"德国法学家郭林洛漫说："法律是最低的道德。"道德的践行是离不开法律的保障的，所以西方有关教师道德规范的法律法规较完备，他们把教师的职业道德以法律的形式确定下来，对教师的德育要求做了合理的规范和有力的保障，给了教师们一个规范的道德标准。

最后，在很长的一段历史时期，中国的教师往往被看成是某种神圣的或社会主导性观念的传播者。"事师如事父"，把师生关系纳入了宗法制度的格局，使教师的角色表现变得拘谨、呆板。由于在中国传统的教师观中，教师被赋予一种至尊的地位，是学术权威的代表、正确价值观的法官，学生对教师更多的是服从和依赖，导致我国的学生缺乏自主意识和自主能力。而在西方的教育理论中，民主平等是师生关系的基础。西方社会是一个崇尚个性自由、理性幸福的社会，追求人的全面发展。在西方文化中,教师是引路人,是指导者,而不是绝对的权威者和传道士。

第二节　师德——高等教育发展的应有之义

当今世界是开放的世界。20 世纪后半叶,随着现代科技的迅猛发展,经济全球化、世界多极化、区域一体化、文化与经济政治相互交融,形成了世界经济、政治、文化的新格局,和平、发展、合作成为当今时代的主题。现代科技的高速发展以及世界新格局的出现,带来了世界范围内高等教育的飞速发展。高等学校作为创造和传播知识的复杂过程中最重要的机构,不仅成为许多基础科学的发祥地,而且已经成为世界范围内知识交流融会的场所,成为国际知识系统的中心。高等教育为日益增多的各类学科专业发展提供了强有力的智力支持,为培养各种高级专门人才,为促进人类物质文明和精神文明的发展做出了不可磨灭的贡献。

我国的改革开放和现代化建设,是在国际大环境中进行的。改革开放以来,我国的高等教育在世界高等教育发展的大背景下,进入了一个快速发展的崭新时期。新时期高等教育的快速发展,不但带来了我国高等教育的繁荣昌盛,而且对高等学校教师的职业道德提出了新的要求。在新的历史阶段,要建设和研究我国高等学校教师职业道德,就必须立足国内,放眼世界,在国际国内高等教育发展的时代大背景下进行。

一、新时期高校教师的职业特点

"大学是人类社会的动力站",是人类文明和社会进步的综合标志,更是振兴民族的希望所在。正如美国著名教育家艾伦·布鲁姆教授所说,"如果没有大学,所有理性生活的美好结果都会跌回到原始的泥泞中"。知识经济时代,社会对大学给予了更高的期望,大学也肩负着更重要的使命。"教师现在是、将来也是任何教育制度的基本因素。"大学教师是大学的核心,是大学能否办好的关键。他们是大学教育教学实践的主导者,研究的主体者和改革的主力军,"在教育青年不仅满怀信心去迎接未来,而且以坚定和负责任的方式亲自建设未来方面,教师的作用是至关重要的"。大学教师的质量直接影响大学的生命力，正如原哈佛大学校长科南特所说："大学的荣誉不在它的校舍和人数，而在它一代代教师的质量。"教育过程是人与人之间相互影响的过程。与普通教育工作的一般特点相比较，高校教师的工作具有鲜明的特殊性。

（一）高校教师的工作目的是为社会培养各类高级专门人才

高校教师从事的是培养人才的工作，是要把正在成长中的青年学生培养成具有高等科学文化知识、劳动技能和高尚思想品德的高素质人才，其目的是向社会输送既符合时代和社会需要、能直接履行各种社会职责，又具有可持续发展潜力的各类高级专门人才。这是高等教育与普通教育以及职业教育育人目标的一个显著区别。高级专门人才的培养目标使高校教师对经济社会的发展，对参与国际竞争，对早日实现现代化的伟大事业负有重要的社会职责。

（二）高校教师的工作对象具有多层次

高校教师的工作对象是受过普通教育或专科教育、具有高中或大学以上文化程度的大学生或研究生，亦有在职的成人学生和进修人员。高校教师工作对象的层次跨度较大，来源和经历不同，学历和知识基础不同，年龄大小不同，生理和心理发展阶段不同。因此，高校教师的工作既要遵循高等教育与教学的一般规律和原则，又必须因材施教，即根据对象不同的学历水平、智能结构、年龄结构、生理心理特点实施教育教学。

（三）高校教师的工作手段主要是通过自己的真才实学和高尚道德情操育人

尽管从总体上说教育工作是一种以个体劳动为基础的集体协作劳动，对学生产生影响的是整个教师集体，但在具体实践中，主要还是通过教师个体，通过本人的知识才能、道德品质和情感意志以个体方式影响学生。这就对高校教师的个人素质提出了很高的要求。原因是高校学生独立性强，批判性思维倾向显著，具有很强的主动性和选择性，他们要用自己的眼光来观察教师，并决定接受什么，拒绝什么。因此，只有当教师的学识才能、举止德行引起学生积极肯定的态度反应时，才能被学生接受，教师的教育教学活动才具有积极的作用和价值。

（四）高校教师的工作既是对知识的传递，又是对知识的创造与应用

高校教师在教育工作中要根据学生智能发展的要求，将人类世代积累下来的科学文化知识和技能传授给学生，为他们的未来发展打下基础性条件。同时高校

教师又不能满足于对已有文化科学知识的传递，还必须在已知的基础上去探索未知，促进知识创新，并以此推进科学技术、人类社会的发展进步。因此，高校教师的工作是富有创造性的工作，是与文化发达、科学昌盛、政治民主、人类进步紧密联系在一起的工作，是创造文明、创造历史的工作。

通过高校教师工作特点可以看出，高等教育任务的完成和教育目的的实现，高等学校职能的发挥，都与高校教师的知识能力、创造能力、道德品质、心理品质等所构成的综合素质密切相关，都对高校教师的业务素质和道德素质提出了很高的要求。

二、新时期高校教师的师德特点

高校师德就是指高校教师在从事职业活动即教育教学和科学研究等过程中所应遵循的道德规范和行为准则，以及与之相适应的道德观念、情操和品质。它属于专业道德，与其他专业道德既相联系又相区别，与中小学师德既相联系又相区别。

首先，高校师德属于专业道德，是师德的组成部分之一，与社会公德、家庭道德既相联系又相区别。在我国，它们有着共同的道德要求，都以为人民服务为核心，以集体主义为原则，以爱祖国、爱人民、爱劳动、爱科学、爱社会主义为基本要求。同时，它们又是相互影响的。教师在公共生活、家庭生活等领域中的道德表现是其整体道德水平的综合反映，会无形地影响其在职业生活中的表现，一个乐于助人、见义勇为的老师，必定会更关心学生、更热爱学生、更敢于同危害学生的行为作斗争；一个在家庭生活中孝敬父母、热爱子女、尊重爱人的老师，会更关心学生、尊重学生、理解学生，反之亦然。但是由于它们调整的具体关系不同，彼此又有不同的要求。社会公德调整的是社会公共生活中人与人、人与社会和人与自然之间的关系，其基本要求是"文明礼貌、助人为乐、爱护公物、保护环境、遵纪守法"；家庭道德调整的是家庭生活中人与人之间的关系，其基本要求是"尊老爱幼、男女平等、夫妻和睦、勤俭持家、邻里团结"；而师德调整的是教育教学以及科学研究过程中人与人之间的关系，其基本要求是"依法执教、爱岗敬业、热爱学生、严谨治学、团结协作、尊重家长、廉洁从教、为人师表、教书育人、学术诚信"。从社会期望来看，由于教师的社会地位重要，肩负的责任重大，人们对师德的要求更高，往往以师德来衡量社会整体的道德风貌，而社会公德、家庭道德只是对人们最起码的要求。

其次，师德作为教师的专业道德，有着与其他专业道德既相联系又相区别的特质。各行各业的职业道德的共同要求有"爱岗敬业、诚实守信、办事公道、服务群众、奉献社会"。但这些要求在每个行业的具体体现不同，比如：一般的生产部门行业爱岗敬业并不需要工人在下班后关心其劳动对象，但教师在任何时候都必须关心其劳动对象，没有上下班之分；一般工人的劳动对象是无思想、无生命的物体，工人不必在心理上对其谨小慎微，但教师的劳动对象是有思想、有个性的具有主体性、可塑性和模仿性的人，对学生的爱就必须尊重其个性差异，就必须针对不同的个体实施不同的教育；一般工人生产的产品的保质期是有限的，可教师的"劳动产品"是掌握了一定科学文化知识、具备了一定技能、形成了合格思想道德素质的学生，他们的"保质期"却必须是终身的，这对教师的责任心和敬业精神提出了更高的要求。

再次，高校师德与中小学师德既有联系又有区别。虽然大中小学教师都有共同的教书育人、教学科研的职责，但是由于学生的身心特点不一样，教书育人的方式就不一样；由于中小学承担的是基础教育，对教师科研的要求主要集中在教学研究方面，而高校本身就有直接服务社会、创造知识的职能，因此对教师的科研要求不仅体现在教学研究上，还体现在专业研究方面；在热爱学生方面，对中学生的热爱关心主要体现在对其学习、生活的具体指导方面，而对大学生的热爱关心更多地体现在对其学习、生活能力的培养方面；在依法执教方面，对中小学教师的要求主要体现在不打骂、体罚、讽刺、挖苦方面，而对大学教师的要求主要体现在如何处理好社会主义意识形态与教学纪律的关系；中小学教师的育人要求主要是帮助学生如何在思想道德方面做一个合格的公民，而高校教师的育人要求除了继续帮助学生如何在思想道德方面成为一个合格公民外，还要帮助学生形成正确的理想信念，尤其是职业理想信念和社会理想信念。

总之，对于高校师德内涵的把握，我们要从多个层面去理解，它是社会道德的重要组成部分，是一定社会对教师职业行为提出的基本道德要求，是教师在处理和调整教育教学活动中人与人之间关系的基本的道德要求，是与教师行业及岗位的社会地位、作用、权利、义务相一致的道德准则和行为规范及道德观念、道德品质，是教师思想觉悟、道德品质和精神面貌的集中体现。

三、新时期加强高校师德建设的重要意义

党的十八以来，我国一直强调加强教师队伍建设，提高师德水平。2014 年 9 月 29 日教育部发布了《关于建立健全高校师德建设长效机制的意见》。该文件明确指出，"高校教师的思想政治素质和道德情操直接影响着青年学生世界观、人生观、价值观的养成，决定着人才培养的质量，关系着国家和民族的未来。加强和改进高校师德建设工作，对于全面提高高等教育质量、推进高等教育事业科学发展、培养中国特色社会主义事业的建设者和接班人、实现中华民族伟大复兴的中国梦，具有重大而深远的意义"。

（一）实现"以德治校"的重要保证

教师职业道德一直以来是一个常说常新的话题，特别是在当今"以德治国"与"以法治国"相结合，科教兴国的发展战略的指引下，师德越来越受到社会各界的广泛关注。对于高校来说，落实"以德治国"方略就体现为以德治校、以德治教、以德育人。要在高校内形成一股良好的道德风气，最主要的还要靠教师。加强师德建设，是高校道德建设实现"以德治校"的源头性工程。教师以身作则，以德育人，是培养道德优良学生的前提和基础，而师生双方道德共建，又是以德治校的前提和基础。因此，加强师德建设，是实现"以德治校"的关键环节，同时又是构建和谐校园的重要一环。

（二）提高学校德育实效性的需要

教师是学生道德学习的重要榜样，教师的一言一行都深刻地影响到学生的人格发展。学生在学校生活中，主要通过与教师及同伴的交往形成一定的道德人格。教师道德对学生道德有深刻影响，加强教师道德建设，有利于整个教师队伍道德水平的提高，有利于净化学校的道德环境，从而有利于发挥教师对学生的道德影响，提高学校德育的实效性。教育的一个重要方面，是以人格来培育人格，以灵魂来塑造灵魂。高尚的师德本身就是一本好的教科书，对学生的教育力量是巨大的、深远的。教师以知识、智慧、情感、意志和信念等为中介作用于学生的心灵，直接影响学生在校期间的成长，甚至可以通过塑造学生的品德、个性、人格影响其一生。师德建设是一个不断发展、完善的动态过程，教师应本着开放、学习的态度对待学生、对待自己、对待工作，给自己设立一个科学合理的定位，才能在

实际工作中，既完成教学本职工作——教书，又达到教学的高层任务——育人，既使学生素质特别是思想道德素质得到飞跃，又使自己思想操守得到净化、提高。

（三）实施素质教育的根本保证

全面推进素质教育，是我国 21 世纪教育改革的目标和选择。素质教育是以提高民族素质为宗旨的教育，它是依据《教育法》规定的国家教育方针，着眼于受教育者及社会长远发展的要求，以面向全体学生、全面提高学生的基本素质为根本宗旨，以注重培养受教育者的态度、能力，促进他们在德智体等方面生动、活泼、主动地发展为基本特征的教育。素质教育是以尊重学生主体性和主动精神，注重开发人的智慧潜能，注重形成人的健全个性为根本特征的教育。素质教育是对应试教育模式的一种纠正，相对于应试教育来讲，素质教育是符合教育规律的更高层次、更高水平、更高质量的教育。

实施素质教育，关键在于教师素质，教师素质的核心是师德。教师的积极性、创造性的发挥是实施素质教育的重要保证。素质教育改革的成败，取决于教师的支持程度和参与程度。作为教师，只有从对教育的崇高理想和对学生、对社会崇高的责任感出发，树立正确的教育观念，在教育教学过程中，既教书又育人，才能充分发挥崇高师德的作用，努力推进我国教育事业向前发展。

（四）转变社会风气的需要

加强师德建设对改变社会风气、促进社会主义精神文明建设有重大意义。教师道德建设对社会风气的影响主要可以从三个方面显现：其一，教师道德建设是我国公民道德建设中的一个方面；其二，教师道德建设具有影响的广泛性特点，它对整个社会道德具有辐射效应，它不仅影响一所学校的风气，而且影响到社会的风气；其三，教师道德对社会的影响主要是通过培养具有一定道德水平的学生来实现的，这也是教师道德的重要作用所在。教师通过自己的道德教育和影响，培养一批又一批具有一定道德水准的个体，这些个体的道德水平如何，必然对社会的道德风气有重大影响。

（五）提高教师素质的需要

教师的素质包括了思想道德品质、专业知识、心理素质、身体素质、审美能力等多方面的内容。教师素质的提高不是某一或某几个方面的片面发展，而是多个方面的协调发展，其中，师德素质具有方向性、向导性作用。十年树木，百年树人，教书育人是广大教育工作者肩负的神圣使命和光荣职责。教师所从事的教育工作的过程是一个不断提升自身精神涵养、道德情操和性情趣味的过程。教师工作的特殊性要求教师在道德意识上比其他职业道德有更高的水准，道德行为上比其他职业道德有更强的示范性，在教育过程中的调节功能具有自我主体能动性。教师是人类文明的传播者和建设者，是社会主义精神文明的直接参与者，教师的地位和职责决定了教师必须具备比一般公民更高的思想觉悟和良好的道德品质。

第三节　师德——高校教师的立身之本

高校教师的职业道德是指高校教师在从事教育劳动时所应遵循的行为规范和必备的品德之总和，它从道义上规定了高校教师在教育劳动过程中应该以什么样的思想、情感、态度、行为去做好本职工作，为社会承担义务，它是在高校教育职业活动中，调节教师与他人、教师与社会集体相互关系的行为准则。高校教师职业道德的基本特征、构成要素以及加强高校教师职业道德建设必要性等这些问题是高校教师职业道德的基本理论问题，也是研究高校教师职业道德其他问题的基础和前提。

一、高校教师职业道德的特征

由高校教师的职业道德原则和规范组成的高校教师职业道德规范体系，直接表达了高校教师在教育教学活动过程中应承担的义务、责任和使命，集中体现了高校教师职业活动的特殊要求。在高校教师职业道德体系中，职业道德原则居于主导地位。高校教师职业道德原则是在教师职业活动过程中调节指导和评价教师行为的基本道德准则，是对教师行为的根本性要求，是高校教师思想行为的根本价值取向，它具有概括性、抽象性、稳定性的特点，是整个高校教师职业道德规范体系的核心和精髓。高校教师职业道德规范是教师在教育职业活动中调整各种利益关系、判断教师思想行为是非善恶的具体标准。它是由教师职业道德原则派生的，是道德原则的具体化和展开，是高校教师教育教学活动中各种道德关系以及道德行为的具体规定和规范，具有多样性和可变性特点。在教师的道德实践中，道德原则与道德规范共同调节教师在教育劳动中的各种关系。

（一）全面性和高层次性的统一

高校教师职业道德的全面性是由两个因素决定的。一是由高等教育的目的决定的。一定的教育目的，决定一定社会教师的任务以及教师应该具备的相应素质。高校教师劳动的任务就是根据社会发展的需要，把大学生培养成具有较高的科学文化知识、劳动技能和思想品德的专门人才，把大学生培养成有理想、有文化、有道德、有纪律、热爱祖国、追求新知、艰苦奋斗、实事求是、独立思考、勇于创新、尊重他人、团结协作的社会主义新型人才，促进大学生德智体美全面发展，实现高等教育的育人目的。社会需要能否满足，教育目的能否实现，很大程度上取决于教师自身文化素质和道德素质的高低。高等教育的育人目标是培养科学文化素质和思想道德素质全面发展的社会主义现代化建设的优秀人才，这一育人目标对高校教师的业务素质和道德素质提出了全面要求，使高校教师职业道德表现出全面性的特点来。二是由高校教师职业劳动的需要决定的。高校教师的职业劳动始终是围绕着人与人之间的关系进行的，并且受诸多因素的制约。高校教师要正确处理师生之间、教师与教师之间、教师与各级领导之间、教师与各职能部门之间、教师与后勤服务人员之间、教师与家长以及社会之间的诸多道德关系，要协调社会、学校、家庭等诸多道德关系。面对多样化、复杂化的道德关系，高校教师职业道德必须具有全面性特征，必须能够应对各种复杂的关系和情况。

高校教师职业道德的高层次性是指与其他职业相比、与中小学教师职业道德要求相比而表现出来的特征。高校教师职业道德的高层次性表现在：其一，它在社会各行各业的道德中所体现出的传递人类文明、塑造人类未来的伟大与崇高，还在于高校教师职业道德中表现出的更为突出的奉献精神。高等院校是新思想、新理论、新科技的策源地，是高层次人才培养的摇篮，高校教师需要有更坚实的专业理论基础、更广阔的知识视野、更出色的智慧和能力、更高尚的职业道德品质和更健全的道德人格。唯有如此，高校教师才能承担起科技创新、培养高层次人才的职业职责。其二，高校教师在不断的职业实践中，将职业与自己的生命、个性和人生理想融为一体，把职业的社会期望与道德义务化为一个人的职业良心和人生志向，在实现自己价值的同时，也实现了劳动、创造、奉献社会的崇高目的。在当今科学技术迅猛发展、国际竞争日趋激烈的情况下，科技和教育越来越成为经济和社会可持续性发展的驱动力，社会的进步比以往任何时候都更加依赖于高等教育。高校教师担负着推动社会进步的历史重任，这种历史重任也把高校教师职业道德推到了整个社会职业道德的更高层次上。

高等教育一方面满足人民群众日益增长的接受高等教育的要求，为现代化建设输送了大批高素质的人才，另一方面，也发挥高等学校科学研究和社会服务的功能，为经济建设和社会发展提供了支撑。社会主义制度下的高校教师职业道德除了具备任何时代、任何社会制度下教师道德所共有的以身作则、为人师表、以身立教、教书育人等基本道德外，还要求教师要有更为远大的理想，把自己的工作与社会主义现代化建设、与共产主义伟大事业联系起来，把对祖国前途的高度责任感化为对工作的勤奋和对事业的坚定信念，热爱忠诚于人民的教育事业，全心全意为社会主义建设服务；他们把爱祖国、爱人民、爱劳动、爱科学、爱社会主义贯穿于道德意识和道德行为的各个方面，不仅要有一般公民所具有的社会公德和社会主义道德，而且要用共产主义道德要求自己，把道德建设的广泛性要求与先进性要求统一于一身，既做学生学习的榜样，又是全社会道德的楷模。高校教师职业就是这样一种让千百万人获得发展，使人类社会不断文明进步，同时也使自己不断臻于完美的崇高美好的职业。高校教师应该以马克思的教导为指南，献身于这一最能为人类福利而劳动的职业，孜孜以求，磨砺品德，在为社会和他人做出牺牲和奉献的教育劳动实践中，达到崇高的职业道德境界，实现自己的人生价值。

（二）理想性与现实性的统一

理想是人类特有的一种精神现象，是社会实践活动的直接产物。人们从事改造自然、改造社会及改造自身的活动时，总是要带有一定的主观倾向和要求，这样的要求围绕着一个总的奋斗目标。这个奋斗目标以理想的形式反映在人们的实践活动中，吸引着人们向这个目标靠近，并给人的活动以巨大的动力。高校教师职业道德的理想性是指教师对该职业价值的认识与追求，具有价值导向性与精神崇高性。高校教师职业道德的理想性，首先是由高校教师和高等教育事业的关系决定的。教师职业本身是一项崇高而光荣的事业，人类在很大程度上是依靠教育事业使自身创造的物质文明和精神文明能够代代相传。教师是手执打开人类智慧宝库大门的金钥匙的人，是传播人类文明、开发人类智慧、塑造人类灵魂、影响人类未来的人。没有教师就没有教育事业的发展，没有教师就没有人类社会的进步。教师以及教师职业的重要性，决定了高校教师职业道德的理想性和崇高性。

高等教育在今天是人们接受全面素质教育的重要阶段，是培养接班人、促进文明发展和社会进步的重要手段。高校教师的职业道德的理想性要求教师要充分认识自己劳动的社会价值，树立崇高的职业道德理想，自觉用人类先进的科学文化知识和最进步、最高尚的道德去培养教育大学生。认识职业道德的理想性特征并树立崇高的职业道德理想，对高校教师职业道德品质的养成具有重要的方向性、指导性意义。高校教师的职业道德认识、情感、意志、行为习惯是构成高校教师职业道德品质的基本要素，这些基本要素的形成和健康发展，无一不受到职业道德理想的规定和制约，无一不是崇高的职业道德理想指引的结果。它提升教师的道德境界，净化教师的道德心灵，是引导教师不畏艰辛，克服困难，为实现自己的职业目标而努力奋斗的巨大精神动力。

所谓现实是指目前的物质和精神等方面的客观存在，是指人们赖以生存和发展的社会环境。高校教师职业道德的现实性是指高校教师职业道德的具体性、可操作性和实践性。高校教师职业道德是为实现高校教育教学的目标而对教师提出的职业道德思想观念和行为准则，这些思想观念和行为准则是从现实的高等教育活动中产生和引申出来的，是对客观存在的高等学校各种道德关系的反映。它可以和教师职业活动具体实践密切结合，成为教师在教育教学活动中判断是非善恶的具体标准和可以直接比照的思想指导以及行为准则。高校教师职业道德的现实性，要求教师树立献身教育事业、甘为人梯的职业道德信念，恪守教师职业道德规范，不断提高职业道德水平。教师只有立志献身于教育事业，甘做人才发展的阶梯，才能在教育工作中热爱学生、尊重学生、严格要求、诲人不倦，全心全意培养学生；教师只有恪守教育、教学、科研以及人际关系中的职业道德规范，才能正确处理各种人际关系，尊重同事，团结协作，完成教学科研等各项工作和任务；教师只有严格要求自己，治学态度严谨、道德品质高尚、爱岗敬业、为人师表，不断提高自己的专业素质和道德素质，才能肩负起自己的职业使命，承担起自己的职业职责。

高校教师职业道德的理想性，使其职业道德具有崇高的理想和远大的目标；高校教师职业道德的现实性，使其职业道德具有实践性和可操作性。理想性与现实性的统一，使远大理想与实践相结合而不会流于空泛，同时使道德实践有崇高理想的指引而更加扎实和不断提高。

（三）社会性与个体性发展的统一

高校教师职业道德的社会性是指高校教师在教育劳动中确立崇高的社会理想

和献身教育事业，在为社会做贡献中提高和实现个人价值。高校教师职业道德的社会性是国家发展高等教育的需求，是社会发展对于高科技文化要求的表现，是社会主义新时期精神文明建设的要求。具体来说，高校教师职业道德的社会性要求高校教师不仅要为大学生未来的职业做准备，更重要的是要塑造人，要以培养全面发展的新人为己任。

个体性是指作为社会成员的个体各自所具有的特点，包括：其一，个人倾向性特征。包括人的需要、动机、兴趣、理想、信仰、价值观等。其二，个人心理特征。包括气质、性格、情感、意志和能力等。其三，个人的社会人格特征。主要包括个人的道德风貌、习惯、社会形象、社会角色及其他精神状态。它反映了个体的社会认可和评价水平，是不同个人之间互相区别的重要标志。

历史唯物主义认为，社会是在一定物质生产活动基础上结成的相互联系的人类生活共同体，是人们交互作用的产物。个人与社会是统一的，没有脱离社会的孤立个人，也不存在离开个人的社会。高校教师职业道德为每个教师指明了正确处理个人与集体、个人与社会相互关系的行为准则，而正确认识和处理这些关系是个体全面发展的重要条件和保证，教师个体的全面发展是离不开集体和社会的，只有在集体、社会中，教师个人才能获得全面发展其才能的途径。因此教师只有遵循教师职业道德要求，热爱教育事业，教书育人，才能为包括个人在内的社会成员的全面发展创造良好的社会条件，实现教师的社会价值和人生价值。教师只有在追求社会价值的过程中才能找到个人的幸福和快乐，从而实现人生的真正价值。在一定意义上，个人的自由和权利之所以是人生快乐和幸福的基础，就在于人生活在社会之中。由于个人的快乐和幸福最终要来源于社会的发展和社会的整体幸福，因而社会保证和维护个人的自由和权利也就构成了社会存在、秩序和福利的真正前提。这就是个人的自由和权利与社会的发展和进步的内在联系。一种权利就是一份自由，一份自由就承担一份责任。高校教师职业道德作为一种权利和自由，作为一份社会责任，体现了社会性与个体性发展的统一。

（四）典范性与深远性的统一

高校教师职业道德的典范性是指在道德行为上，高校教师在道德意识支配下所表现出来的符合道德规范的行为对大学生思想、人格所产生的示范性效果。高校教师劳动的典范作用是强有力的教育因素，具有强烈的感染性、连续性、广延性。典范性表现在两个方面：一是激励。大学生因仰慕教师优良的思想、行为和品德，从而受到感染，激发向上的热情。二是矫正。教师的行为成为大学生的一面镜子，以师为镜，使大学生自我对照、反省和引起愧疚，从而自觉克服自身的不良思想，矫正不良言行。为此，高校教师要不断运用自己的品格、学识、智慧去赢得学生发自内心的尊重与爱戴。教师培养人塑造人的神圣使命，就是通过教学和言传身教实现的。也正是教师劳动手段的主体性和劳动对象的模仿性、可塑性，决定了教师劳动的典范性。

高校教师职业道德的深远性是指在道德影响上，高校教师职业道德要比其他职业道德影响更广、更深远。爱因斯坦曾经说过，仅用专业知识教育人是不够的。通过专业教育，可以使人成为一种有用的机器，但是不能成为一个和谐发展的人。高校教师职业道德深刻作用于学生的心灵，塑造学生的品质。每个学生的文明习惯的养成，个性、人生观、道德观和世界观的形成，教师的道德影响起着关键性的作用。大学教师对学生的影响在教育过程结束后并不会消失，而是深刻地作用于大学生的思想和心灵，并且通过学生辐射到家庭、社会；它不仅影响大学生在校期间的学习和生活，而且影响着学生毕业后的生活道路，甚至整个一生。同时，高校教师职业道德水平的高低，还对校风有着直接的影响，并且对社会风气也有广泛的影响，教师道德风貌是构成社会风气和社会精神文明的重要内容。

案例分析

结合以下案例内容，试分析高校教师职业道德的现状、不足及如何完善。

北京大学失范教师再敲师德警钟

2014 年 10 月底，一则"北大副教授与女留学生保持不正当关系并致其怀孕"的消息在网络上被大量转载。该消息称，2013 年 7 月北大副教授余万里在宿舍性侵该院女留学生，随后一直保持不正当关系并致其怀孕。2014 年 11 月 21 日晚，北京大学通过官方微博发布通告称，前几日已经引发舆论广泛关注的北大国际关系学院副教授余万里，婚外与在校女留学生保持性关系并致其怀孕一事，已有处理结果。该通告说，北大有关部门在调查有关事实后，根据北京大学教师管理的相关规定，经院系及学校党委研究决定，给予余万里开除党籍、撤销教师职务、撤销教师资格处分。这个决定，意味着余万里已被逐出北大教师队伍。北京大学还就此声明说，北大历来重视师德师风建设，对违反师德的行为坚决严查严办，绝不纵容姑息。

"坚决严查严办，绝不纵容姑息"，这是对混迹于高校教师队伍中的师德失范者的应有态度。北大的这个决定，态度可谓鲜明，处理也堪称果断。实际上，对于教师中的少数师德失范者，必须毫不迟疑地逐出教师队伍。对触犯法律的教师，则要将相关调查材料依法报送司法机构。

2014年9月底，教育部发出了《关于建立健全高校师德建设长效机制的意见》。《意见》要求必须建立健全高校教师违反师德行为的惩处机制，严格师德惩处，发挥制度规范约束作用。《意见》也明确规定，对学生实施性骚扰或与学生发生不正当关系的教师，要依法依规处理，直至解除聘用合同或者开除。

改革开放以来，教师，尤其是高校教师的社会地位发生了诸多变化。随着高等教育在国家发展中地位的变化，高校及其教师也拥有越来越多的资源。高校中的许多教师掌握着稀缺性的资源，其中个别教师以不当途径和手段使用这种资源，将手中的资源作为诱饵，诱使、胁迫或变相胁迫学生就范其私益。这种使用稀缺资源的手法，与腐败官员以权设租、寻租的做法并无二致，都是腐败的表现形式，都必须坚决予以清除。

高校学生，大多处于青春期，因此在教师与学生之间划定情感乃至伦常方面的不可逾越的红线十分必要。也许正是基于这类问题的可发和易发，在高等教育相对发达的国家，其大学都在此方面设立严格禁忌，明确禁止教师与学生之间发生任何超出教学关系之外的情感或行为。教育部上述《意见》中的相关规定，就是在中国高校中为师德划定了红线。以身涉"线"者，必须为此付出代价。

资料来源：朱墨，《光明日报》，2014年11月25日

二、高校教师职业道德的内容

高校教师职业道德的主要内容是指那些概括和反映高校教师职业道德的主要特征，体现社会对高校教师职业道德的根本要求，并成为教师的普遍内心信念，对教师的行为发生影响的基本要求。2011年12月23日，教育部、中国教科文卫体工会颁布了《高等学校教师职业道德规范》，共包含爱国守法、敬业爱生、教书育人、严谨治学、服务社会、为人师表六个方面。这是我国首部有关高校教师的职业规范。为加强和改进高校师德建设工作，切实提高高校师德建设水平，全面提升高校教师师德素养，2014年9月29日，教育部颁布了《关于建立健全高校师

德建设长效机制的意见》。从《规范》和《意见》这两个文件来看，高校教师职业道德的内容包括八个要素：教师职业理想、教师职业责任、教师职业态度、教师职业纪律、教师职业技能、教师职业良心、教师职业公正和教师职业荣誉。

（一）教师职业理想

职业理想是指从业者对所从事职业的志向和抱负。职业理想是职业道德的重要组成部分，有了崇高的职业理想才能产生模范遵守职业道德的行为。高校教师的职业理想是指从事高等教育事业的教师应有的志向和抱负。

《中华人民共和国教师法》第三条指出："教师是履行教育教学职责的专业人员，承担教书育人，培养社会主义事业建设者和接班人，提高民族素质的使命。教师应当忠诚于人民的教育事业。"《高等学校教师职业道德规范》第二条指出："敬业爱生。忠诚人民教育事业，树立崇高职业理想，以人才培养、科学研究、社会服务和文化传承创新为己任。恪尽职守，甘于奉献。"忠诚人民的教育事业，体现了人民教师献身教育的职业理想，也是教师自觉为人民教育事业忠心耿耿、无私奉献的精神境界：忠诚于人民的教育事业，努力做一名优秀教师。黑格尔曾断言："没有激情，任何伟大的事业都不曾完成，也不能完成。"列宁说："没有'人的感情'，就从来没有也不可能有人对于真理的追求。"教师的职业道德情感与职业理想是联系在一起的，决定了教师个体活动的方向。与职业理想相关联的还有职业信念，职业信念是教师对职业道德规范和要求的正当性、合理性的坚定不移的道德认识和道德情感的统一。教师的职业信念是教师的精神追求和奋斗目标，是教师对教育事业、教育理论及基本教育主张、原则的确认和信奉。教育信念的集中表现是教师对教育工作的高度责任感和强烈的事业心。这种职业信念使教师对自己所从事的职业的正当性有发自内心的坚定信心，使教师按照自己确立的职业道德信念来选择自己的行为，深刻影响着教师的职业道德理想和职业道德水平。

社会主义高校教师职业道德理想是以马列主义、毛泽东思想、邓小平理论和"三个代表"重要思想为思想理论指导，献身于人民的教育事业，为社会主义现代化事业培养德智体美全面发展的优秀接班人。习近平指出："我们的教育是为人民服务、为中国特色社会主义服务、为改革开放和社会主义现代化建设服务的，党和人民需要培养的是社会主义事业建设者和接班人。好老师的理想信念应该以这一要求为基准。"社会主义高校教师职业道德理想认为，献身人民的教育事业是每个教师应该追求的人生价值目标。教师为教育事业做出的贡献越大，人生价值就越大，献身教育是教师实现人生价值最现实、最可靠的途径。高校教师职业道德理想是职业道德各因素的核心，它对其他各因素起着决定和指导性作用，是高校教师应该树立的职业道德信念。

（二）教师职业责任

责任，是个人对他人或社会做自己应当做的事情，做与自己的职责、使命、任务相宜的事情。这种"应当"、"相宜"、"职责"、"使命"等，是由现实生活的客观要求所决定的，它既表明个人对社会和他人承担的责任，也表明社会和他人对个人行为的要求。马克思曾经深刻地指出："作为确定的人，现实的人，你就有规定，就有使命，就有任务。"职业责任是从事职业活动的人必须承担的职责和任务。高校教师的职业责任是指高校教师要热爱自己的本职工作，忠于职守、勤奋努力、精益求精，专心致志地尽力做好本职工作。高校教师在社会分工中担负着教育和培养社会主义新一代建设者和接班人的任务，对社会和历史担负着重要的职业责任和使命。高校教师的职业责任有两方面的含义：一是指社会向高校教师提出的在从事职业活动中所必须遵守的道德要求的总和；二是指高校教师在教育职业劳动中自觉意识到社会对教师提出的各种道德要求的合理性，并把遵循教师职业道德规范要求，看做是个人的内在道德需要，看成是自己对社会、对教育事业应尽的使命。

高校教师的职业责任简单地说就是教书育人。《高等学校教师职业道德规范》第三条指出："教书育人。坚持育人为本，立德树人。遵循教育规律，实施素质教育。注重学思结合，知行合一，因材施教，不断提高教育质量。严慈相济，教学相长，诲人不倦。尊重学生个性，促进学生全面发展。不拒绝学生的合理要求。不得从事影响教育教学工作的兼职。"我国的教育目标是培养德智体全面发展的人才，教师的职业劳动、职业责任就是围绕着这一目标进行的。教书育人既是社会、教师集体用以调节教师与学生关系的手段，也是从教师自身的责任意识角度出发，调节教师教育行为的手段。苏联教育家苏霍姆林斯基说过："恪守义务可以使人变得更高尚。教育者的任务，就在于使义务感成为自己纪律这个极其重要品质的核心，缺少了这种品质，学校就是不可想象的。"教师的职业责任和教育工作本身密切联系。一方面教师责任是作为为培养学生、造福社会而劳动的条件存在的。社会对教师提出了特定的要求，任何一个教师，无论他有什么特殊的天赋、能力和

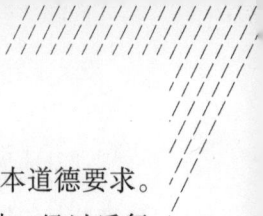

特点，都必须完成自己的责任，使自己的行为符合职业劳动的各种基本道德要求。另一方面教师在职业劳动中不断地体验和认识履行这些责任的必要性，经过反复实践，反复认识，将之转化为自身的"内在需求"，这样就能使自己的职业道德觉悟逐步得到升华，形成高尚的职业品格。高校教师的职业道德责任意识不是自发产生的，它来自于教师对教育劳动崇高社会意义的认识，对学生、对祖国和人民教育事业的赤诚之心，来自于教育实践中对自己的教育行为、对学生成长所产生的重要影响的体验和认识，来自于接受职业道德教育过程中自我道德觉悟的提高。因此，培养高校教师的职业责任感是教师职业道德教育与训练的一项重要任务。

（三）教师职业态度

职业态度是指人们对自身职业劳动的看法和采取的行为。高校教师的职业态度是指高校教师基于对自己职业意义的深刻理解和认识，而对自己从事的职业所采取的思想作风和行为。《高等学校教师职业道德规范》第二条指出："恪尽职守，甘于奉献。终身学习，刻苦钻研。"高校教师的职业态度反映在教师道德认识上，表现为强烈的社会责任心，这种责任心突出表现在敬业精神上，即专心致志做好教师的工作，认真履行教师职责，甘于默默无闻地奉献，加强专业学习，在学术上开拓创新。《教育部关于建立健全高校师德建设长效机制的意见》也明确指出：高校教师不得有"影响正常教育教学工作的兼职兼薪行为"。在市场经济和开放的条件下，有些高校教师为了谋取更多的个人利益，花大量的时间和精力从事兼职，从而影响了本职工作。但大量优秀的教育工作者则以他们的行动树立了教师职业态度的标杆。人民教育家陶行知以"捧着一颗心来，不带半根草去"的高尚情怀，从教几十年，矢志办学育才，献身教育，鞠躬尽瘁。吴玉章以"一息尚存，决不松劲"的献身精神，"一贯有利于人民，一贯有利于青年"，数十年如一日，为教育事业奉献自己毕生的精力。新时代的教师应该学习老一辈的崇高品质，无论生活如何艰苦，无论经历什么政治风雨，都始终不渝地坚信党的领导，热爱祖国，忠于人民的教育事业，无愧于人民教师的光荣称号。高校教师对自己职业意义的深刻理解和认识，反映在道德情感上，就是对学生充满着真挚的感情和热爱，关心学生的前途，关心学生的健康成长，尽其所能给学生提供帮助；反映在道德信念上，则是具有坚定的从事教育工作的信念和意志，无论在什么环境和条件下，都能严格要求自己，恪守职业道德规范，自觉地进行自我命令和自我监督，不断提高道德觉悟和道德境界。

教师职业态度在不同的社会历史条件下，具有不同的表现。在私有制社会里，尽管教师能够凭着自己的道德意识和职业良心对学生进行道德品质教育和思想熏陶，但是由于生产资料私有制及剥削阶级思想和道德观念的束缚，教师对职业道德的认识受到一定限制，教师职业道德态度不同程度地存在一些问题。教师职业道德的自觉性得不到充分发挥。在社会主义条件下，人民教师获得了真正的解放，教师的个人利益与集体利益、社会利益达到了统一，共同的事业和理想把教师与教师、教师与学生紧紧地联系在一起，有助于建立民主、平等、和谐、亲密的新型人际关系，教师对自己职业在培养人才、促进社会主义事业发展中的意义有了较深刻的理解，教师职业态度普遍端正，教师职业道德的自觉性得到了解放和较充分的发挥。当前在高等教育战线上涌现出许多优秀教师，他们之所以能取得优异的成绩，其中一个重要原因就是他们具有高度的教师职业道德意识，把人民的教育事业看成是自己的事业，把为现代化培养合格人才看成是自己神圣的职责，从而以积极主动的态度投入到教育教学工作中，不畏艰难，勇于奉献，为学生的健康成长做出贡献。教师的工作繁重而辛苦，需要付出全部的才智和大量的时间精力，教师的成果往往隐含在学生的成功中，而自己则可能一生默默无闻。教师在满天下的桃李中体验着教师职业的功在他人、利在社会的社会价值，得到自己职业的满足和人生的幸福。这是教师正确的职业态度。

（四）教师职业纪律

俗话说："无规矩，不成方圆。"纪律作为一种社会控制的手段，产生于人们的社会生活和集体生活的共同活动之中。职业纪律作为对人的职业行为进行社会控制的手段，产生于职业生活和职业集体的运作和交往关系中。随着职业分工的产生和发展，具有不同利益和处于不同地位的人们不可避免地发生社会交往，为了维护职业内部和外部交往的正常进行，各行各业便确定了职业纪律来约束从业者的行为，以使从业者遵循一定的规矩来履行自己的职责。高校教师职业纪律就是教师在从事教育劳动中应该遵守的规章、条例、守则、纪律等，它是维持正常教育教学秩序的前提条件，是整个高校各种工作正常运转、相互协调的制度性保证。教师职业纪律在职业活动中规定教师应该做什么，不应该做什么，它具有一定的强制性。这种强制性主要表现在两个方面：一是要求教师严格遵守组织纪律，严格执行规章制度，按照规矩履行自己的职责；二是追究教师不遵守纪律和规章制度的行为，根据其违反纪律所造成的职业后果和职业过失追究其责任。《教育部

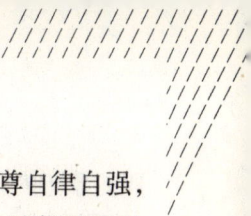

关于建立健全高校师德建设长效机制的意见》指出：高校教师应"自尊自律自强，做学生敬仰爱戴的品行之师、学问之师，做社会主义道德的示范者、诚信风尚的引领者、公平正义的维护者"。高校教师应"提高自身修养"、"提升精神境界"。"高校教师不得有下列情形：损害国家利益，损害学生和学校合法权益的行为；在教育教学活动中有违背党的路线方针政策的言行；在科研工作中弄虚作假、抄袭剽窃、篡改侵吞他人学术成果、违规使用科研经费以及滥用学术资源和学术影响；影响正常教育教学工作的兼职兼薪行为；在招生、考试、学生推优、保研等工作中徇私舞弊；索要或收受学生及家长的礼品、礼金、有价证券、支付凭证等财物；对学生实施性骚扰或与学生发生不正当关系；其他违反高校教师职业道德的行为"。

高校教师模范遵守职业纪律要做到以下几点：其一，不断增强教师职业意识。要时刻想到自己是教师，自己的一言一行都会给学生以影响，违反职业纪律不仅会影响工作目标的实现，更重要的是会影响学生的行为，影响教育工作的实效。其二，认真学习教师职业纪律的有关规定。特别是刚刚走上教师岗位的青年教师，对教师职业纪律的有关规章、条例、守则等要进行认真的学习，这是模范遵守纪律的前提。其三，将教师职业纪律落实到实际的教育教学活动中。职业纪律不能只写在纸面上，更不能只停留在口头上，教师应该把职业纪律熟记于心中，并落实于教育教学等各种实际活动中，使其成为自己职业活动的指导和标准。其四，严于律己，为人师表。教师在执行职业纪律的过程中，要有坚强的意志和持之以恒的决心，要时时处处严格遵守教师职业纪律，严格要求，严肃对待，不能因人而异、宽严失当，要勇于自我批评，善于改正错误，为学生做出榜样。《高等学校教师职业道德规范》第六条指出："为人师表。学为人师，行为世范。淡泊名利，志存高远。树立优良学风教风，以高尚师德、人格魅力和学识风范教育感染学生。模范遵守社会公德，维护社会正义，引领社会风尚。言行雅正，举止文明。自尊自律，清廉从教，以身作则。自觉抵制有损教师职业声誉的行为。"

（五）教师职业技能

职业技能是从事一定职业的人们应当具备的技术和能力。它是职业工作者实现职业理想，追求高尚职业道德必备的职业知识、职业技术和职业技能、技巧。高校教师的职业技能是指从事高等教育的教师应当具备的知识、技术和能力，它是从事高校教育、教学、科研工作的重要条件，是完成教书育人任务、实现教师职业理想的业务基础。新的时代给高校教师职业技能提出了更高的要求：第一，当今时代新科学、新技术、新知识不断涌现，知识的发展表现出很强的综合性特征。各学科之间相互渗透，互相融合，促进了边缘学科和交叉学科的发展，这就要求高校教师不断学习，不断钻研，不断创新，不断扩大自己的知识面，提高职业技能，用现代知识充实自己。第二，学科和专业理论的抽象性和更替性越来越突出，知识的创新性和批判性越来越鲜明。当代学科群中一些高度概括性原理的出现，各具体学科的特殊规律数不胜数，信息革命的浪潮激起学科内部结构的迅速变化，知识更替周期的大大缩短，使得学科理论的抽象性和更替性越来越突出。随着科技的发展，科学不断调整重组，专业不断创新和重制，学科和专业从基本结构到研究方法都出现了许多新特点，知识的创新性和批判性越来越鲜明。学科专业发展的新情况、新动向给高校教师的专业知识和专业技能提出了更高的要求。第三，随着社会的变迁和时代的发展，社会对于高校教师职业技能的要求越来越高。教师首先要有精深的专业理论知识和专业技能技巧；其次要有广博的文化基础知识，应广泛了解自然科学、社会科学以及现代新兴学科等多学科的有关知识；再次教师要有扎实的教育科学理论和技能，掌握现代教育方法和手段，应该顺应信息技术的发展和教育国际化的趋势，确立自主学习和终身学习的理念，加速由传统的以"教"为中心向以"学"为中心的主动学习的变革，激发学生强烈的求知欲，促进他们自主学习和探索创新精神的养成；此外高校教师还应该具有从事教育、教学、管理所需要的各种职业能力。

现代科技以及高等教育的发展给高校教师的职业素质和职业技能提出了更高的要求，高校教师应做到以下几点：一要刻苦学习、与时俱进。要钻研业务，更新知识，要努力学习其他学科专业知识，扩大知识面。二要掌握规律、提高能力。要努力探索和掌握教育、教学、管理规律，要锻炼自己多种教育教学和管理能力，包括教学设计能力、语言表达能力、运用计算机多媒体的能力、做思想工作的能力、娴熟的课堂驾驭能力、人际关系的处理能力以及指导专业实习、指导军训等组织管理能力。三要勇于实践、不断创新。高校教师职业技能的培养和提高，只有在教育教学活动实践中，只有在教师亲历亲为的体验中，才能实现。因此，高校教师要积极实践，不断体悟、总结经验，在实践中培养、提高，并不断创新。总之，具有良好的专业理论基础、复合的知识结构，具有在现代教育与科学理念指导下的教育、教学、管理能力，并具有勇于实践、不断创新的精神，这就是我们期望的高校教师应有的职业技能。

（六）教师职业良心

良心是人们在履行对他人和社会的义务的过程中形成的道德责任感和自我评价能力，是各种道德心理因素在个人意识中的统一。职业良心是人们在职业活动中逐步形成的职业责任感和自我评价能力。高校教师的职业良心是高校教师由于认识到自身的使命、职责而产生的对社会和大学生道德责任感和自我评价能力。当然教师职业良心的形成也是教师道德认识、道德情感、道德意志、道德信念等相互作用的结果。高校教师职业良心在教育劳动中表现为教师对自己教育活动行为的自我控制和自我评价。当教师深刻理解按照教师职业道德规范去行动的必要性、合理性时，就会自觉地按照教师职业道德的要求去确定自己的行为，评价自己的行为。教师职业良心是一个教育工作者道德觉悟的综合表现，是教师自觉履行教师责任、激励自己搞好教育教学工作最重要的内在因素。

马克思说："良心是由人的知识和全部生活方式来决定的。"① 高校教师的职业良心并不是天生固有的，而是由教师的知识和教师的全部生活方式来决定的。表现在：其一，教师职业良心是随着社会生活发展而形成的。由于社会活动的需要，教师在自己的职业活动中日益感到自己工作的重要意义和社会对自己的要求，并逐渐把这种要求内化为道德信念，产生出做好教育工作的强烈责任感，并自觉约束自己，调节自己，形成职业良心。如黑格尔所说："一个人做了这样或那样一件合乎伦理的事，还不能说他是有德的，只有当这种行为方式成为他性格中的固定要素时，他才可以说是有德的。"其二，教师职业良心是对教师道德关系的自觉反映。教师良心作为存在于教师内心的道德信念，包含着教师行为的善恶标准和一系列道德要求，是一定社会教育职业活动中的道德关系的自觉反映。只有当教师意识到这种道德关系，并自觉遵守这些道德准则和要求，自觉维护这种道德关系时，才能产生道德责任感，才能进行自我道德评价和自我调节，形成职业良心。其三，教师职业良心是教师接受职业道德教育，自觉进行师德修养的产物。教师职业道德教育是较高层次的理性说服，一旦同教师的感性体验沟通，便升华出稳定的职业道德信念，客观的职业道德要求便可转化为教师的职业良心。同时，教师良心是一种道德自律，它在形成过程中除了必要的道德教育外，教师在教育劳

---

① 马克思，恩格斯. 马克思恩格斯全集（第6卷）[M]. 北京：人民出版社，1961：152.

动中的自我体验、自我教育、自我修养是特别重要的。

教师职业良心在教师的职业道德生活中起着巨大的作用，它往往贯穿于教师职业行为的各个阶段：在教师选择职业行为之前，职业良心起到指导作用，使教师对职业行为进行思考和权衡，选择合乎教师职业道德要求的行为；在教师职业行为过程中，职业良心起着自我控制和监督作用。当教师的行为符合教师职业道德要求时，便予以激励和强化，对不符合教师职业道德的行为，职业良心能进行自我调整和纠正；在教师的职业行为结束后，职业良心对职业行为起着自我评价作用，当教师看到自己的职业行为产生了良好的教育效果，有益于学生的全面发展，有益于教育事业的发展，会在道德心理上获得自我满足感，相反则会产生内疚、惭愧和悔恨的心情，进行道德上的自我谴责，并促进自己改正错误，弥补过失。教师的职业良心是教师为人民教育事业建功立业的重要精神支柱，也是教师职业道德完善的最强大的心理动因。

（七）教师职业公正

公正是人的一种崇高的道德境界，即公平、正直、没有偏私。在伦理学中，公正无论在西方还是在东方都是重要的道德范畴，有的甚至把它作为最基本的道德规范甚至道德原则。职业公正指人们在职业生活中坚持真理、秉公办事、赏罚分明、一视同仁。荷兰哲学家斯宾诺莎说过，世界上没有两片相同的树叶，也没有两只相同的手掌。高校教师的职业公正是指教师在教育职业活动中，公平合理地评价和对待每一个学生。学生的具体情况是多种多样的，教师在教育教学过程中，对不同性别、不同年龄、不同出身、不同相貌、不同智力、不同个性的学生，要一视同仁，平等相待，要体现教师对学生无差别的爱。苏霍姆林斯基指出：所谓公正，就是尊重与严格要求相结合。教育上的公正，意味着教师要有足够的精神力量去关心每一个学生，根据他们的具体情况，采取切实有效的措施施教，而不能只用一个模式，用毫无区别的态度去对待所有的学生。职业公正是教师职业道德素养水平高的重要标志，是高校教师必备的个人品质素养。

在教育活动中职业公正起着重要的作用：其一，公正有利于调动学生的学习主动性。如果教师对成绩好、肯听话的学生偏爱，在评价他们的表现和成绩时言过其实，一味照顾，就会使被偏爱的学生滋长盲目"优越感"，产生骄傲自满情绪，影响他们的健康成长；如果对成绩差、脾气倔的学生冷淡、嫌弃，甚至歧视，就会使学生感到痛苦、难过、有压力，产生不平衡、不服气，甚至逆反心理，对学习失去信心，对教师失去信任，影响他们的成长和进步。只有公正对待每一个学生，才能调动每一个学生的积极性，给学生的健康发展提供良好的平台。其二，公正有利于教师威信的形成。公正是广大学生对教师行为态度的道德要求，也是学生评价教师的一个十分重要的道德标准。在学生心目中，每个教师都应该是公正、善良、无私、正直的，这是学生对教师最基本、也是最宝贵的期望。教师职业公正会赢得学生的信赖和尊重，反之，教师在学生心目中的威信将一落千丈。其三，公正给学生的道德心灵以良好的影响。教师公正能激励学生追求真善美，有利于培养学生的公平正义、平等待人的道德人格。如果学生看到他们所尊敬的老师待人不公正，就会在心里投下阴影，甚至会怀疑公正、正直这些美好的东西在现实中是否真实存在，这会影响他们今后的生活态度和对美德的追求。

（八）教师职业荣誉

荣誉是指一定社会整体或行为当事人以某种赞赏性的社会形式或心理形式，对一定义务和相应行为具有的道德价值所表示的肯定性判断和态度。职业荣誉是对职业行为的社会价值做出公认的客观评价和主观意向。职业荣誉从客观方面看，它是社会对一个人履行职业义务所做出的贡献的评价，是道德行为的价值体现；从主观上看，职业荣誉是职业良心中的知耻心、自尊心、自爱心的表现。高校教师的职业荣誉是社会对高校教师道德行为的价值所做出的公认的客观评价和教师对自己行为价值的自我意识，是教师在职业责任感驱动下，自觉履行教师责任，出色完成职业义务后，社会给予的褒奖和赞许以及教师个人内心所产生的尊严感与自豪感。它是高校教师进一步自觉履行教师责任和实现教师良心的强大动力。每位教师都有自己的人生价值，这种价值集中体现在个人对自身、对他人和社会进步所起的作用。当社会肯定并赞赏一个教师的职业道德价值，并予以褒奖和赞许时，便形成了教师的职业荣誉感。

教师职业荣誉在教师职业道德的发展中有很大的积极作用，突出表现在两个方面：其一，它推动教师更好地履行职业义务，为培养现代化建设人才尽职尽责。教师职业荣誉是教师认真履行教师职责后的结果，也是促使教师更出色地履行职业责任的动力。教师职业道德以"应当怎样"和"不应当怎样"的外在尺度和内部的"命令"来规范教师的言行，指导教师牢记社会和人民赋予的任务，教好书，育好人。当教师的职业言行符合教师职业道德的要求并产生良好的社会效果时，教师就会受到学生、家长、领导、群众的赞誉和爱戴，从而对教师起到鼓励和鞭策的作用，也会促进教师继续坚持良好的道德行为方式，不断进取，不断提高。当教师的职业行为不符合教师职业道德要求，影响教书育人的效果时，社会舆论和学生、家长、领导就会给予否定的评价，给教师形成一定的压力，阻止不符合教师职业道德的行为，迫使教师修正错误，改正缺点。奉献社会是教师职业荣誉的最高层次要求，它要求教师把具体的职业活动与崇高的精神追求结合起来，把平凡的劳动与伟大的社会发展目标结合起来，认真履行职业道德义务，用自己的实际行动和做出的贡献赢得社会的肯定与褒扬。其二，它能教育和鼓励社会各阶层的人们尊师重教。"教育人是艺术中的艺术"，"教育艺术家"、"人类灵魂的工程师"的称号是社会对教师职业的殷切期望，也是对教师职业的赞誉和褒奖。对教师职业的赞誉和褒奖，可以促使整个社会对教师职业的地位和作用有更深刻的理解，使全社会更加重视教育事业，更加尊重教师，为教育的发展、为教师职业道德的提高，提供良好的社会环境和舆论氛围，从而促进教育事业的发展，实现教师职业道德水平的提高。

复习思考题

1. 师德的基本含义是什么？
2. 中华传统师德的特点是什么？
3. 新时期高校教师的师德特点是什么？
4. 高校教师职业道德的内容是什么？

第二章

高校教师职业道德的本质与作用

● **内容提要**

　　高校教师职业道德本质包括了一般本质和特殊本质两个方面。高校教师职业道德的形成是由一定的社会物质经济基础和社会文化等条件所决定的。高校教师职业道德对改良社会道德风气具有辐射作用，对提高学生道德素质具有示范作用，对完善自身道德人格具有提升作用。

● **学习目标**

1. 通过学习，深刻理解高校教师职业道德的一般本质和特殊本质；
2. 通过学习，了解高校教师职业道德形成的物质基础和文化前提；
3. 通过学习，重点把握高校教师职业道德辐射、示范和提升作用。

教师职业道德的本质与作用是教师职业道德的重要内容，在教师职业道德中占有十分重要的地位。只有从理论上认识和理解这一问题，才能使广大教育工作者更好地理解和掌握教师职业道德的本质和作用，从而自觉地遵循教师职业道德的各项具体规范要求。

第一节　教师职业道德的形成

教师职业道德产生和形成的客观根据是教师教育劳动实践中客观存在的各种利益关系，它既要反映当时社会的经济基础和当时统治阶级的利益要求，受当时社会占统治地位的思想意识、道德原则和规范的影响，同时又必然借鉴和吸收以往社会教师职业道德思想的合理因素和精华部分。

一、教师职业道德形成的物质基础

道德是人类社会特有的社会现象，一切道德都是社会生产和社会存在的产物。教师职业道德的形成是随社会分工和社会生产力的发展而产生的。

第一，社会分工是教师职业道德产生的物质前提。在人类历史上，最原始的社会分工，是按性别来划分的自然分工，没有明显的职业划分，当然谈不上职业道德的产生。原始社会末期，两次社会大分工以后，畜牧业、农业和手工业发展成为独立的部门，职业开始出现，职业道德也相应产生。但由于当时生产力发展水平较低，职业分工还处于雏形阶段，因此职业道德也只处于萌芽状态。

教师的职业是一种培养人的活动。教育起源于社会的生产劳动，根植于人类谋求生存和发展的需要。实际上，早在原始社会，当人们用手把第一块石头做成工具的时候，劳动就已经开始了。同时也就开始了传授劳动经验的教育活动。人们在从事物质生产的过程中，必然会建立一定的生产关系。这就要求人们不仅要有认识社会的能力，还要有正确处理人们相互交往的各种社会关系的能力，在共同进行的力所能及的劳动中，一些部落、氏族的首领，富有经验的老人、能人和妇女，便有意识、有步骤地把制造、使用劳动工具的方法与技能，把生产知识、生活经验和风俗习惯、行为准则等传授给年轻一代，于是就出现了人类早期的教育活动。这些部落、氏族的首领以及老人、能人和妇女就成了人类早期的教育者，原始人中的青少年就成了受教育者。

随着社会生产的发展，剩余产品和私有制的出现，人类社会产生了第三次社会大分工，使得一部分人专门从事体力劳动，另一部分人专门从事社会管理和社会科学文化活动，产生了阶级、国家，人类社会出现了第一个阶级社会，即奴隶社会。在奴隶社会，为了维护奴隶主阶级的利益，学校教育开始从生产劳动和社会生活中分离出来，成为一种单独的职业。当第一批教师队伍形成之后，相应地就产生了调整教师行为的教师职业道德规范。

第二，社会生产力的发展是教师职业道德产生的根源。社会生产力的发展，促使人类社会劳动越来越复杂，随着生产知识和生产经验的积累，铜器与铁器逐步代替了石器而成为主要生产工具，农业、畜牧业也陆续代替了渔猎、采集成为主要的生产活动。人类的思维和意识逐渐发达，逐渐认识到要顺应自然、学习和掌握改造自然的知识。于是，人类越来越感到开展教育活动的重要性和必要性，教育的形式变得越来越繁多，教育的内容越来越丰富和复杂。随着社会生产力的发展，尽管各个社会、各个阶级有着不同的教师道德原则和规范，但总的趋势是随着人类社会生产力的发展而发展。

第三，生产资料所有制的性质决定教师道德的性质。教师道德是由一定的经济基础制约的社会意识形态，是一定的社会经济关系的反映。恩格斯曾经指出："人们自觉或不自觉地，归根到底总是从他们阶级地位所处的实际关系中——从他们进行生产和交换的经济关系中，吸取自己的道德观念。"① 自从阶级和国家产生以后，教育就成为统治阶级的工具，教育大权也自然由统治阶级所执掌。不同的生产资料所有者，对本阶级的教育和教师都有一些强行、具体的要求，都要求教师必须为统治阶级的利益服务。如果教师的言行不符合统治阶级的利益，则必然为当时的社会所不容。

第四，社会物质利益关系直接决定着教师道德的基本原则和主要规范。道德直接根源于利益。不同的社会经济关系所表现出来的利益，决定着教师道德的基本原则和主要规范的内容。每一个阶级，如何对待个人利益和社会整体利益之间的关系，依据什么样的原则和规范解决个人利益和社会整体利益之间的矛盾，是

---

① 马克思，恩格斯. 马克思恩格斯选集（第3卷）[M]. 北京：人民出版社，1972：133.

一切道德体系必须解决的基本问题。如在奴隶社会，学校与奴隶主国家的统治机构是一体的，教师都是奴隶主阶级出身，当时对教师职业道德的要求，也是对奴隶主、贵族们的政治要求，他们把安身立命和为奴隶主贵族培养继承者，即亲亲和尊尊的原则，作为教师道德的原则和规范。封建社会为了维护封建地主阶级的利益，把维护封建的等级制度、为封建统治者培养人才，作为封建社会教师的道德原则和标准。而当资本主义生产关系取代封建生产关系之后，资产阶级从自己的政治和经济利益出发，其所制定的道德原则完全是为了维护和巩固资本主义的社会制度。要求学校的教师必须为培养为资本主义服务的人才尽心尽力，教师的道德行为准则必须满足于资本主义生产关系的要求。社会主义制度建立以后，实行了生产资料公有制，建立了消灭剥削、消除两极分化、实现共同富裕的社会主义生产关系，广大劳动群众成了国家和社会的主人，学校的教育目标则是把学生教育成有理想、有道德、有文化、有纪律的社会主义事业接班人。社会主义的生产关系和教育目的，要求全体教师忠于党的教育事业，热爱学生、爱岗敬业、勇于奉献。从上述分析可以看出，教师道德归根到底是由社会的物质利益关系决定。

第五，教师道德内容随社会经济关系的变化而变化。在人类历史上，一切道德体系的兴衰起落都是随社会经济关系的变化而变化的。如奴隶主阶级利益的代表古希腊柏拉图为奴隶社会拟定了界限分明、等级森严的教育制度，柏拉图要求教师对学生使用"威胁和殴打"，以培养学生绝对服从、征服别人、冷酷无情的品质。在我国半殖民地半封建社会的经济条件下，我国近代教育家蔡元培先生，反对封建教育，大力提倡崇尚自然、发展个性的新教育。他的教育思想直接、间接地培育了"五四精神"、民主精神、科学精神和反封建精神。同时代的教育家杨昌济先生认为教育事业崇高、伟大，他要求教师要热爱教育事业，专心致志、培育人才，以图救国救民。而在社会主义市场经济的条件下，我们的教师则要热爱祖国、报效祖国；热爱学生、诲人不倦；以身作则、为人师表；学而不厌、坚持科研；团结协作、相互尊重。不难看出，各个阶级、各个社会的教师的职业道德内容和要求都随着各个社会经济条件的变化而变化。即使是同一社会形态中的教师，由于经济关系的发展变化，其职业道德的规范内容也在不断地发展和完善。

第六，社会主义市场经济对我国教师职业道德的影响。社会主义市场经济条件下，教师职业道德的主流体现在以下几个方面。

其一，重视个人的物质利益。马克思在《神圣家族》一文中写道："正确理解的利益，是整个道德的基础。"① 新中国成立后很长一段时间里，由于我们长期实行单一的计划经济，特别在"文化大革命"时期，坚持"以阶级斗争为纲"，在这样"左"的错误思想指导下，过分强调"政治挂帅"，忽视甚至否定教师的物质利益，实行"大锅饭"、"铁饭碗"的平均主义分配制度，从表面上看这似乎既"公正"又"道德"，事实上却保护、鼓励了少数落后者，严重挫伤了广大教师的积极性和创造性，阻碍了社会主义教育事业的发展和教学质量的提高。市场经济是一种以利益激励机制为特征的经济体制。发展社会主义市场经济，目的是要借助利益激励机制达到资源的优化配置，以不断满足人民群众日益增长的物质文化需要。它肯定了人们追求物质利益的合理性和正当性，促使更多的人以诚实劳动和合法经营去获得物质利益。20 世纪 80 年代以后，中国大地掀起的"下海热"、"经商热"、"打工热"、"办公司热"等就是人们在经济领域寻找自身位置和实现自身价值的尝试。这种新的价值追求极大地改变了教师安贫乐道、鄙视物质利益的传统价值观。社会主义市场经济对于当代中国社会所起的巨大解放作用，主要表现在对社会物质财富的创造及对人的物质利益的满足方面。肯定人的物质利益，是人的解放、人的全面发展和真正自由的内在前提。确认人的物质利益的合理性、正当性，对个体主体而言，实际上就是对自我力量和自我价值的确认；对整个社会而言，这意味着需要主体和需要客体的矛盾状态得到克服，有利于实现人自身的价值。

其二，增强了集体主义道德精神。1978 年以来，我国开始对传统的经济体制和政治体制进行改革。可以说，改革的每一步进展都是对个人正当利益的进一步确认。与此同时，个人的竞争意识得到弘扬，个人的才能得到尊重，个人的自主意识得到进一步发展。于是有人据此以为，集体主义是与计划经济相适应的价值原则，而建立市场经济，相应的就应该提倡利己主义和个人主义价值观。他们认为市场经济以实现利益最大化为目标。因此，只要实行市场经济就必须肯定利己主义和个人主义原则。其实，个人主义和利己主义都同样以"人的本性是自私的"为理论基础，都把个人利益作为判断人的行为价值的唯一普遍的尺度，以个人欲望的满足为出发点和归宿点，认为"公共利益只是纯粹的抽象，个人利益才是唯一现实的"。而历史发展到今天，个人主义和利己主义的弊端已突出地暴露出来并

---

① 马克思，恩格斯. 马克思恩格斯全集（第 2 卷）[M]. 北京：人民出版社，1972：167.

且日益深刻地威胁着社会公共生活的安定与和谐，就连极力鼓吹个人主义的美国人也终于明白了"个人主义组织分散瓦解为一盘散沙"的道理。"若从最坏的方面看，个人主义是一片被孤独、邪恶、以掠夺为生的人们占据的热带丛莽。"① 可见，个人主义和利己主义的道德观念最终会诱发人们私欲的膨胀，造成个人同集体、同社会的疏远和分离，它不仅违背社会主义现代化建设的客观要求，同人民群众的共同利益背道而驰，而且破坏了个人和社会的和谐发展，是同集体主义道德原则根本对立的。实际上，在社会主义市场经济条件下，我国所有制的主体仍然是生产资料公有制，社会主义的本质是解放生产力，发展生产力，消灭剥削，消除两极分化，最终达到共同富裕。而要达到共同富裕，必须坚持集体主义。社会主义集体主义是社会主义道德的总原则。作为社会主义道德原则的集体主义，在人类道德发展史上，第一次最科学、最合理地解决了个人利益与社会集体利益的关系问题，是与一切旧道德划清界限的标志。这个原则，从根本上反映了劳动人民的利益关系和道德要求，是广大教师在确立道德理想、选择道德行为、进行道德评价、开展道德教育和完成道德修养时应当自觉遵循的道德原则。

其三，强调了个人的独立人格。市场经济的等价交换原则反映在社会道德行为中，使人的主体性，包括自为性、自主性、主观能动性、积极性、创造性、自制性等，能够得到充分的发挥，特别能有效地增强人的自主意识。市场经济的自主性和平等性，是人与人之间经济联系和经济交往的基本原则，它使人摆脱了传统的等级观念、特权关系等，逐步获得了个人的独立人格。随着教师的独立人格的形成，教师的独立平等意识、主体自我意识、自主自觉意识开始觉醒和强化，教师的价值、尊严、权利成了教师现实的追求，自立、自强、自尊、自信成了教师的价值信条。独立人格既是社会主义市场经济确立的一个最基本的文化前提，又是教师的主体地位提高和人的主体作用发挥的主要标志。它促进了教师自身的解放，促进了教师人格的提高。

其四，增强了社会责任感和敬业精神。市场经济是一种竞争经济，奉行的是优胜劣汰的原则。发展社会主义市场经济就是要建立充满生机和活力的体制模式，借助市场经济的价值规律、竞争机制，为群体和个体发挥创造力提供条件。市场经济正在逐渐改变人们长期以来养成的不敢冒尖、不敢冒险的中庸之道和"枪打

---

① 尼斯贝特. 个人主义 [J]. 哲学译丛, 1991 (2).

出头鸟"的社会心态。人们逐渐克服在计划经济体制下养成的因循守旧、墨守成规的惰性，使人们的积极性、主动性和创造性逐渐得到充分发挥。创造力是人的素质高低和对社会贡献大小的主要标志，人的创造力的充分发挥将改变人类自身的生存空间和生存方式，不断开辟人类新的领域。在社会主义市场经济条件下，随着"科教兴国"战略的逐步实施，我们更加强调人才的重要性，各种吸引人才的优惠政策不断出台，鼓励各类人才脱颖而出，这必将大大地增强广大教师的责任感和敬业精神。

总之，社会主义市场经济的发展，有力地冲击了"重义轻利"、"重理轻欲"、贬抑经济、否认市场、安贫乐道、反对竞争等传统道德的旧观念，使广大教师逐渐树立起义与利、道德与经济相统一的道德规范和思维方式，孕育了具有全新进取精神的新的道德观念。这也必将推动社会主义市场经济的健康发展。

二、教师职业道德形成的文化前提

职业道德作为社会意识形态的一个组成部分，不能不受社会文化的影响。实际上，教师是社会文化的产物。教师的任务是"传道、授业、解惑"，承担着传播文化的主要任务。而要做到"传道、授业、解惑"，其前提是要接受文化的熏陶和文化的教育。所以作为文化产物的教师，往往是自觉或不自觉地接受主流文化价值观的影响而形成自己的职业道德观。

（一）文化是教师道德形成的动力

教师道德素养的高低，直接决定人才培养的质量。教师只有在不断学习、不断修养中才能丰富和完善自己。因此，教师只有在文化的陶冶下才能健康成长。

第一，文化为教师道德的形成设定了目标。文化是一个整体性的概念，其中社会价值观是一个极其重要的组成部分，价值观念成为社会成员的行为准则。如孔子提出"仁"的思想，"仁"既是社会道德目标，又是一种精神动力，不断地激励人们对崇高道德的追求。正是由于有了文化价值目标的激励，才使无数的教师对此做出毕生的追求。如我国著名教育家陶行知先生认为，"好的乡村教师第一有农夫的身手，第二有科学的头脑，第三有改造社会的精神"。

第二，文化为教师道德形成培育心理素质。教师的心理素质对教师"传道、授业、解惑"有重要的影响。教师的心理素质包括对教师职业的自我认识、自我评价、职业情感等。教师心理素质的培育是一个漫长的过程，而中国传统文化一直非常强调个人内心完善的价值。如杜维明先生在解释孔子的"克己复礼为仁"时认为，克己"意味着人应在伦理道德的范围内使自身臻于完善"，复礼"是要使人们按'礼'来行动，它不是消极地顺应而是积极地干预"。①孟子也认为人能够通过自我努力而达到完美的境界，而这种自我努力基于意志的力量，并指出艰难的人格磨炼可能是一件苦尽甘来的幸事。孟子说："天将降大任于斯人也，必先苦其心志，劳其筋骨，饿其体肤，空乏其身，行拂乱其所为，所以动心忍性，增益其所不能。"虽然孟子所倡导的心理需要与道德自我发展观是立足在唯心主义，但他认为心的自我修养与人的发展互为关联的观点对后人极富启迪意义，孟子的思想与孔子的思想交相辉映，相互融合，被后来的宋明理学所发扬。宋明理学被称为"身心之学"，他们认为，教是通过自我修养，使学到的知识得以表现的一个方式，他们主张"用人的整个身心去思考，并不是去思考某些外在的真理，而是对人的生命本质的察、味、认、尝、证、验的一种方法"。我国传统的统治思想是儒家思想，儒家提出的修身、齐家、治国、平天下的思想，经过长期的发展和颂扬，已成为中华民族的一种民族心理②，成为历代知识分子的追求理想。中国各个时代的知识分子都或多或少地受儒家思想的影响，并遵循其教诲去"做人"，这种"做人"观虽有其两面性，一方面是催人积极奋进，另一方面也对人有着不可否认的消极影响。但不管是积极的还是消极的，传统文化消融在民族心理之中，影响和制约着教师道德的心理素质。

第三，文化影响着教师道德的核心——世界观和价值观。人类文化发展的过程，是人类文化冲突和整合的历史。历史上每一次文化冲突，都会出现各种社会思潮相互辩论和人才辈出的局面。社会思潮以及各种文化价值观，深刻地影响着教师的世界观和价值观，进而影响教师的教育观。如中国春秋战国时期的百家争鸣、欧洲文艺复兴、法国近代启蒙思想运动、中国五四时期的新文化运动等，都不可避免地对教育和教师产生极大的影响。

（二）文化的优秀特质是教师道德形成的基础

作为人类灵魂的工程师，教师在从事教育实践活动时，必须依据社会公德和阶级道德的要求，遵循一些必要的行为规范和准则，但这些必要的行为规范和准

---

① 杜维明. 人性与自我修养 [M]. 胡军，等，译. 北京：中国和平出版社，1988：4-5.
② 杜维明. 人性与自我修养 [M]. 胡军，等，译. 北京：中国和平出版社，1988：97.

则不是凭空产生的，它根源于文化的优秀特质。

第一，提倡慎言力行，强调教书与育人的结合。慎言力行，是中国传统文化对教师的基本要求。孔子主张"先行其言而后从之"，其目的是确立教师威望，维护师道尊严。而师道的尊严来源于教师对自己言行举止的严格检点。同时，教师慎言力行的目标取向应该是为了培养学生，虽然中国封建社会这种慎言力行是受制于政治目的的。中国古代可以说师在王宫、学在王宫，师与学完全是为统治阶级服务的。读书是为了考试，考试是为了做官，教与学利禄化。在封建时代，当时有不少读书人为了求得功名，挤进仕途，投靠社会上各种有权有势的人为师。因此社会上出现了"有句读之师，有举业之师，有主考之师，有分房之师，有举荐之师，有投拜之师"。尽管社会上出现许多的"师"，却往往是为了追逐功名利禄，把"慎言力行"变得十分功利。我们必须承认，慎言力行对教师的影响极其深远。作为教师，既要教育学生，又要立身行事，自强不息，孜孜不倦。孔子在《礼记·文王世子》一文中说"师也者，教之以事而喻诸德也"，把教书与育德作为教师的两大任务。孔子在其教育实践中，不仅对学生提出严格要求，重视言教，而且还特别注意身教，以身作则，以人格感化学生。他认为，教师要为人师表，学高为师，德高为范，所以，凡是要求学生做到的，教师自己首先应该做到。汉代的董仲舒要求教师"明义利"，要求在忠君报国的同时，要"善为师者，既美其道，有慎其行"，不说空话套话，言辞一定要谨慎，时刻想到自己是一个教师，决不能掉以轻心。

第二，注重教师形象的塑造，强调完美品质。教师的形象是整体的，教师整体形象中不能缺少文化的因素，文化在教师形象的塑造中起着十分重要的作用。古今中外的教育家和思想家对教师的形象做过许多表述，有的按教师职责，有的按教师劳动特点等，但无论怎样表述，教师既要有高尚的品德，又要有高于一般人的才华，这是对教师形象的共同要求。成人与成才，涉及成什么样的人，这又与教师的价值观密不可分。我们可以说教师形象是价值观的外露，而社会丰富的文化遗产，则为教师价值观培育创造了条件。在传统文化中对教师的形象塑造主要有以下几个方面：

一是要求信仰坚定。教师要有坚定的信仰，因为他们所面临的核心问题是文化建设，要和社会权威和反文化的主流价值观进行斗争，并进行革新。春秋战国，"礼坏乐崩"，孔子斥之为"天下无道"，"道"的担子便落到了真正了解"礼义"

的"士"的身上。从拥有文化到融入社会而后重精神修养是中国知识分子一个极其显著的文化特色。其主要原因,一方面是中国的"道"以人间秩序为中心,直接与政治权威打交道;另一方面,"道"又不具备任何客观的外在形式,弘扬"道"的担子就完全落在知识分子个人的身上。在各种"势"的重大压力下,知识分子只有转而走"内圣"一条路,以自己的内在道德修养来做"道"的保证。因此,从古代到当前,教师要坚定信仰,向社会传播正义、传播优秀文明,同样需要一种人格的独立以及不屈的精神,以树立对文化的发展、民族兴衰的责任感。正是这些,形成了中国知识分子特有的文化价值。而正是这种价值,使教师对自己从事的职业有着一种执著的追求。近代教育家梁启超先生认为,"在教育界立身的人,应该以教育为唯一趣味。个人若是在教育上不感觉有趣味,我劝他立即改行"。

二是要求学然后知不足,教然后知困。学是教的前提。一方面,教师必须先有一定的知识储备,闻道在先,术业有专攻;另一方面,教师只有不断学习,不断向书本、向社会、向学生学习,才能解决教学中不断出现的新问题。教师如果不能以学促教,迟早会误人子弟,误人前程。因此,教师自身的学习不仅仅是教学工作的需要问题,更是一个师德问题。对此,中国传统文化中有过许多相关的论述和身体力行的典范。如孔子不仅是一个教的典范,同时也是一个"学而不厌"的典范。他从小就极其好学,先后跟师襄学琴,跟苌弘学乐,向老聃问礼,向郯子问官制,等等。孔子不仅好学,学而不厌,而且还非常虚心,善于学习。他提倡"学无常师"、"不耻下问"和"每事问"的学习精神,并说:"我非生而知之者,好古,敏以求之者也","三人行,必有我师焉,择其善者而从之,其不善者而改之","温故而知新,可以为师矣"。孔子博学多识,在哲学、文学、政治、历史等方面造诣精深,擅长弹琴、唱歌,会骑马、射箭,这一切都是他虚心并善于学习的结果。世界上最早的教育专著、写于战国晚期的《学记》也指出:"学然后知不足,教然后知困。"这就是说,教师要通过学和教,发现自己知识的贫乏,从而反躬自省,努力进取,实现教与学的相互促进,相得益彰。

三是要求勤业敬业。这是中国传统文化的基本要求,只要回顾一下中国历史上有名的教育家、思想家关于教师职业道德的论述就会发现,勤业敬业都是他们提出的共同要求。关于这一内容的要求主要有:热爱祖国献身教育,热爱学校关心集体,以身作则为人师表,因材施教循循善诱,热爱学生甘为人梯,等等。教师只有充分认识和理解勤业敬业，才能充分认识教师工作的苦与乐。教师由于面对各种情况不同的学生，他们的工作是相当辛苦的，要付出很多的时间和精力。但教师的工作是十分光荣和神圣的，充满着无限的快乐和幸福。这种快乐和幸福，首先来自于看到自己培养出来的学生长大成才，为社会做出了贡献；其次来自于对美好师生情谊的深刻体验；再次来自于教师的创造性劳动。教师只有在感到快乐之后，才能爱岗敬业，无私奉献。而这一切总的都来源于对传统文化的继承和发扬。

（三）文化的传承决定了教师对传统师德的发扬

有着数千年优良传统和道德体系的中国，历来十分重视教师的为人师表，重视教师在道德建设中的示范作用，历来也都把教师当作完美人格和优良道德的化身。

第一，以身作则。教师劳动的对象是人，这是教师劳动与其他劳动的一个显著区别。既然教师是去教化人、感化人、塑造人，那么自身就应成为学生们模仿和学习的榜样。中国古代教育家孔子在他的教育实践中，不只是对学生提出严格的要求，重视言教，而且还特别注意身教，以身作则，以人格感化学生。他说："子师以正，孰敢不正？""其身正，不令而行，其身不正，虽令不从"。例如，他要求学生刻苦学习，自己则是一个典范，学习起来，"发愤忘食，乐以忘忧，不知老之将至"。并且，他还以为，教师不可能是完人，因而可能对学生造成负面影响，教师在学生面前应该知之为知之，不知为不知，"过则勿惮改"。正因为孔子能以身作则，他的学生对他十分敬佩。

战国时的荀况，对教师也提出了严格的要求："师术有四，而博习不与焉。尊严而惮，可以为师；耆艾而信，可以为师；涌说而不陵不犯，可以为师；知微而论，可以为师。"他认为教师只有符合这四个基本条件，才能在各个方面成为学生的表率。

在我国近代教育家中，也有许多关于教师是人的表率的论述。例如我国现代教育的鼻祖、北京大学校长蔡元培就说过："什么是师范？范就是模范，可为人的榜样。自己的行为要做别人的模范。所以师范生的行为最要紧。模范不是短时间能成就的，须慢慢地养成。"总之，"以身作则"这一师德规范自孔子提出以后，已为我国广大教育工作者所践行，成为具有普遍意义的师德规范。教师必须以此为参照，努力提高自己各方面的修养，并时刻反省自己的言行，使自己无论从哪方面都成为学生的楷模。

第二，热爱教育。热爱教育就是教师要能全身心投入教育，"鞠躬尽瘁，死而后已"。"春蚕到死丝方尽，蜡烛成灰泪始干"的献身精神一直为人们所传颂。春秋时期，孔子首创私学，招授弟子，聚众讲学，提出了"有教无类"的主张，认为教育应该为大多数人服务，应让每个人都有受教育的权利，不应受到贫富贵贱、年龄及地区的限制。同时，他还认为作为教师应热爱教育。正是因为他自己热爱教育，并能献身教育，所以，他教授了三千弟子，而且在弟子当中培养出七十二贤人。

毛泽东的老师、我国伟大的教育家徐特立在《给青年学生谈投考师范问题》一文中说："教师工作不仅是一个光荣重要的岗位，而且是一种崇高而愉快的事业。它对国家人才的培养、文化科学教育事业的发展，以及后一代的成长，起着重大作用。""教书是一种很愉快的事业，你越教就越热爱自己的事业。当你看到你教出来的学生一批批走向社会，为社会做出贡献时，你会多么高兴啊！青出于蓝而胜于蓝，后来居上，这里不也正包含着你们一份辛勤的成绩在里面吗？"① 这既是徐老对年轻人的深切嘱托和希望，也是他本人几十年热爱教育的真实写照。热爱教育事业，是教师的崇高美德，只有热爱，才能投入，如果一个教师对教育事业不热爱，是不可能为教育事业献身的，到头来只能是误人子弟。因此，教师应热爱自己的事业，以师为乐、以师为荣，全力以赴地投入自己从事的工作，为祖国培养出栋梁之才。

第三，教书育人。教书育人是中国传统师德的重要规范，历来受到高度推崇。教书是手段，育人是教书的目的和归宿。孔子说："夫孝，德之本也，教之所由生也。""天命之谓性，率性之谓道，修道之谓教。"孔子认为人的善性是上天赋予的，按照上天赋予的这种善性去行动，就符合人生的正道，而按照这种正道进行修养，就是教育，也是教师的重要职责。他认为，知识教育固然重要，但它是从属并服务于道德教育的，"引有余力，则以学文"，要把学生的德育教育放在首位。

孟子秉承孔子的思想，认为教育应重视学生的思想道德教育，指出教育要培养出"贫贱不能移、富贵不能淫、威武不能屈"的大丈夫，"苦其心志，劳其筋骨，饿其体肤，空乏其身，行拂乱其所为"，让学生历经苦难而成为有用之才。

---

① 徐特立. 徐特立教育文集 [M]. 北京：人民教育出版社，1979：295 – 296.

徐特立曾说："教师是有两种人格的，一种是'经师'，一种是'人师'，人师就是教行为，就是怎样做人的问题。经师是教学问的"，"我们的教学是要采取人师和经师二者合一的"。他又说："教书不仅是传授知识，更重要的是教人，教育后一代成长为具有共产主义思想品德的人。"① 以上论述说明，中国传统文化都强调教书育人是教师的职业要求，这也应当成为当代教师的光荣历史使命。

第四，热爱学生。教育过程是一种师生间的人际互动过程，一切教育活动都要凭借师生关系才能得以顺利进行。所以，热爱学生也是传统师道的一条重要规范。孔子堪称热爱学生的典范。他不仅提倡要热爱学生，而且自己身体力行。在日常和学生相处时，孔子虽名满天下，但对学生从来没有半点名师的架子，平易近人，和蔼可亲，对学生提出的问题总是详细耐心地讲解，使学生在学习中"亲其师，信其道"。当然，热爱学生并不是放纵学生，在诲人不倦的教导中还要提出严格要求。孔子特别注重对学生提出严格要求，并把这种要求限制在合理的范围之内。如在要求学生必须在生活上严格控制自己时提出："士志于道，而耻恶衣恶食者，未足与议也。"孔子之所以成为中国教育的鼻祖，不能不说与他的这种爱严结合的师德修养有关。

明代教育家王守仁也指出，师生关系应该和谐自如，要充满师爱，不是要学生惧怕老师，而是学生只有亲其师才能信其道，因此，教师应带头"责善"。他在滁州讲学时，学生随时随地可以向他请教。由于和学生感情深厚，情同父子，以致后来他逝世时从全国各地赶去悼念他的达千余人。

中国历史上许多教育家对教师的道德思想、对教师的道德形成和发展起了很大的促进作用。历代都强调教师要修德，没有德，就会对学生失去榜样和感化力、影响力。对此，唐代学者柳宗元说："失其师表而莫有所矜式焉。"这就是说，作为教师自身不正，不为人师表就失去了榜样的作用。另外，只有自己品行端正，德高望重，才能感化学生，使学生敬佩你，学习你。正如孟子所说："以力服人者，非心服也，力不赡也；以德服人者，中心悦而诚服也，如七十子之服孔子也。"更为重要的是，师德高尚才能做到当逆流浊流涌来时，明辨是非，耿守己正，也只有教师自身道德品质的规范与正统，才能培养出学生"穷则独善其身，达则兼济天下"的人生态度。所以，中国几千年的传统道德建设，造就了无数像

---

① 徐特立. 徐特立教育文集 [M]. 北京：人民教育出版社，1979：295–296.

孔子、孟子、朱熹、王守仁、朱自清这样情操高尚的教师，只有自身道德高尚，才能为学生树立一座道德的丰碑，成为学生学习、仿效的榜样，让学生由衷地敬佩，才能有效地完成"传道、授业、解惑"、塑造学生、感化社会的艰巨任务。

（四）文化规范教师道德的社会意义

教师道德的形成是在科学与人文知识双重融合的过程中，批判地继承传统文化基础上不断地进行新道德的创新。由于传统文化对教师影响的双重性，在肯定它对教师道德的形成有着积极作用的同时，不能轻视传统文化中对教师道德形成的消极影响。比如追求功利而丧失道德性，注重科技文明而不能进行多元文化合理选择；又比如缺乏对职业的忠诚、对从教的毅力和事业心，等等。教师中诸如此类问题的产生，有政治、经济、文化的原因，同时也有教育内部和外部等原因，但首当其冲的是科技和文化的挑战。因此，从文化的规范要求来看，如何规范教师的道德行为，培养优良的教师道德，应体现在以下几个方面。

第一，尊师重教的文化氛围。尊师重教的文化教育氛围，能积淀成社会心理，使人们对教师的重要性做出符合实际的正确评价。教师在社会中的地位如何，在一定程度上反映了社会的文明程度和对教育的重视程度。列宁曾指出："把国民教师的地位提到应有的高度，而不做到这一点，就谈不上任何文化"，"应当把我国国民教师的地位提到在资产阶级社会里从来没有、也不可能有的高度"。[①] 社会只有从根本上解决教师的地位问题，才能从根本上解决教育的发展问题。邓小平也说过："我们要提高人民教师的政治地位和社会地位。不但学生要尊重教师，整个社会都应该尊重教师。"[②] 要在全社会形成尊师重教的风气，一个十分重要的方面，就是要提高教师的物质生活待遇，改善教师的生活条件和工作条件。只有人人关心教育，人人尊重教师，这个社会才能真正走向兴旺发达。

第二，德教为先和知行合一的道德原则训化。历代许多思想家提出，为政的根本在于得民心，而得民心的关键在于道德教化。他们认为好的政令来自好的道德教化，主张"教为政本"（这当然是片面的）。在历史上不论是坚持人性本善的人，还是坚持人性本恶的人，都主张通过道德教化来促使人向善。历代政治家和思想家们重视德治和德教的思想，给我们留下了有益的启示，它说明任何国家的

---

① 列宁. 列宁选集（第4卷）[M]. 北京：人民出版社，1995：763–764.
② 邓小平. 邓小平文选（第2卷）[M]. 北京：人民出版社，1983：109.

长治久安都离不开道德建设，道德教化对社会的稳定和发展有着不可低估的作用。而教师承担着传播道德的重任，首先自己必须是一个道德高尚之人。所以，教师的道德素养应比一般民众更高。而这又不能不来源于对传统道德教化思想的理解与消化。此外，古代先哲们还对知行先后、知行轻重、知行合一等问题进行了多方面的考察。尽管他们在认识上不完全相同，但都把教育实践放在重要地位，认为理想人格的塑造全在于道德实践。在中国，对道德知行问题争论最激烈的是宋代。周敦颐说："圣人之道，仁义中正而已矣。守之贵，行之利，廓之配天地。""力学而得之，必充广而行之。不然者，局局其守耳。"朱熹则说："知行常相须，如目无足不行，足无目不见。论先后，知为先；论轻重，行为重。""学之之博，未若知之之要；知之之要，未若行之之实。"王阳明批判了重知和重行的两种弊端后，提出了"知行合一"的主张。他说："某今说个知行合一，正是对病的药，又不是某凿空杜撰。知行本体，原是如此。"王阳明从"致良知"出发，提出知行合一说，把道德认知和道德实践结合起来，对抨击言行不一、言而不行的腐朽作风，提倡务实求治的精神起了重要作用。今天，教师道德的形成仍然要贯彻理论与实践相结合的原则，要从社会主义市场经济的实践中提出问题，开展研究，然后再回到实践中去实事求是地解决道德难题，把道德认知及时转化为道德行为。

第二节　高校教师职业道德的本质

一、高校教师职业道德的一般本质

（一）教师道德根植于社会经济关系

高校教师职业道德是社会道德的重要组成部分，同其他道德一样，归根到底取决于社会经济关系状况，受一定的社会经济关系的制约。但是，这种制约作用不是直接的，而是通过许多中间环节曲折地表现出来。一定的社会经济关系，主要是通过它决定的政治上层建筑向教育提出对某类人才的需求，并规定教育活动的目的、性质、任务、内容以及教师的社会地位，以此来制约教师在教育过程中的职业行为,从而决定教师道德的性质和内容。社会经济关系对教师职业道德的决定作用主要表现在以下三个方面。

第一,社会经济关系是教师职业道德的客观物质基础。教师道德属于社会道德的一部分,是职业道德的一个分类。"人们自觉地或不自觉地,归根到底总是从他们的阶级地位所依据的实际关系中——从他们进行生产和交换的经济关系中,吸取自己的道德观念。"① 这里说的经济关系就是人们之间的物质利益关系。因为"每一个社会的经济关系首先是作为利益表现出来的"②,这就是说道德根植于物质利益之中。各个阶级的物质利益决定着人们的道德。教师道德的形成和发展,同样是受社会政治、经济条件的制约的,有什么样的经济条件就有什么样的教师道德。

在原始社会,由于生产力水平极其低下,社会分工不发达,没有产生专门的学校,还不可能出现专门从事教育活动的职业,因而也就不可能做出对教师职业道德的要求。随着生产力的发展,私有制的出现,阶级、国家的形成,人类进入奴隶社会。随着生产知识的积累和生活经验的丰富,一部分人具备了从事文化教育、管理生产和公共事务的才能,随着体力劳动和脑力劳动的分工,于是也就产生了教师的职业。有了教师职业,自然就会提出对教师职业的道德要求。但在私有制条件下,教育是为剥削阶级服务的,教育道德自然也就由剥削阶级的经济基础决定。我国是以生产资料公有制为基础的社会主义社会,这就决定了教育必须为社会主义现代化建设服务,必须为培养社会主义经济建设各方面的人才服务。这就要求高等学校教育必须把坚持正确的政治方向放在首位。要求每一个高校教师要热爱祖国,忠于党的教育事业。这不仅是我国社会主义教育的基本政治原则,也是大学教师道德的基本要求。这些要求根源于我国的客观经济基础。

第二,社会经济关系的发展变化,必然引起教师道德的发展变化。众所周知,不同的社会经济关系形成不同的社会形态,而在不同的社会形态中,人们对各种事物所持的态度、观念会各有不同,社会经济关系的变革与发展,必然推动整个社会生活的变革与发展。而在这一发展与变化的过程中,人们的价值观念、审美观念、伦理道德观念也会发生一系列的调整与变革。教师职业道德作为一定社会的经济基础、经济关系的反映,自然也会发生相应的变化。如我国正在进行中国

---

① 马克思,恩格斯.马克思恩格斯选集(第3卷)[M].北京:人民出版社,1972:133.
② 马克思,恩格斯.马克思恩格斯选集(第2卷)[M].北京:人民出版社,1972:537.

特色的社会主义现代化建设，逐步完善社会主义的市场经济体制，这一方面必然破除人们思想上旧的、与社会主义现代化建设不相适应的价值观和道德观，另一方面，也必然推动大学教师树立文明、健康的道德生活方式，树立与社会主义市场经济相适应的道德观念和行为规范。

第三，社会经济条件对教育目的和人才培养模式的影响，必然要求教师具备相应的道德素质。社会经济结构即社会生产关系，包括生产资料所有制形式、人们在生产过程中的地位以及产品的分配形式，其中生产资料所有制形式在生产关系中居主导地位。谁占有生产资料谁就在社会生活中居领导地位，谁就是统治阶级。在阶级社会中，统治阶级为了维护自身的统治与利益，必然通过他们在经济生活中取得的统治地位提出教育制度、教育目的和教育内容等来直接影响教师的地位和行为，从而决定教师职业道德的性质、内容和实践活动的形式。奴隶社会的生产关系决定了学校教育的目的是把少数贵族子弟培养成能够镇压奴隶、奴役人民的统治者，教师对学生进行严酷的训练，打骂学生自然是符合其职业道德的正确行为；封建社会地主阶级一方面要培养自己的统治人才，另一方面又需要人民对它的统治顺从，于是"有教无类"、"学而不厌，诲人不倦"成为那个时代教师的道德规范；在资本主义社会，由于资产阶级宣扬"民主"、"自由"、"平等"，从维护资产阶级利益出发，要求教师放弃对学生的体罚，尊重学生的"人格"与"个性"，教师要表现出"和善"与"仁慈"。在教育劳动中，教师是以自己的知识、品德与才能去培养、影响和教育学生，其道德行为规范要求教师做到以身作则，为人师表、以身立教、教书育人，可以说，这是任何社会形态教师道德的共性。但作为生产资料公有制的社会主义社会，其教育目的显然不同于私有制社会形态。社会主义教育的目的是要为社会主义现代化建设培养合格的建设人才，它必然要求教师在遵循各社会形态中教师道德的共性外，还必须比以往历史上任何旧的教师道德更高尚、更进步。

从上述分析中我们可以看出：教师职业道德与生产资料所有制形式有着极为密切的关系，社会性的经济关系是教师职业道德的根源之所在，教师职业道德的性质受社会经济条件制约，由其经济关系、经济结构中生产资料所有制形式决定。

（二）教师道德具有鲜明的阶级性和继承性

在阶级社会中，社会生产关系直接表现为阶级关系，因而教师道德具有鲜明的阶级性。教师道德是为一定的社会或阶级的经济和政治利益服务的。这种阶级性常常表现为两种情况：一种是处在一定阶级关系中的教师，由于受到经济、政治、思想关系的制约，自觉或不自觉地提出合乎一定阶级利益的教师道德要求；另一种情况是占统治地位的阶级，从自身利益出发，运用教育领导权和舆论宣传工具，直接向教育提出合乎本阶级或社会利益的教师道德要求。这两种情况相互作用，从而使教师道德无不打上阶级的烙印。

社会主义的教师道德从社会主义社会出现之日起，就体现着代表无产阶级的意志和为广大人民群众服务的本质。中华人民共和国成立后，全体教师和其他劳动人民一样，翻身当家作主，广大教师团结在党的周围，与全国人民一道形成了"革命的、健康的、朝气蓬勃"的教师职业道德风尚。1957 年，毛泽东向全体教师发出"又红又专"的指示，为高校教师的师德建设指明了方向。"红"即要求教师具备无产阶级的立场、观点、方法、科学的世界观和高尚的思想品德。"专"即要求教师在业务上精益求精，具备渊博的科学文化知识和从事教育工作的理论知识与能力。1962 年到 1963 年，教育部分别颁布了各级学校的《暂行工作条例》。《条例》指出了教师要热爱教育事业，努力完成教学任务；教师要热爱学生，对学生热情关怀、耐心教育、严格要求，指导和帮助他们提高思想觉悟，发展智力和增强体质；教师要以身作则，力求成为学生的表率；教师要努力学习，关心政治，学习马克思列宁主义、毛泽东思想，刻苦钻研业务，力求精通所任课程的专业知识，不断提高政治、文化、业务水平；教师要加强党员与非党员教师的团结，加强新老教师的团结，教师之间要互相尊重、互相帮助、取长补短，共同提高。党的十一届三中全会以后，以邓小平为核心的第二代党中央又结合我国改革开放的新情况，颁布了一系列的教育方针、政策和法令，特别是 1993 年颁布的《中华人民共和国教师法》，既从法律上保障了教师的合法权益，又明确指出社会主义的教育目的是为了培养社会主义事业的接班人，把学生培养成为有理想、有道德、有纪律、有文化的社会主义一代新人。江泽民在庆祝北京师范大学建校100 周年大会上的讲话中说："教师应该自觉加强道德修养，率先垂范，既要有脚踏实地、乐于奉献的工作态度，又要有淡泊明志、甘为人梯的精神境界，以自己的高尚人格教育和影响学生，努力成为青少年学生的良师益友，成为受到全社会尊敬的人。"2007 年 8 月 31 日，胡锦涛在全国优秀教师代表座谈会上指出，广大教师"要坚持育人为本、德育为先，把立德树人作为教育的根本任务，加强爱国主义教育，深入开展理想信念教育，加强和改进学生思想政治工作，把社会主义核心价值体系融入国民教育体系，引导学生树立正确的世界观、人生观、价值观、荣辱观，努力培养德智体美全面发展的社会主义建设者和接班人。"2014年9月9日，习近平同北京师范大学师生代表座谈时指出："广大教师要始终同党和人民站在一起，自觉做中国特色社会主义的坚定信仰者和忠实实践者，忠诚于党和人民的教育事业，自觉把党的教育方针贯彻到教学管理工作全过程，严肃认真对待自己的职责。要注重加强中国特色社会主义理论体系的学习，加深对中国特色社会主义的思想认同、理论认同、情感认同，不断增强道路自信、理论自信、制度自信，积极引导学生热爱祖国、热爱人民、热爱中国共产党。好老师应该做中国特色社会主义共同理想和中华民族伟大复兴中国梦的积极传播者，帮助学生筑梦、追梦、圆梦，让一代又一代年轻人都成为实现我们民族梦想的正能量。"

知识窗

习近平同北京师范大学师生代表座谈时的讲话
（摘 录）

各位老师、同学们！

教育是提高人民综合素质、促进人的全面发展的重要途径，是民族振兴、社会进步的重要基石，是对中华民族伟大复兴具有决定性意义的事业。教师是人类历史上最古老的职业之一，也是最伟大、最神圣的职业之一。人们常说："教师是太阳底下最崇高的职业。"自古以来，中华民族就有尊师重教、崇智尚学的优良传统，正所谓"国将兴，必贵师而重傅；贵师而重傅，则法度存"。在古代，孔子被推崇为"大成至圣先师"，被誉为"万世师表"。在中华民族5000多年文明发展史上，英雄辈出，大师荟萃，都与一代又一代教师的辛勤耕耘是分不开的。

新中国成立65年来，党和国家高度重视教育事业，建成了世界最大规模的教育体系，保障了亿万人民群众受教育的权利，极大提高了全民族素质，有力推动了经济社会发展。长期以来，广大教师自觉贯彻党的教育方针，教书育人，呕心沥血，默默奉献，为国家发展和民族振兴做出了巨大贡献，赢得了全社会广泛赞誉和普遍尊重。

当今世界，科技进步日新月异，国际竞争日趋激烈。特别是经历了历史上罕见的国际金融危机，各国纷纷调整发展战略，更加注重科技进步和创新驱动。当今世界的综合国力竞争，说到底是人才竞争，人才越来越成为推动经济社会发展的战略性资源，教育的基础性、先导性、全局性地位和作用更加突显。"两个一百年"奋斗目标的实现、中华民族伟大复兴中国梦的实现，归根到底靠人才、靠教育。源源不断的人才资源是我国在激烈的国际竞争中的重要潜在力量和后发优势。希望广大教师认清肩负的使命和责任，努力为发展具有中国特色、世界水平的现代教育，培养社会主义事业建设者和接班人做出更大贡献！

各位老师、同学们！

邓小平同志曾经指出："一个学校能不能为社会主义建设培养合格的人才，培养德智体全面发展、有社会主义觉悟的有文化的劳动者，关键在教师。"教师重要，就在于教师的工作是塑造灵魂、塑造生命、塑造人的工作。一个人遇到好老师是人生的幸运，一个学校拥有好老师是学校的光荣，一个民族源源不断涌现出一批又一批好老师则是民族的希望。国家繁荣、民族振兴、教育发展，需要我们大力培养造就一支师德高尚、业务精湛、结构合理、充满活力的高素质专业化教师队伍，需要涌现一大批好老师。

那么，怎样才能成为好老师呢？今天，我想就这个问题同大家做个交流。

每个人心目中都有自己好老师的形象。做好老师，是每一个老师应该认真思考和探索的问题，也是每一个老师的理想和追求。我想，好老师没有统一的模式，可以各有千秋、各显身手，但有一些共同的、必不可少的特质。

第一，做好老师，要有理想信念。陶行知先生说，教师是"千教万教，教人求真"，学生是"千学万学，学做真人"。老师肩负着培养下一代的重要责任。正确的理想信念是教书育人、播种未来的指路明灯。不能想象一个没有正确理想信念的人能够成为好老师。唐代韩愈说："师者，所以传道授业解惑也。""传道"是第一位的。一个老师，如果只知道"授业"、"解惑"而不"传道"，不能说这个老师是完全称职的，充其量只能是"经师"、"句读之师"，而非"人师"了。古人云："经师易求，人师难得。"一个优秀的老师，应该是"经师"和"人师"的统一，既要精于"授业"、"解惑"，更要以"传道"为责任和使命。好老师心中要有国家和民族，要明确意识到肩负的国家使命和社会责任。

我们的教育是为人民服务、为中国特色社会主义服务、为改革开放和社会主义现代化建设服务的，党和人民需要培养的是社会主义事业建设者和接班人。好老师的理想信念应该以这一要求为基准。广大教师要始终同党和人民站在一起，自觉做中国特色社会主义的坚定信仰者和忠实实践者，忠诚于党和人民的教育事业，自觉把党的教育方针贯彻到教学管理工作全过程，严肃认真对待自己的职责。要注重加强中国特色社会主义理论体系的学习，加深对中国特色社会主义的思想认同、理论认同、情感认同，不断增强道路自信、理论自信、制度自信，积极引导学生热爱祖国、热爱人民、热爱中国共产党。好老师应该做中国特色社会主义共同理想和中华民族伟大复兴中国梦的积极传播者，帮助学生筑梦、追梦、圆梦，让一代又一代年轻人都成为实现我们民族梦想的正能量。

广大教师要用好课堂讲坛，用好校园阵地，用自己的行动倡导社会主义核心价值观，用自己的学识、阅历、经验点燃学生对真善美的向往，使社会主义核心价值观润物细无声地浸润学生们的心田、转化为日常行为，增强学生的价值判断能力、价值选择能力、价值塑造能力，引领学生健康成长。

第二，做好老师，要有道德情操。老师的人格力量和人格魅力是成功教育的重要条件。"师也者，教之以事而喻诸德者也。"老师对学生的影响，离不开老师的学识和能力，更离不开老师为人处世、于国于民、于公于私所持的价值观。一个老师如果在是非、曲直、善恶、义利、得失等方面老出问题，怎么能担起立德树人的责任？广大教师必须率先垂范、以身作则，引导和帮助学生把握好人生方向，特别是引导和帮助青少年学生扣好人生的第一粒扣子。

"师者，人之模范也"，教师的职业特性决定了教师必须是道德高尚的人群。合格的老师首先应该是道德上的合格者，好老师首先应该是以德施教、以德立身的楷模。师者为师亦为范，学高为师，德高为范。老师是学生道德修养的镜子。好老师应该取法乎上、见贤思齐，不断提高道德修养，提升人格品质，并把正确的道德观传授给学生。

师德是深厚的知识修养和文化品位的体现。师德需要教育培养，更需要老师自我修养。做一个高尚的人、纯粹的人、脱离了低级趣味的人，应该是每一个老师的不懈追求和行为常态。好老师要有"捧着一颗心来，不带半根草去"的奉献精神，自觉坚守精神家园、坚守人格底线，带头弘扬社会主义道德和中华传统美德，以自己的模范行为影响和带动学生。

好老师的道德情操最终要体现到对所从事职业的忠诚和热爱上来。好老师应该执著于教书育人。我们常说干一行爱一行，做老师就要热爱教育工作，不能把教育岗位仅仅作为一个养家糊口的职业。有了为事业奋斗的志向，才能在老师这个岗位上干得有滋有味，干出好成绩。如果身在学校却心在商场或心在官场，在金钱、物欲、名利同人格的较量中把握不住自己，那是当不好老师的。

现在，很多地方做老师还比较清苦，特别是农村基层小学老师很辛苦，收入不高，物质生活不是很宽裕，有些家庭负担较重的老师生活还比较困难。各级党委和政府都要关心广大老师特别是生活工作有困难的老师，努力为他们排忧解难。同时，老师要有"衣带渐宽终不悔，为伊消得人憔悴"的精神，兢兢业业做好工作。做老师，最好的回报是学生成人成才，桃李满天下。想想无数孩子在自己的教育下学到知识、学会做人、事业有成、生活幸福，那是何等让人舒心、让人骄傲的成就。

第三，做好老师，要有扎实学识。老师自古就被称为"智者"。俗话说，前人强不如后人强，家庭如此，国家、民族更是如此。只有我们的孩子们学好知识了、学好本领了、懂得更多了，他们才能更强，我们的国家、民族才能更强。

扎实的知识功底、过硬的教学能力、勤勉的教学态度、科学的教学方法是老师的基本素质，其中知识是根本基础。学生往往可以原谅老师严厉刻板，但不能原谅老师学识浅薄。"水之积也不厚，则其负大舟也无力"，知识储备不足、视野不够，教学中必然捉襟见肘，更谈不上游刃有余。

国外有教育家说过："为了使学生获得一点知识的亮光，教师应吸进整个光的海洋。"在信息时代做好老师，自己所知道的必须大大超过要教给学生的范围，不仅要有胜任教学的专业知识，还要有广博的通用知识和宽阔的胸怀视野。好老师还应该是智慧型的老师，具备学习、处世、生活、育人的智慧，既授人以鱼，又授人以渔，能够在各个方面给学生以帮助和指导。

陶行知先生说："出世便是破蒙，进棺材才算毕业。"这就要求老师始终处于学习状态，站在知识发展前沿，刻苦钻研、严谨笃学，不断充实、拓展、提高自己。过去讲，要给学生一碗水，教师要有一桶水，现在看，这个要求已经不够了，应该是要有一潭水。

第四，做好老师，要有仁爱之心。教育是一门"仁而爱人"的事业，爱是教育的灵魂，没有爱就没有教育。好老师应该是仁师，没有爱心的人不可能成为好老师。高尔基说："谁爱孩子，孩子就爱谁。只有爱孩子的人，他才可以教育孩子。"教育风格可以各显身手，但爱是永恒的主题。爱心是学生打开知识之门、启迪心智的开始，爱心能够滋润浇开学生美丽的心灵之花。老师的爱，既包括爱岗位、爱学生，也包括爱一切美好的事物。

有人说，好老师的眼神应该是慈爱、友善、温情的，透着智慧、透着真情。好老师对学生的教育和引导应该是充满爱心和信任的，在严爱相济的前提下晓之以理、动之以情，让学生"亲其师"、"信其道"。好老师要用爱培育爱、激发爱、传播爱，通过真情、真心、真诚拉近同学生的距离，滋润学生的心田，使自己成为学生的好朋友和贴心人。好老师应该把自己的温暖和情感倾注到每一个学生身上，用欣赏增强学生的信心，用信任树立学生的自尊，让每一个学生都健康成长，让每一个学生都享受成功的喜悦。

有爱才有责任。好老师应该懂得，选择当老师就选择了责任，就要尽到教书育人、立德树人的责任，并把这种责任体现到平凡、普通、细微的教学管理之中。正是因为爱教育、爱学生，我们很多老师才有了用一辈子备一堂课、用一辈子在三尺讲台默默奉献的力量，才有了在学生遇到危难时挺身而出的勇气，才有了敢于攻克新知新学的锐气。老师责任心有多大，人生舞台就有多大。

老师还要具有尊重学生、理解学生、宽容学生的品质。离开了尊重、理解、宽容同样谈不上教育。"学而不厌、诲人不倦"，有教无类，因材施教，教也多术，就是要求老师具有尊重、理解、宽容的品质。这本身就是一种伟大的教育力量。受到尊重、得到理解、得到宽容，是每一个人在人生各阶段都不可缺少的心理需要，儿童和青少年更是如此。一些调查材料反映，尊重学生越来越成为好老师的重要标准。好老师应该懂得既尊重学生，使学生充满自信、昂首挺胸，又通过尊重学生的言传身教教育学生尊重他人。

世界上没有两片完全相同的树叶，老师面对的是一个个性格爱好、脾气秉性、兴趣特长、家庭情况、学习状况不一的学生，必须精心加以引导和培育，不能因为有的学生不讨自己喜欢、不对自己胃口就冷淡、排斥，更不能把学生分为三六九等。对所谓的"差生"甚至问题学生，老师更应该多一些理解和帮助。老师在学生心目中具有重要位置，老师无意间的一句话，可能造就一个天才，也可能毁灭一个天才。好老师一定要平等对待每一个学生，尊重学生的个性，理解学生的情感，包容学生的缺点和不足，善于发现每一个学生的长处和闪光点，让所有学生都成长为有用之才。

我看了不少优秀教师的事迹，很多老师一生中忘了自己、把全部身心扑在学生身上，有的老师把自己有限的工资用来资助贫困学生、深恐学生失学，有的老师把自己的收入用来购买教学用具，有的老师背着学生上学、牵着学生的手过急流、走险路，有的老师拖着残疾之躯坚守在岗位上，很多事迹感人至深、催人泪下。这就是人间大爱。我们要在广大教师中、在全社会大力宣传和弘扬优秀教师的先进事迹和高尚品德。

好老师不是天生的，而是在教学管理实践中、在教育改革发展中锻炼成长起来的。衷心祝愿每个教师都能成为符合党和人民要求、学生喜欢和敬佩的好老师，希望每个孩子都能遇到好老师。

各位老师、同学们！

我国人口多、国土广、地区差异大，有2.6亿学生和1400万教师，搞好教育事业任务艰巨。党和政府高度重视教育，2012年以来我国财政性教育经费支出占当年国内生产总值比例达到4%，这是很大的一件事。我国经济总量虽然已经是世界第二，但我国还是世界上最大的发展中国家，还处在社会主义初级阶段，各种教育资源历史积累不足，地区之间教育发展不平衡，教育总体条件还不是很理想，教师特别是基层教师收入总体水平不高，办学条件标准不高，教育管理水平亟待提高。这就要求我们坚持科教兴国战略和人才强国战略，坚持把教育放在优先发展的战略位置，继续大力推动教育改革发展，使我国教育越办越好、越办越强。

百年大计，教育为本。教育大计，教师为本。努力培养造就一大批一流教师，不断提高教师队伍整体素质，是当前和今后一段时间我国教育事业发展的紧迫任务。

各级党委和政府要从战略高度来认识教师工作的极端重要性，把加强教师队伍建设作为基础工作来抓，满腔热情关心教师，改善教师待遇，关心教师健康，维护教师权益，充分信任、紧紧依靠广大教师，支持优秀人才长期从教、终身从教，使教师成为最受社会尊重的职业。要制定切实可行的政策措施，鼓励有志青年到农村、到边远地区为国家教育事业建功立业。要加强教师教育体系建设，加大对师范院校的支持力度，找准教师教育中存在的主要问题，寻求深化教师教育改革的突破口和着力点，不断提高教师培养培训的质量。要让全社会广泛了解教师工作的重要性和特殊性，让尊师重教蔚然成风。

这些年，媒体报道了个别老师道德败坏、贪赃枉法的事，对这些害群之马要清除出教师队伍，并依法进行惩处，对侵害学生的行为必须零容忍。

各位老师、同学们！

"三寸粉笔，三尺讲台系国运；一颗丹心，一生秉烛铸民魂。"今天的学生就是未来实现中华民族伟大复兴中国梦的主力军，广大教师就是打造这支中华民族"梦之队"的筑梦人。希望全国广大教师把全部精力和满腔真情献给教育事业，在教书育人的工作中不断创造新业绩。

资料来源：《人民日报》，2014 年 9 月 10 日

我们知道：教师不但是人类历史文化遗产的继承者，同时还是历史文化遗产的保护者和传递者。由于教育过程遵循的规律具有共同性，不同社会形态的教师道德，又有某些共同的道德规范要求。这些规范要求，不是从某一阶级利益和阶级愿望出发产生的，而是从教师职业的特殊性中、从教育过程的客观规律中产生的，这是产生教师道德共同性的客观基础。教师道德的共同性，首先表现在维护教育和教学最起码、最简单的教育生活准则方面。如在教学上提倡"因材施教"、"诲人不倦"、"以身立教"等，这些规范不是为某一时代、某一阶级、某一部分教师所具有，而是各个阶级的教师共同遵守、共同维护的行为准则。其次表现在教师的个人品质上。历代教师在教育活动中具有的职能和作用是一致的。这种一致性使他们在教育活动中必然存在某些共同利益，从而产生共同的道德要求。如在自身的修养上严于律己、以身作则、为人师表；在教育活动中严谨治学、有教无类。同时，人们对教育科学规律的认识以及教育自身发展对教师道德素质的客观要求，往往具有全人类的共同特点。

教师道德的继承性，是指教师道德自身发展的历史延续。它是建立在教师共同性这个基础之上的。正是教师道德共同性这一社会属性，把不同社会、不同时代、不同阶级的教师道德联系起来。一种新的教师道德的建立，首先是反映新的经济基础和新的统治阶级的要求。当然同时也离不开人类在长期教育劳动中积累起来的教师道德思想。由于社会形态不同，教师道德的继承性不是全盘的，而是有批判地继承，是一个扬弃的过程。在这个过程中，科学地批判是继承的前提，经过去粗取精、去伪存真，取其精华、去其糟粕，最后继承下来的教师道德的内容，是与时代的发展相适应的，是值得人们去进一步发扬光大的。在中外教育史上，许多有价值的教师道德思想值得我们继承和借鉴。如孔子的"言传身教"、孟子的"因材施教"、朱熹的"博学慎思"、古罗马昆体良的"才德俱优"、意大利维多里诺的"发展个性"、捷克斯洛伐克夸美纽斯的"真诚积极、坚定热忱"、英国洛克的"反对体罚、重视德行"、德国第斯多惠的"崇高而坚定的职业信念"

等教师道德理论和要求，虽然受着时代和阶级的局限，但仍包含着积极的合理的有益的因素，有利于人类、有利于教育事业的发展，对社会主义的高校教师仍具继承和借鉴的价值。

（三）教师职业道德的基本原则

教育活动的本质和目的决定了教师的教育活动是一种传播文化知识、开发人的智力、发展人的体力、增强人的本质、培养人的品德、塑造人的心灵的特殊的社会实践活动。其目的是培养社会主义事业的接班人。正是教育活动这种特殊的本质和目的，决定了教师职业道德的基本原则是教书育人，教师职业道德作为社会经济关系在上层建筑的体现，是在教师从事教育活动的过程中产生和发展起来的。教师职业道德与教育活动之间有着密切联系，教师职业道德的本质自然也与教育活动的本质密切相连。

我们知道，教育活动是一种特殊的生产活动，是教师职业道德赖以产生和存在的物质基础。和其他职业道德比较起来，教师职业道德具有更高更全面的道德意识水平，这是由教育活动的特殊性决定的。教育活动的目的在于把学生培养成具有一定的科学文化知识、基本劳动技能和高尚思想品德的劳动者；教育活动的对象是活生生的、有思想、有感情、有理性、有个性的人；教育活动的工具除了教材、教学设备等辅助品外，主要是教师自身的个性，包括教师的知识水平、认识能力、思想觉悟、道德品质和情感意识，即教师本身是最主要的教育活动工具；教育活动在时空上具有灵活性特征，不论是在课堂上还是课堂外，不论是学校内还是学校外，只要有学生活动的地方，都会有教师活动的足迹，教育活动是全方位的、全天候的。教育活动的结果，即劳动的"产品"是掌握了一定文化知识和形成一定思想品德的人。此外，教育活动的过程自始至终是人们相互影响、相互作用的过程，人际关系在教育活动中占有十分重要的位置，教师与学生、教师与学生家长、教师与教师、教师与学校领导之间等都是教师在教育活动中所面临的人际关系。所以，教师在教育活动中既要传授科学文化知识，又要对学生进行思想品德教育。这必然要求教师在道德行为上具有强烈的典范性，既要"为人师表"，为学生做出榜样，又要接受学生和社会的监督；在道德影响上，则要求教师职业道德具有崇高、典范和深远的特点。

由于教育活动的目的是培养人，劳动的对象是人，工具是人，产品是人，在这一劳动过程中所要处理的各种矛盾，也主要是表现为人与人之间的关系。而社会生活中，人们的群体为达到发展与进步的目的，为了保证一定的社会秩序，必然要遵循一定的行为准则，遵守一定的道德要求。在教育活动中，教师职业道德就是这样产生于教育活动的基础之上的，没有教育活动，教师职业道德也就无从谈起。

另一方面，教师职业道德作为相对独立的道德意识，反过来对教育活动以致整个社会生活又具有能动的反作用。没有一定的教师职业道德，就不可能有有效的教育活动。为了有效地进行教育活动，需要调节各种利益矛盾，诸如教师个人利益、学生的个人利益、教师集体的利益、社会教育事业的利益等，教育行政制度、教学计划、教学课程安排以及各种奖罚措施在调节这些利益矛盾、指导教师行为方面确实起了重要作用，但它们毕竟只是对教师行为提出一般的基本的要求，对于教师的劳动态度、具体的行为方式不可能做出详尽的规定或评价，这就需要有教师职业道德这样一种灵活、有效、时时起作用的监督和调节机制。只有这样，整个教学活动的各个环节才能真正得到落实，教育活动才能收到真正的实效。所以，教师职业道德是在调整各种利益关系、保证教育活动顺利进行的需要中产生的，它可以通过教师的内心信念和舆论监督来调整教师的行为，从而影响学生品德的形成，以致促进全民族思想道德水平的提高。

二、高校职业道德的特殊本质

（一）教育活动的特殊性

教育活动是社会生活的一种特殊形式。虽然教育活动像其他活动一样，具有活动的主体、客体、手段和结果等相同的要素，但这些要素在教育这种特定的活动中结合起来，便有了自己的特殊性。

一是教育活动的目的性。教育是培养人的一种社会活动。教育活动的目的不是创造某种物质产品或精神产品，而是指人，特指培养什么规格的人。世界各国由于社会历史、文化背景不同，在规定教育的目的上各有差别。但相同的是，各国都把教育宗旨侧重在培养一定的社会要求的公民上。因此可以说，教育活动的目的是根据社会的需要，培养具有一定科学文化知识、生产劳动技能和思想品德的人。教师通过自己的教育活动，向下一代传播人类世代积累的文明成果，这是一个极为艰难、极其复杂的过程。"十年树木，百年树人"，一方面意味着"树人"的崇高性，即意味着教师及其活动要受到全社会的尊重，同时教师对全社会负有崇高的职责和义务；另一方面也意味着"树人"的艰巨性，教师只有充分发挥其在教育活动中的积极性和创造性，学生才能真正成为德、智、体全面发展的人。

二是教育活动环境的群体性。群体是指按某种特征结合在一起共同活动、交往的人们的共同体。在学校，有学生与教师群体、学生班级与学生年级的群体、学生社团的群体，等等。在校外，有家庭、亲属等固定群体，还有左邻右舍、伙伴、朋友等可选择、易变化的小圈子群体。学生正是处在这些群体之中，通过归属群体逐渐地意识到他归属于社会，通过参加群体活动而逐步投身于社会生活。这些群体从不同方面辐射出一定的社会价值观念和规范意识，不同程度地影响学生个人的社会行为，同时也为学生提供了表露个人才能、个性的舞台和机会。教育活动就是以这些群体为中介来"灌输"某种社会观念的。一方面，教育的目的、指导思想及学科内容都要通过一定的群体去实施；另一方面，教育工作的成效还取决于学生参照群体的性质。因此，教师要更好地组织教育过程，就必须把教育工作融入学习和活动集体这种高级形式的群体之中，以集体为核心环境，组织好对学生的教育工作。

三是教育活动对象的反馈性。教师活动的对象是人。教师的活动要得以完成并发生效益，必须得到学生的某种配合，即实现教育活动过程中客体主体化。教师作为教育教学活动的主体要对客体施加影响，客体要对这种影响的刺激进行反馈，否则教学过程就会中断，教学主体就不能客体化。同时学生既是"教"的客体，又是"学"的主体。教师要完成教学任务，就必须尊重学生，尊重学生的反馈，与学生建立良好的双向沟通关系。正因为教育活动的对象具有反馈性，教师在教育活动过程中的劳动态度，便直接影响着学生。这就要求教师要有高度的责任感，绝不能乱发议论，因为信息一旦作用于客体，其影响就难以挽回。同时，这种反馈是长期的，即教师在教育活动中对学生的影响，并不因教育过程的结束而中断，而是继续对学生发生影响，甚至影响学生的一生。

（二）教学利益是教师道德的基础

教学利益是指教育劳动满足个性发展需要和一定社会需要与否及其满足程度。它体现的是以受教育者和教育者之间关系为主线的人与人之间的关系。教学利益作为利益的一种形式，它也来源于人的需要，并立足于物质需要这个人类赖以生存的基础。但它体现的关系并不主要是物质利益关系，也不直接以物质利益相冲

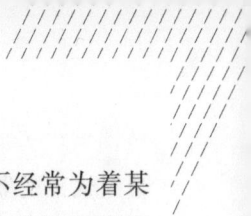

突的形式出现。因为师生之间并不经常在经济活动中发生关系，也不经常为着某种物质利益、经济因素而彼此合作或相互斗争。因此从社会形态的构成的角度来看，教学利益体现的主要是一种思想的社会关系。教学利益按照主体构成上的不同，分为教师和学生的个人利益、教师职业内部的群体利益和社会的教育利益三个层次。

教师的个人的利益主要是要求在教育活动中能保证自己贡献才智的社会工作环境和条件；要求自己的劳动成效显著，成为自我人格完善的动力和内容；要求自己的劳动成果得到学生和全社会的尊重，得到与自己所付出的劳动相匹配的物质报酬和相应的社会地位等。

学生的个人利益主要是要求获得知识、增长才干、发展个性。学生要求教育成为一件可以接受和乐于接受的事情，而不是一个越来越沉重的额外负担；他们希望得到全面的关心和理解，不仅是学业成绩，而且包括自己的课内外爱好、人际交往、身体条件和心理状况；他们还要求自己能行使独立人格，保持自尊感不受侵害，得到发挥才能的机会。

教师的群体利益是要求争取教师社会、政治和经济地位的提高，争取为教育事业的发展创造最有利条件，争取所有参加教育事业的人们之间的协作和配合，为实现教育目的和提高教学效益服务。

社会的教育利益涉及社会经济制度的要求、统治阶级的要求和教育事业本身的要求三个方面。一定的社会经济制度要求教育再生产出维持现有经济制度、现存生产关系的劳动者。一定社会性的统治阶级要求教育贯彻其统治阶级意志和意识形态，使知识技能的学习传递服从和服务于各阶级占有物质利益的既定安排。此外，教育职业还具有一定的相对独立性，具有该职业特点所制约的、相对稳定的某种职业要求。这三个方面要求在具体社会条件下的具体结合，就构成该社会的教育利益。

由于教学利益不仅仅是一定的社会利益的构成，而是涉及具体的个人和有关的群体，因此它并不是统一的，并不总是自然而然地得到完全满足的。在根本不同的社会里，教师、学生个人的根本利益与社会利益，特别是与既定的社会经济制度和统治阶级的需要的关系，具有不同性质的情况。一般说来，社会进步发展的要求就是教育、教师的根本利益所在。但即使社会与个人在根本利益上达到一致，社会通过群体满足个人利益和个人与群体协调满足社会利益的过程也将是不同程度、逐步实现的。在许多情况下，教育过程中的个人与群体、个人与社会之间不可避免地发生着这样或那样的利益冲突和矛盾。合乎个人根本利益的社会利益，有时可能是不利于甚至阻碍某个个性近期发展的因素，而师生个人利益的满足，有时也可能有悖于社会的教育利益；过度追求个人利益，将导致社会教育利益的损失，而对"社会利益"的不加审视，一味顾全，也可能造成个人积极性的消减，从而最终不利于社会利益。

从上述分析我们可以看出，教学利益实际是几种不同利益在一定条件下的对立统一。当教师的教育活动直接或间接地涉及这几个方面的利益，并对其中某种利益表现出偏爱或偏重时，就产生了进行调节的需要，即应该顾及各方面的利益，正确对待各种利益的矛盾。在处理各种矛盾的过程中，需要有一种来自社会的舆论环境和来自教师内心的自我监督，来规定教师的教育观念及活动原则，鼓励或劝阻某种行为。总之，在教学利益的分化和矛盾的基础上，有必要从主体角度对教育过程中的各种教学利益的关系进行调节，这样就产生了教师道德。

（三）教育事实是教师道德存在的前提

教育事实是指教师作为积极的主体，处理教育过程中各种复杂关系的合理的教育活动及其结果。它既表现为该教育活动的单个成分又表现为该教育活动的总和。教育事实作为某种教育的活动，表现着教师与学生的多方面多层次的关系。如教师在课堂上通过头部轻微动作或眼神对某个学生的现场行为表示赞许或责备，这一简单的教育事实就体现了教师在课堂上督导学生的特殊地位，体现了对学生课堂行为的特定要求，体现了既严肃又灵活地处理个体与全体、授课与管理的恰当关系。

教育事实作为某种教育的结果，侧重于体现教师对某种关系的实际处理和效果评价以及赞扬或批评的意向。尽管教育事实涉及教育的全过程，涉及这个过程中的各种关系、各种矛盾，但并不是所有关系和矛盾都需要道德意识的关注，都有道德调节的必要。如教师向学生传授某种关于教学内容的记忆法、选择不同的解题方法等，一般与道德教育关系不大。在教授学生的过程中，教育事实具有的道德意义主要表现为三个方面。

一是教师的教育行为具有重要的道德意义。教师的教育行为对教师本人、对学生、对教育事业和对社会具有明显的道德意义。在教师与学生、教育事业、社会的关系中，教师选择不同的行为，对社会、对学生、对教育事业会产生不同的社会后果，乃至对他本人也会产生不同的良心感应，于是就有了产生道德调节的社会需要和内在需要。

二是在教育事实面前，教师应该具有一定的选择自由，因为他对自己的选择负有责任。由于教师本身作为一定社会条件、社会关系的产物，既然他选择教师作为职业，就不能随意选择根据一定社会的经济关系和社会分工的需要而确定的教育目的、方针、内容和方法之外的行为。但是，他也并不是只能消极地适应客观规律。我们知道，必然性存在于偶然性之中并通过大量的偶然性表现出来，其中起主导作用的是掌握了必然性的人们的自觉的能动性。教师可以在多种可能趋势中选择他认为最现实、最合理的一种趋势，选择实现这种趋势的最佳方式和方法。选择可以是多种多样的，但意味着对自己的行为负责。如教育的目的、教学的内容和方法在一定时期内是由教学大纲加以规定并保持相对稳定性。教学计划则安排教学进度及质量要求，但这些规定与教师对它的理解、掌握和实施是存在差异的，教学质量也是各不相同的。大量的事实证明，教育的效果在很大程度上取决于教师在备课中所付出的劳动，取决于他如何控制和调节自己的体能和智力，取决于他对教育劳动的态度和对社会生活的理解。所有这些，具体表现为教师每天在接触学生中做出的一个个具体的决定。教师依据一定的行为准则，对教育事实作出独立裁决。他有选择的自由。如果没有一定的选择自由，那么他的教育行为虽有教育意义，效果显而易见，但难以形成自觉的道德责任。

三是教师选择的教育行为，触及各种利益之间的原有平衡。任何教育体制中的利益都存在各种各样的矛盾，教育过程中也包含着各种不同利益的错综复杂的关系。这些利益和利益差异都会或多或少地反映到教师头脑中来。教师按理说是社会教育利益的代表者，但这并不等于说他们一开始就理解这些利益，不等于说他们总是把这些利益摆到至高无上的地位。也不能排除的是，可能有教师常以个人利益→职业利益→社会利益的顺序来理解利益。这就可能使暂时的非本质的利益高于本质利益而被提到首位，后者反被忽略，退居到从属地位。这就是教学利益的失衡，也就产生了道德调节的必要。

从上面的分析我们可以看出，具有道德价值的教学关系，体现了教育事实中的本质典型的内容。即教师在具有不同意义的关系中，经过冲突的矛盾的境况选择自己的行为，从而承担起应有的道德责任。所以一般地讲，教育事实是教师道德的对象或源泉，是教师道德存在的前提。

第三节　高校教师职业道德的作用

一、对改良社会道德风气的辐射作用

教师是与社会有广泛联系和对社会有特殊影响的职业，教师道德不仅在学校内部起着调节教育过程、教育和影响学生的作用，而且还通过各种途径和方式影响着社会，促进全社会道德水平的提高。正如有人所说，教师不仅是学生道德的启蒙者和设计者，同时也是全民道德的促进者。具体表现在：

第一，通过所培养的学生，对社会产生广泛而深远的影响。教师的道德面貌直接影响学生道德品质的形成，而大学生的道德面貌又影响着整个社会的道德风尚。成千上万的大学生，带着在接受学校教育后所形成的理想境界、思想作风、道德品性、业务水平走向社会的各行各业，成为社会物质文明和精神文明的建设者。他们的道德素质如何，不仅对社会物质文明，而且对社会的精神文明，特别是对社会的道德风尚，都将产生广泛而深远的影响。特别是现代社会，接受学校教育的人越来越多，受教育的时间也有所延长。因而，教师道德也就影响着更多的人，它对整个社会道德风气的影响也就更为广泛和深远。

第二，教师通过亲自参加社会活动而影响社会。教师生活在群众之中，而且是各方面素质较高的一群。在搞好校内教育工作的同时，他们还怀着强烈的社会责任感，积极参加各种社会活动，为改造社会环境、使之有利于青少年健康成长而尽心尽力。他们或通过著书立说、写文章、作报告来讲真理、谈理想、传道德、砭时弊；或与社会各界人士共商育人大计，与学生家长广泛联系，使社会、家庭与学校的教育影响趋于协调一致；或通过进行社会调查，发现社会不良倾向，提出纠正方案，等等。这些活动，必然对社会环境的改造，对积极向上的社会风气的形成产生良好的影响。同时，随着教育的改革开放，随着人们对精神生活、文化生活要求的提高，教师与社会各个方面的联系日益增多，对社会生活的影响也日益加深。

第三，通过教师个人的道德品质去影响自己的家庭、朋友和邻里。教师道德是整个社会道德的一个组成部分，是整个社会道德基本精神在教育领域里的具体体现。因此，教师在教育过程中所形成的个人道德品质，就不仅反映了教师道德的基本特征和内容，而且体现着整个社会道德的基本精神。所以，当一个教师形成了良好的职业道德品质和职业道德习惯以后，这种品质和习惯所表现出来的社会道德的基本精神，并不会因为离开职业生活而简单消失，相反，教师会把这种基本精神带进家庭生活和周围环境，从而对教师本人的家庭、亲友和邻里产生影响。也就是说，一个在职业劳动中热爱学生、尊重同事、尊敬师长的教师，在家庭生活中也必然会努力形成尊老爱幼的家风，而这种家风又必然会影响亲友和邻里，从而有利于形成尊老爱幼的社会风气；一个在教育过程中团结互助、关心他人的教师，也必然会努力使家庭成员之间、邻里之间和睦、友好地相处，必然会乐于助人，这样就有利于整个社会助人为乐风气的形成。

总之，广大教师的道德面貌如何，已经成为关系到整个社会精神面貌的大问题，如果每个教师都具有良好的职业道德，并能自觉地影响于社会，就会在社会物质文明和精神文明的建设中产生不可估量的推动作用。

案例分析

结合一下案例，请你谈一下如何发挥师德的作用，做一名合格的高校教师？

孟二冬（1957—2006），生于安徽宿县（今宿州），北京大学中国语言文学系中国古代文学教授，博士生导师。2004 年 3 月，孟二冬主动要求参加了北京大学对口支援石河子大学教学的工作。他在剧烈的咳嗽中坚持讲完最后一节课，倒在讲台上。经医院诊断，他已患食管恶性肿瘤。2006 年 4 月 22 日，孟二冬因病医治无效于北京逝世，享年 49 岁。人事部、教育部授予孟二冬"全国模范教师"荣誉称号。

孟二冬爱书如命。书房柜子里的图书一列列摆放得整整齐齐。许多书籍都包有磨得发白的封皮，翻检开来，里面夹着一张张用于索引的便条，一些没有封皮的书则已被翻检得发黑。孟教授深厚的文学修养和功底，就来自于日复一日、年复一年的苦读。住在北京大学 44 楼的许多年间，孟教授成为学校图书馆古籍阅览室的"第一读者"。他每天抱着开水杯，早去晚归，风雨无阻，多年如一日。正是靠着这种日积月累、水滴石穿的扎实和勤奋，他的力作《〈登科记考〉补正》广集众长，推陈出新，一出版就广受好评。

为支援新疆高等教育事业，2004年3月，孟二冬主动要求参加了北大对口支援石河子大学教学的工作。孟二冬在石河子大学期间，除坚持为中文系2002级四个班的学生每周讲授10学时的必修课外，同时还为中文系教师开设了《唐代科考》选修课，利用业余时间积极主动与中文系教师座谈，交流教学工作经验，圆满完成了北京大学和石河子大学双方协议的支教任务。在到石河子大学的第二周，他就出现严重的嗓子喑哑症状，尽管每天打针、吃药，他仍坚持上课。随着声音越来越微弱，他不得不在课堂上用起麦克风。校领导和老师们多次劝他休息，但他都微笑着说："没关系，我还能坚持。"在师生们的再三要求下，他来到当地医院检查，医生根据病情做出了"禁声"的医嘱，但他第二天又强忍病痛站在了讲台上。2004年4月26日，他在剧烈的咳嗽中坚持讲完《唐代文学》最后一节课，倒在讲台上。经医院诊断，他已患食管恶性肿瘤。孟二冬在北京治疗期间，仍以顽强的毅力坦然面对病痛折磨，坚持课题研究和指导研究生的工作，积极筹备让自己的研究生去石河子大学为本科生开设讲座。

孟二冬的感人事迹，引起了胡锦涛的高度关注，2005年12月8日，他得知孟二冬的病情后，当即委托国务委员陈至立前往探望，并指示有关方面精心治疗；此后，他又多次询问孟二冬的病情，向孟二冬表示亲切问候，并指示医务人员尽全力救治。2006年4月22日，年仅49岁的孟二冬因病情加重，医治无效，在北京去世，正在国外访问的胡锦涛专门打来电话表示哀悼，对其亲属表示慰问，并以个人名义送了花圈。北大将已故的"阳光教授"孟二冬的铜像安放在天寿陵园。

多年来，孟二冬坚持党的教育方针，热爱教育事业，热爱学生，坚持不懈地教育学生追求真知、树立正确的人生理想，成为学生健康成长的良师、高尚人格的楷模；他淡泊名利，甘于寂寞，潜心治学，撰写了《中国诗学通论》（合著）《中唐诗歌之开拓与新变》《韩孟派诗传》《千古传世美文》《陶渊明集译注》《中国文学史》（参编）等400多万字的专著；他历时七年，经过大量艰苦的研究，完成了100多万字的《〈登科记考〉补正》；他荣获北京市第八届哲学社会科学优秀成果一等奖以及北京大学第九届人文社会科学研究优秀成果一等奖，得到了我国文学界和史学界的高度评价。

资料来源：张昕宇、朱玉春、桑华，《新疆日报》，2005年12月31日

二、对提高学生道德素质的示范作用

当今世界，经济竞争、技术竞争、军事竞争、市场竞争，归根结底是人才竞争。人才靠教育、靠培养，靠千百万知识渊博、品德高尚的教师言传身教、精心培养。因此就教师的工作来说不仅是重要的，而且是崇高的。每一个教师的平凡工作都关系着国家的前途、民族的命运、现代化的实现、民族的振兴。每一个教师都要靠自身的思想、情感、信仰、修养和知识，去影响学生、教育学生，因而从这个角度来说，教师的个人道德素质已不仅是属于自己的"洁身自好"，而是完全被他的职业以及地位赋予了一种社会意义，具有不可低估的社会功效。学生的大部分时间是在校园里度过的，由于受年龄的限制，其知识还是缺乏的，其思想还是幼稚的，良好的品德还没有形成，由于教师特殊的身份和地位，学生往往把教师作为自己的偶像加以崇拜，再加上学生可塑性、模仿性强的特点，因此教师的世界观、人生观、价值观，往往会被学生模仿，对学生的思想、行为起着潜移默化的作用。正如德国的教育家第斯多惠曾提出的："教师本人是学校里最重要的师表，是直观的最有效的模范，是学生活生生的榜样。"因此教师道德在育人过程中具有不可替代的社会化意义。

高校教师的教育对象是青年大学生，大学生尽管有自己的情感、意志和个性，但涉世不深，思想品德还正处在形成之中，对是非、善恶、美丑等还没有成熟的观念和切实的体验。大学生的模仿性强、可塑性大，教师是他们直观的、活生生的榜样。教师在与学生的联系、交往和接触中，他们的言行都对学生起着示范作用。习近平指出："老师对学生的影响，离不开老师的学识和能力，更离不开老师为人处世、于国于民、于公于私所持的价值观。一个老师如果在是非、曲直、善恶、义利、得失等方面老出问题，怎么能担起立德树人的责任？广大教师必须率先垂范、以身作则，引导和帮助学生把握好人生方向，特别是引导和帮助青少年学生扣好人生的第一粒扣子。""合格的老师首先应该是道德上的合格者，好老师首先应该是以德施教、以德立身的楷模。师者为师亦为范，学高为师，德高为范。老师是学生道德修养的镜子。好老师应该取法乎上、见贤思齐，不断提高道德修养，提升人格品质，并把正确的道德观传授给学生。"所以说，一位具备高尚职业道德修养的教师，无时无刻不在对大学生的道德素质起着榜样的示范作用。

由于大学生正处在长身体、学知识、立德立志的重要时期，此时周围的社会风气和人物的道德面貌如何，对他们的个性心理品质和道德观念的形成，往往起着非常重要的作用。教师是学生最关注的人物，也是他们最爱模仿的对象，教师的一言一行，从道德品质到每一个生活细节，对学生的思想品质的形成都起着潜移默化的教育作用。教师正确的世界观、人生观、价值观，高尚的道德思想，对学生有着积极的导向作用，它能帮助学生辨别善恶美丑，提高道德认识，引导学生形成正确的人生观、价值观和道德意识；教师积极的道德情感富于生动性和感染性，可以引起学生情绪和情感上的共鸣，培养丰富的道德情感和健康的情绪；教师坚毅的道德意志，对学生有很大的激励作用，它能增强学生克服困难的信心与力量，鼓舞学生锻炼坚定的意志和顽强的毅力；教师高尚的道德行为，对学生有着直接的示范作用，它能指导学生选择正确的道德行为，培养学生良好的道德行为习惯。无数教育实践证明，教师道德本身就是一种巨大的教育力量，对学生起着潜移默化的作用。

第一，教师是学生思想道德的启蒙者和设计者。一个人在学生时代受到怎样的道德品质的教育和熏陶，对他今后成为什么样的人关系极大。从一个道德品质优秀的教师身上，学生吸取的道德经验是：负责、热爱、尊重、同情、诚实、守信、友好、平等等；而从一个道德品质低劣的教师身上，学生吸取的道德经验则是：冷漠、势利、散漫、虚伪、自私等。这些直接的道德经验，常常比纯粹的道德说教更有说服力，更能影响学生道德意识的形成和确立。更为重要的是，教师道德还影响着学生的人生观、世界观。学生认识人生和社会，是首先从认识自己以及自己所处的人际关系、周围环境开始的。而教师在学生所处的人际关系、周围环境中是最引学生注目、最受学生重视的一个因素。因此，教师的道德品质对学生人生观、世界观的形成和确立有着十分重要的影响。学生在与教师的相处中，能享受到"师爱"的温暖、师生友谊的快乐，能得到老师的关心和帮助，能从老师身上看到许多美好的品质，那么，他们就会相信人间有真诚美好的东西存在。当学生发现美德就在自己身边发生着而不是一句空话时，就会坚信不疑地吸收过来成为自己的道德财富。相反，如果学生在与教师的相处中，看到的尽是自私、势利、冷漠、圆滑、虚伪，那么他们就会认为世界是冷酷无情的，人性是自私的，人世间不可能有真诚的友谊。正如马卡连柯所说，最初他（指学生）对直接所处的环境的公正失去信心，在这里就是对学校的公正失去信心，然后他就对总的社会宗旨的公正失去信心。这正是个人反社会立场的萌芽。斯宾塞更明确地指出：

"野蛮产生野蛮，仁爱产生仁爱，这就是真理。待儿童没有同情，他们就变得没有同情；而以应有的友情对待他们就是培养他们友情的手段。"①

第二，教师是学生人生价值观形成的引导者。人生价值主要是指人生的历程对社会、对他人的贡献。离开社会，价值关系就不可能产生，人生价值也就无从谈起，而生活在社会中的人，对于人生价值的认识无一不是在社会生活中通过耳濡目染逐渐形成起来的。就学校教师这一角色来看，教师对学生价值观的形成、矫正具有最直接的功效。这是因为在当代社会主义社会里，党的教育方针要求教师将自己的学生培养成为在工作中能为社会进步、国家发展、人民的利益作出贡献的人，教师也都希望自己的学生能在现代化建设中"建功立业"，有所作为，成为社会所敬佩的人。当然，教育方针乃至教育的目的、内容、方法作为一个整体，首先并非取决于教师的主观愿望，尤其并非取决于教师的"说教"。人生价值具有实践性特点，这种"实践性"包括两层含义：一是自我价值包括个人对自己生命存在的肯定，对自己的接受和尊重，以及个人的自我完善等，这种肯定、接受、尊重、完善是建立在实践基础上的，没有实践，一个人就无法对自己生命的存在意义、价值作出肯定还是否定的判断，也就没有对自己的接受和尊重，即使有，也是盲目的；二是指学生的价值观是在老师"言传身教"这一实践中逐步形成的。老师在引导学生认识周围世界的时候，他自己也作为周围世界的一个重要成员出现在学生面前，参与到学生的认识过程中，无论教师自身是否认识到，学生都把教师的立身处世之道视为"榜样"，奉为"楷模"。因为在社会阅历尚浅的学生看来，教师是有学问的，是"人类灵魂的工程师"，他们的价值行为是正确的，这就是平常所说的"亲其师，信其道"。因而教师强烈的责任感、事业心，甘于清苦，乐于奉献，积极向上的品质，都会在学生身上产生有益的激励。可以说，绝大多数教师是能够正确地认识自己价值的，他们以自己的实际行动给学生以正确的人生价值导向。

第三，教师是学生道德素质陶冶的诱导者。学生的道德完善程度，从本质上看，也是个体社会化的结果。每一个人来到人间，首先以父母为启蒙教师，经模仿而逐步形成为最初的行为体系和道德标准，既而扩及同辈、亲友特别是老师。教师的道德素质，直接影响学生的道德面貌。我们知道青年学生正处于世界观、

---

① 斯宾塞. 教育论 [M]. 胡毅，译. 北京：人民教育出版社，1962：107.

人生观和道德品质形成的关键时期，他们的可塑性、模仿性都很强，如果教师很有威信，那么这个教师的影响就会在某些学生身上永远留下痕迹。列宁说过："学校的真正性质和方向是由教学人员决定的。"教师高尚的人格对于青少年的心灵来说，是任何东西都不能代替的有益于发展的阳光。只有人格，才能够影响到人格的发展和形成。我国伟大的教育家陶行知先生一贯主张教师的一举一动，一言一行，都要修养到不愧为人师表的地步。他要求教职工做到："要学生做的事，教职员工躬亲共做；要学生守的规矩，教职员工躬亲共守。"这与少数教师所持"不拘小节"的观点是有天壤之别的。事实上，学校无小事，事事皆育人。遗憾的是现在还有那么一些教师"模不模，范不范"，言行不一，表里相悖，自己的行为违反自己的"言传"，有的甚至表现出双重人格，对学生是一套，对自己又是一套。自己并不拥有的东西，也就无法给予别人；自己道德素质低劣，当然就很难给学生以正确的道德导向。"其身正，不令而行；其身不正，虽令不从"；"不能正身，焉能正人？"这些古今名训，都强调了教师本身的导向功能。

教师个人的品德对学生的影响，随着学生的年龄不同、受教育程度不同而有所区别。大学生具有一定的辨别是非的能力，比较自信，他们对教师的言行要进行认真分析，概括教师的形象，他们最敬佩学识渊博、品德良好、热情帮助学生的教师，并喜欢和他们交流一些比较深刻的思想、观点，探讨有关人生的一些话题，希望从中得到一些有益的启迪。总之，不论是高年级还是低年级，教师的个人品德，对大学生的成长都具有重要的陶冶作用。

三、对完善自身道德人格的提升作用

在市场经济的大潮中，教师的思想、工作、生活也必然受到各种各样的冲击，也会遇到个人与他人、个人利益与集体利益的矛盾与冲突。个人待遇的高与低、工作上的难与易、生活上的苦与乐、环境上的好与差等现实问题，必然会造成少数教师心理上的错位与不平衡，因而把商品经济中的等价交换原则运用到师生之间、同事之间以致教师与家长之间的关系中来，用"拜金主义"的思想取代了自己献身教育的思想。教师职业道德的自我完善作用就在于，指导帮助教师客观地思考问题，审慎地解决各种矛盾，从而确立高尚的道德责任感，纠正自己与职业道德要求相违背的各种错误行为和不良习惯，增强自我调节、自我完善的能力和水平，不断地提高自己的道德素养。

教师职业道德规定了教师处理个人利益与集体利益和社会利益的道德原则，指明了教师在教育活动中应遵守的规范和要求，它引导教师在教育过程中正确选择自己的行为，调节教师在从教过程中的各种关系、矛盾和言行，保证教育工作顺利开展和教育任务的圆满完成。所谓调节作用，就是指教师职业道德通过教育、评价、沟通等方式和途径，指导和纠正教师个人与他人、个人与社会关系及交往中的行为，协调教育过程中的各种关系，解决各种矛盾，激发教师的积极性和创造性，使之顺利完成教育教学任务。

一个教师如果具有高尚的职业道德情感，他就会感到无比的幸福。这种情感可以使教师更深刻地感受到从事教育事业的乐趣，推动他们去寻求做好教育工作的方法，促进他们理想人格的形成，引导他们成为坚强有力的人类精神财富的传播者。教师职业是平凡而又艰苦的，事实上，教师仅仅在理智上认识到自己所从事的事业的性质和意义，还不足以产生献身教育的崇高信念。只有具备高尚职业道德的教师，才能对自我的行为从理智和情感的统一上进行评价，才能真正意识到自己应尽的义务和应负的职责，才会在自己的职业实践中战胜困难，取得成就。

教师职业道德从"应当怎样"和"不应当怎样"的外在尺度和内部的"命令"来规范教师的言行，指导教师牢记社会和人民赋予的任务，教好书，育好人。当教师的职业言行符合教师职业道德的要求并产生良好的社会效果时，就会受到学生、家长、领导、群众的赞誉和爱戴，从而对教师起到鼓励和鞭策的作用，也会促进教师继续坚持良好的道德行为方式，不断进取。当教师的职业行为不符合教师职业道德要求，影响教书育人的效果时，社会舆论和学生、家长、领导就会给予否定的评价，就会给教师形成一定的压力，迫使教师矫正错误的行为，消除不良影响和后果。教师在教育教学中总是要与学生、同行、领导、家长、社会发生这样或那样的关系，也会产生各种各样的矛盾，调节这些关系及各种矛盾，固然有法律准则、行政规定、教育政策等手段，但这些也仅具有外在的强制性和局限性，往往难以有效地调节教师的行为。因此，需要一种更为灵活多样、广泛有效的道德手段去调节。黑格尔说过："道德的观点，从它的观点，从它的形态上看就是主观意志的法。"① 教师职业道德就是这样的"法"，教师依据这种"法"来指导自己的行为，调节教育过程中的人际关系和利益关系，以保证教育过程的顺

---

① 黑格尔. 法哲学原理 [M]. 北京：商务印书馆，1982：111.

利进行并富有成效。

教师职业决定了教师始终处于为人师表的地位，这种为人师表的地位使教师形成了强烈的自尊、自重、自爱的要求，同时，促使他们在行为意识上时时注意讲文明、守纪律，努力践行"以身作则，为人师表"的要求，进而以更高的理想人格自励，这种自励的动力也源于教师的道德素质。

教师的道德素质是教师加强自身修养、追求自我完善的内在动力。这首先表现在具有良好道德素质的教师，能意识到"园丁"、"人梯"以及"人类灵魂的工程师"，并不仅仅是一种赞誉，更重要的是人们对教师的肯定，对教师的鞭策。在科学、文化、教育事业蓬勃发展的今天，日新月异的新形势对教育教学工作不断提出新的挑战和要求，一个教师要跟上时代的发展，长期保持合格教师所必备的科学文化知识水平，就必须勤奋学习、锐意进取，不断丰富自己的知识，更新自己的知识结构，提高自身的智能素质，进而达到不断完善自我、升华自我、实现自我的目的。在良好的道德素质这一内在动力推动下，教师才能不满足于具备一定的专业文化知识，而努力加强对与自己教学专业有关的知识的了解和学习；克服"文人相轻"，提倡"文人相敬"，开展学术交流；做到善于学习，善于选择，善于积累，融会贯通，广征博取，采撷知识的精华，以增强、弥补自己的不足，提高素质的复合性。不仅如此，还能主动、自觉地学习教育理论，掌握育人科学，自觉地运用教育、教学规律，根据教学内容和学生实际，选择切实有效的教学途径和手段，减少盲目性，以达到教育教学的最佳效果。除此之外，良好的道德素质，还能促使教师勇于创造先进的教学方法，在创新和教改的实践中增长聪明才智，在学习和借鉴中发扬自己的优势。

教师的职业道德是教师加强自身修养、追求自身完善的内在动力，还表现在不断陶冶情操，提高自身品德、心理素质方面。一名优秀的教师之所以赢得人们的尊敬，除了因为其手中握着的开启知识宝库的金钥匙，是学生迈进智慧圣殿的引路人之外，最突出的特征是其高尚的品质情操。人民教师在社会主义精神文明建设中的特殊地位和作用，要求教师在没有学生的时候也应一如既往，每时每刻都保持高尚的情操和良好的品行。而一名大学教师具备了良好素质，就能抵御各种不良风气和腐朽思想的影响，就能自觉深入自己的思想深处，严格进行自我监督，做到表里如一、言行一致、生命不息、修养不止。

教师的职业道德具有自觉性，教师一般道德和职业道德在形成的过程中，主要靠"自律"而不是靠"他律"。换句话来说，教师的德行主要是靠自身的需求，而不是靠外界的压力和评价时的赏罚。按照美国心理学家马斯洛的"需求五层次"学说，教师的需求层次不应停留在生理的需要、安全的需要、交友的需要以及爱和归属的需要这些浅层次上，而应该进入自尊的需要、自我完善的需要这些高层次。比如自尊的需要，这的确是一个人成才过程中必不可少的东西，也是教师保持较高师德水平的内在动力。自尊便可自重，自尊便可自制。教师在教书育人的过程中之所以这样做而不是那样做，虽然有法纪、规章的约束力起作用，但更重要的是自尊的需求。自尊不是靠外力强制所成，而是长期培养浇灌的成果，是自觉的一种追求，是心灵深处所迸发出的一种强大的内驱力。师德的自觉性还来自对事业的强烈责任心和对教育事业的理性认识。当教师的道德认知水平达到了不是从个人的角度，而是从国家、民族、下一代的角度去考虑、认识问题时，教师的师德就处在高度自觉的水平上，遇事不用人去提醒、去鞭策，而是自觉地站在理性的高度去决定取舍。具有良好职业道德的教师还能自觉地不断地从整个社会生活中吸取精神营养，并及时吸收群众中美好的思想品质和道德风尚，来充实、发展和完善自己，树立完善高大的教师人格形象。

复习思考题

1. 高校教师职业道德的一般本质与特殊本质是什么？
2. 高校教师职业道德形成的物质基础与文化前提是什么？
3. 高校教师职业道德的作用是什么？

第三章

高校教师职业道德的原则与规范^①

● **内容提要**

　　本章主要阐述了高校教师职业道德的基本原则、规范和范畴三个方面内容。高校教师职业道德的基本原则包括热爱教育原则、集体主义原则和人道主义原则。高校教师职业道德的主要规范包括教师与国家关系中的道德规范、教师与社会关系中的道德规范、教师与学生关系中的道德规范、教师与同行关系中的道德规范、教师在教学活动中的道德规范和教师在科学研究中的道德规范等。高校教师职业道德的主要范畴包括教育职责、教育公正、教育良心、教育威信和教育和谐等。

● **学习目标**

　　1. 通过学习，把握高校教师职业道德的基本原则，并用以指导教师职业活动实践。

　　2. 通过学习，理解高校教师职业道德的主要规范，并在教师职业活动中严格遵守。

　　3. 通过学习，了解高校教师职业道德的主要范畴，并在教师职业活动中自觉践行。

---

　　① 本章在原作者徐刚编写的基础上，按照湖南省教育厅新版编写要求，重新进行了补充和修订。

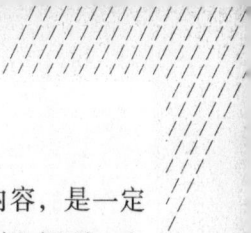

道德原则和规范是道德领域内具有重要理论意义和实践意义的内容，是一定社会从其整体利益出发向人们提出的、要求人们共同遵循的行为准则和规则，它是人们在无数次的道德实践中，根据一定的社会活动能力条件及其相应社会关系的要求，对人们道德行为进行概括和总结而凝聚、提炼出来的。道德原则和规范一经形成，就成为一定道德规范体系结构的中枢，既是每个人道德品质的集中体现，又是衡量人们道德标准的普遍尺度；既是人们的道德行为和道德关系规律性的反映，又是一定社会对人们行为要求的普遍准则。道德原则，它直接表达的是一个社会一般的、普遍的道德命令和要求，是人们在进行各种社会行为和活动时共同认同并遵守的准则，它在整个的道德规范体系中占有十分显著的位置。道德规范，则直接反映人们在社会上所承担的具体的道德义务和责任，作为社会生活中人的行为所必须遵守的具体规则或标准。在人类社会生活中，人们总是自觉或不自觉地遵循着一定的道德准则和规则行事。因此，道德原则和规范是普遍存在着的，并对人们的行为起着调节和规范作用，要求人们在社会生活中能按照道德原则和规范所规定的界限和范围进行各种活动和行为，而不得逾越和违反。

　　教育教学活动是人类一个特殊的、必要的社会活动，有其独特的行为特点及发展规律。作为人类社会活动的一个极其重要的方面，它既服从于社会发展的一般规律，又服从于自身活动的特殊性。在教师的职业活动中，需要自由地选择、处理和调节教育过程中的各种关系，于是就产生了教师职业道德。教师职业道德因其主体及应用范围的不同大致可分为非国民教育序列教师职业道德（如业务技能培训的教师职业道德）以及国民教育序列教师职业道德两大类，其中国民教育序列教师职业道德依据教育层次的不同又可以分为小学教师职业道德、中学教师职业道德和高校教师职业道德等。教师职业道德作为社会生活某一特殊方面的道德要求，一方面必然要服从于一定的社会道德原则和规范，在这个意义上，教师道德不过是一定社会道德的一种具体的职业表现，它建立在一定社会道德原则的基础之上，并且要遵循这一共同的道德原则；而另一方面，教师职业道德作为一个相对独立的领域，又有着居于主导地位的基本道德原则以及环绕着这一道德原则而展开的一般道德规范，乃至个别的范畴、规则和习惯，从而构成了教师道德规范体系的结构网络。另外，在教师道德规范体系结构网络中，不同的教师道德规范又有不同的特点和内容。高校教师职业道德作为教师职业道德的一种，是高等教育学校教师在教育教学活动和科学研究工作中应当遵守的准则和规则，所直接作用的对象是高校教师，是高校教师在其职业中所必须遵循的行为模式，无论是在处理教师与学生的关系中，还是在处理教师和同行的关系中，或是在处理教师与教学及科研的关系中，都不能违反。在我国，高校教师在教育教学和科研活动中应当要遵守热爱教育、集体主义、人道主义等教育道德原则，为人师表、海人不倦等教育道德规范以及教育职责、教育公正、教育良心、教育威信、教育和谐等师德范畴。

第一节　高校教师职业道德的基本原则

教师职业道德的基本原则是一定社会对教师职业道德行为提出的根本要求，是教师在教育活动中处理各种利益关系，调节和评价一切道德行为的根本准则。教师职业道德原则不同于一般的社会道德原则，也不同于其他职业道德原则，它是教师这一职业所特有的。教师道德与社会公共道德有着密切的联系，反映了不少社会公共道德原则，如集体主义、人道主义等，但其并非是对社会公共道德原则的重复再现，而是将之与教师这一特定的职业紧密联系起来，表现出它独有的、深刻的内在规定性。高校教师职业道德的基本原则，不同于一般的教师的职业道德原则，但作为教师职业道德的一部分，它从属于教师职业道德原则统一体系结构。高校教师职业道德的基本原则，反映了高校教师职业道德的基本特点，它是建立和评价高校教师职业道德规范的基本依据，是高校教师职业最根本、最普遍的道德准则，对建立和评价高校教师职业道德规范具有十分重要的指导意义，对高校教师的职业道德行为具有广泛的引导和规范功能。

一、热爱教育原则

"教师是太阳底下最崇高的事业"，热爱教育是对教师的基本要求，是教师道德的核心内容，是所有教育工作者必须遵循的道德原则。这一道德原则的基本内容就是要求教师热爱教育事业，安心教育工作，要有高度民主的责任心和自豪感，尽职尽责，创造性地做好本职工作，为教育事业奉献自己毕生的精力。教师是一项崇高而又光荣的职业，它与国家的前途、人类的命运及个人发展休戚相关。我国现代伟大的教育家黄炎培先生放弃教育总长的高官不做，献身教育，其高尚情操赢得人民的尊敬。杰出的无产阶级革命家徐特立先生，从 18 岁开始从事教师职业，从教 70 年，为中国革命和建设事业培养了大量的人才。身为教师，他们如吐丝的春蚕，默默地编织着人类文化、知识、技术的绚丽画卷；他们如护花的春泥，毫无保留地奉献出自己的一切，培育出一代代争奇斗艳的"国色天香"。教师的职业之所以崇高，就在于它是最富于自我牺牲精神的职业。教师的彪炳业绩主要是通过学生和他人的成功折射而发光的。在教师的一生中，他们迎来送往，接受着一批又一批素昧平生的学生，帮助他们赶上并超过自己，但却从不嫉妒，从不自卑，总是为自己学生所获得的成绩而欣慰，为学生超过自己而感到自豪，这是何等博大的胸怀！因此，一个自觉地选择教师职业的人，必然是一个热衷于教育事业、有着高尚的道德情操、富于自我牺牲精神的人。

作为高校教师，他们则具有比其他的教师更为重要的责任和使命。因为高校教师不仅要对学生进行传道、授业、解惑，而且肩负着为国家的发展和富强进行科技创新和科学发明的重任，必须教学科研一肩挑，既要搞好对学生的知识传授工作，又要搞好责任范围之内的科学研究工作。对于自身应当承担的科学研究工作，高校教师不应当推诿、也不应该敷衍。每一个高校教师都应该具有责任感以及荣誉感，认认真真地对于自己应承担的课题任务进行调查研究，以得出科学、真实的研究结果。固然，人们生活在一定的社会关系中，并不是每个人都能自由地选择自己的职业，但是在职业选择中，个人的兴趣、爱好、理想和追求确实又起着十分重要的作用。因此，无论外界的因素有着什么样的影响，当个人在自觉自愿地决定选择高校教师职业的时候，都不能以金钱、地位、名利作为自己追求的价值目标，而必须首先树立起为高校教育事业而献身的思想，热爱并忠于高校教育事业，这是成为一名合格的高校教师的基本条件和首要前提。相反，如果作为高校教师而不了解自己工作的意义，不热爱自己的本职工作，或只是作为权宜之计，见异思迁，那是不可能真正履行高校教师的义务、在高校教师工作岗位上干出一番事业来的。这样的人，从根本上来说，也不配做一名高校教师。

二、集体主义原则

集体主义是我国社会主义道德的基本原则，是调节现实道德关系的主要手段。社会主义集体主义原则是集体利益和个人利益的辩证统一，强调这两种利益统一于集体利益之上，强调集体利益具有至上性，也就必然强调个人利益在必要的前提下为集体利益作出奉献和牺牲。集体主义在我国高校教师职业道德原则中非常显著的体现就是集体主义原则。从高等教育的特点和目的来看，它是主体化、开放式的教育，其目的是培养综合的、多层次、复合型、高素质的人才。学生能否成才，是由多方面因素所形成的"教育合力"综合而致。高校教师作为教育教学有效的组织者和专门的工作者，应对教育合力效用的形成、发展和优化发挥主导和调节作用。因此，作为一名合格的高校教师应尽一切的努力，妥善处理好教师与学生、教师与教师、教师与学校、教师与家长、教师与社会等各方面复杂的关系，共同致力于建设一个团结进取、积极向上的集体，积极开发和合理利用一切有助于学生身心健康和茁壮成长的教育因素。这在现代社会对高校教师的品德、能力和素质无疑是一个很高的要求。为此，高校教师应当要发挥无私奉献的社会主义集体主义道德原则，坚持以发展教育事业和培养高素质人才为己任。

献身教育，甘为人梯，是人民教师忠于党、终于人民、忠于社会主义国家高尚道德情操的具体体现，是社会主义集体主义原则的真实写照。"春蚕到死丝方尽，蜡炬成灰泪始干"，说的就是教师的无私奉献精神，突出地体现了教师的职业道德原则。教师作为社会的一分子，在进行教书育人、培育后代的工作的时候应时刻想到的是为国家、为社会作贡献。任何时代，任何民族，它的发展和繁荣昌盛都是要靠它的青年一代，而高校教师作为国家和社会的青年一代的培育者，自然也担负着这一重任。因此，高校教师一旦选择了在高校工作的职业，那么他就必须知道高校教育工作中蕴涵的集体主义道德原则，就应该知道他必须为了民族的兴衰、社会的发展舍弃个人私利，保全国家公利。高校教师在工作过程中，其个人行为不仅表现为为了国家和社会的利益，也表现为为了自己所在的部门利益牺牲个人利益。因为在高校，高校教师不仅需要根据要求进行教学活动，对学生进行传道、授业和解惑，而且还要承担各种自然或社会科学研究任务。由于科学研究任务的复杂性和艰巨性，它们通常不是单个人甚至小团体所能独自完成的，而必须由各类科研人员和团体通过合作性的科研活动才能实现科研目标。这时候，就需要高校教师能够相互协作，共同努力，为完成集体任务而将个人利益放到一边，以便高质量、快速度地取得成果。

三、人道主义原则

俗话说："十年树木，百年树人。"由此可见，对学生的教育和培养是一个非常神圣和艰辛的事业。高校教师既然有资格站到大学的讲台上，就说明他们具备一定程度的学识和才能，因此高校教师作为树人者应该充分认识到自己的工作的重要性和崇高性，不能滥竽充数，也不能敷衍塞责，以免误人子弟。为此，高校教师应该具有人道主义精神，把热爱学生、培养学生看做是家长交给自己的神圣使命。他们应当将自己所拥有的知识尽职尽责地传授给学生，使学生掌握立足社会、服务社会的本领，从而也使自己无愧于学生，无愧于家长。

要使高校教师职业的人道主义的精神得到发扬，就应使高校教师职业道德体系之中包含人道主义原则，培养高校教师热爱学生的优良品德。热爱学生，要求教师胸怀坦荡，把自己的爱倾注到每一个学生的身上，而不应该厚此薄彼，有所偏爱。家长把自己的子女交给教师，这本身就体现了家长对教师的厚望和寄托，是对教师的一种高度信任。因此，作为高校教师，就应该以高度民主的义务感和责任感关心和照顾好家长交给自己的每一个学生。当然，我们并不否认在高校的教学实践中，师生之间的关系除了理性的因素之外，还有感情方面的因素在起作用。高校教师往往更喜欢那些听话的学生、成绩好的学生，在学生毕业之后的漫长岁月里，师生之间的关系和交往也会有亲疏之分，但是，这并不意味着教师对学生的爱可以厚此薄彼。实际上，越是差生，他们从家庭、社会上得到的关心和帮助越少，也就越需要从学校和老师那里得到补偿，高校教师不仅不应该歧视这些学生，相反，应该给予他们以更多的关怀和爱护。一个优秀的高校教师的业绩，不仅要看他培养出了多少"尖子"，还必须看他在做"后进"学生转化工作上的成效如何。高校教师对学生的热爱，集中体现在思想上、学习上和生活上对学生的全面关心和爱护。青年学生正处于全面发育、日趋成熟的时期，心理、生理等方面都正在发生微妙的变化，可塑性特别大，这时候他们特别需要的就是来自师长的真挚关怀和引导，而高校教师则正是他们最信赖和尊敬的人。为此，作为高校教师，就应从各方面深入细致地关心自己的学生，掌握学生的思想状况和学习状况，在学习上严格要求，生活上真心关怀。这样，才能使学生把自己的老师既看作严师，又当成挚友，真正做到师生间心灵的沟通，使学生在教师的爱护下茁壮成长，达到良好的学习和教育效果。

当然，高校教师对学生的热爱，不是盲目的溺爱，而是与对学生的严格要求密切联系，相辅相成。爱护学生，从根本上来说，就是要使学生在品德、智力、能力等方面得到全面发展，使之成为社会有用之人。要做到这一点，仅靠一味的呵护是不行的，而必须按照国家的教育方针和计划来严格要求学生。古语"严师出高徒"，就高度体现了爱与严的统一。青年学生正处于长身体、长知识的成长阶段，从其生理和心理特点来看，他们思想活跃，求知欲强，但自我克制能力较差，这就需要师长随时予以监督、鞭策和激励，使之养成勤奋、刻苦的良好的学习习惯和品德，这才是对学生的真正的爱护。如果高校教师对学生的要求不严，平时松松垮垮，放任自流，出了问题纵容包庇，处处护短，从表面上看似乎是爱护学生，实际上是养成了学生投机取巧、懒惰散漫的坏习气。不求上进的坏学风，结果只能是贻害学生。高校教师对学生的热爱，还必须以尊重和信任学生为前提。高校教师的威望，不应是依靠高校教师的地位和权威去惩罚、训斥、压服学生来赢得的，而是建立在相互尊重和充分信任的基础之上的。高校教师的教育对象是学生，做的是人的工作，而人不是纯粹生物学意义上的抽象，他们既具有人的共性，又在每一个个体身上显现出鲜明的个性，有其独立的个性。高校教师要既能容许学生在思想上、感情上及行为上表现出各自的独立性，又要相信学生都存在积极向上的一面，只要引导得法，他们都是可以被造就成才的。因此，高校教师对于自己所教的学生，首先应倾注满腔的爱心和充分的信心。虽然，高校教师接触到的学生是千差万别的、各具特点和个性的——有的比较优秀，有的比较顽劣；有的比较聪明，有的比较愚钝……但是，必须看到，学生是具有极大可塑性的，只要高校教师把自己的关爱倾注到学生身上，坚持正面培养教育为主，尊重学生的人格和个性，并予以积极疏导，鼓励和培植不同学生身上积极的东西，帮助其克服消极的因素，春风化雨，辛勤的耕耘必将结出丰硕的成果。高校教师对学生的教诲，很重要的一个方面还在于教学相长。教学是一种双边活动，教与学作为对立的双方，是相互依存、相互渗透的，并且在一定条件下可以相互转化。唐代韩愈在《师说》中明确指出，由于"闻道有先后，术业有专攻"，因此，"圣人无常师"，"是故无贵无贱，无长无少，道之所存，师之所存也"。在这里，他深刻地阐述了教与学的关系，说明了教学相长原则的深刻道德意义。既然师生之间只不过是"闻道有先后，术业有专攻"，因此，"弟子不必不如师，师不必贤于弟子"，学生不仅是自己教育的对象，同时也是自己学习的对象，那么作为教师，就应当以朋友式的、平等的态度对待自己的学生，尊重并虚心听取学生的意见，从中吸取有益的合理的东西，以不断改进教学方法，提高教学质量。

第二节 高校教师职业道德的主要规范

　　教师的职业道德规范是依据教师职业道德原则调整教育过程中各种利益关系、判断教师行为的具体道德规则，是教师职业道德原则的具体化。高校教师的职业道德的多层次性特点决定了高校教师职业道德规范具有多层次性特征，这主要表现在高校教师在其职业活动中需要处理的关系是多方面、多层次的。从教师与事业的关系来看，要正确处理理想与本职工作的关系、教育与教学的关系、教学与科研的关系等；从教师职业活动的人际关系来看，要正确处理教师与学生、教师与家长、教师与同行的关系等。高校教师职业道德规范还具有继承性与发展性相统一的特征。一方面，在长期的教育实践活动中，高校教师道德逐渐形成了自己独立的规范体系，并且世代相传，古今相袭，后人总是把前人在教育活动中的一些高尚品德继承下来；而另一方面，高校教师道德规范作为调节教育过程中主客体关系的行为规则，随着时代的发展和社会制度的演变，必然会在职业活动中不断地产生一些新的关系，出现一些新的具有道德意义的事实，并提出教育活动的一些新任务，这就需要不断地产生一些新的道德规范加以调节，这就决定了高校教师职业道德规范总是处于不断变动和发展之中。高校教师职业道德规范能够较好地规范、约束和评价教师的行为，使高校教师言行有章可循、有规可依。

　　教育大计，教师为本；教师素质，师德为首。教育部指出："长期以来，广大高校教师自觉贯彻党的教育方针，学为人师、行为世范，默默耕耘、无私奉献，为我国教育事业发展和社会主义现代化建设做出了重要贡献，涌现出一大批优秀教师和先进模范人物。在他们身上集中体现了新时期人民教师的高尚师德，体现了教师职业的崇高和伟大，赢得了全社会的广泛赞誉和普遍尊重。但在市场经济和开放的条件下，高校师德建设还存在一些亟待解决的突出问题。有的教师责任心不强，教书育人意识淡薄，缺乏爱心；有的学风浮躁，治学不够严谨，急功近利；个别教师甚至师德失范、学术不端，严重损害人民教师的职业声誉。这些问题的存在，虽不是主流，但必须高度重视，采取切实措施加以解决。"为加强和改进高校师德建设、建设高素质专业化高校教师队伍、引导广大教师自觉践行社会主义核心价值体系、加强自身修养、弘扬高尚师德、全面提高高等教育质量，2011 年 12 月 23 日，教育部、中国教科文卫体工会全国委员会颁布《高等学校教师职业道德规范》（以下简称《规范》），首次将"爱国守法、敬业爱生、教书育人、严谨治学、服务社会、为人师表"确定为高校教师职业道德规范的内容。

知识窗 ----------

高等学校教师职业道德规范

一、爱国守法。热爱祖国，热爱人民，拥护中国共产党领导，拥护中国特色社会主义制度。遵守宪法和法律法规，贯彻党和国家教育方针，依法履行教师职责，维护社会稳定和校园和谐。不得有损害国家利益和不利于学生健康成长的言行。

二、敬业爱生。忠诚人民教育事业，树立崇高职业理想，以人才培养、科学研究、社会服务和文化传承创新为己任。恪尽职守，甘于奉献。终身学习，刻苦钻研。真心关爱学生，严格要求学生，公正对待学生，做学生良师益友。不得损害学生和学校的合法权益。

三、教书育人。坚持育人为本，立德树人。遵循教育规律，实施素质教育。注重学思结合，知行合一，因材施教，不断提高教育质量。严慈相济，教学相长，诲人不倦。尊重学生个性，促进学生全面发展。不拒绝学生的合理要求。不得从事影响教育教学工作的兼职。

四、严谨治学。弘扬科学精神，勇于探索，追求真理，修正错误，精益求精。实事求是，发扬民主，团结合作，协同创新。秉持学术良知，恪守学术规范。尊重他人劳动和学术成果，维护学术自由和学术尊严。诚实守信，力戒浮躁。坚决抵制学术失范和学术不端行为。

五、服务社会。勇担社会责任，为国家富强、民族振兴和人类进步服务。传播优秀文化，普及科学知识。热心公益，服务大众。主动参与社会实践，自觉承担社会义务，积极提供专业服务。坚决反对滥用学术资源和学术影响。

六、为人师表。学为人师，行为世范。淡泊名利，志存高远。树立优良学风教风，以高尚师德、人格魅力和学识风范教育感染学生。模范遵守社会公德，维护社会正义，引领社会风尚。言行雅正，举止文明。自尊自律，清廉从教，以身作则。自觉抵制有损教师职业声誉的行为。

《规范》分别从高校教师与国家、社会、学生、同行的关系以及高校教师的教育教学行为、学术研究行为等六个方面提出了高校教师职业道德的目标要求。它对于加强和改进高校师德建设，提高高等教育质量具有重要现实意义，对于提高全民族文明素质也具有广泛的社会意义。

一、教师与国家关系中的道德规范

高校教师是指受过专门教育和训练的人，并且在高等学校中担任教育、教学工作的人。高校教师是社会的一员，是普通公民的一员。作为一个普通公民，"爱国"是每一个公民对国家和民族的深厚情感，是一种对国家的高尚情操。《中华人民共和国宪法》第五十二条：中华人民共和国公民有维护国家统一和全国各民族团结的义务。第五十四条：中华人民共和国公民有维护祖国的安全、荣誉和利益的义务，不得有危害祖国的安全、荣誉和利益的行为。爱国精神是一个公民起码的道德，也是中华民族的优良传统。在儒家传统文化里强调"舍生取义"，其意义就是为了国家利益，捍卫国家主权，不惜牺牲个人生命。国家代表每一个公民的根本利益，爱国一定程度上是保证人的生存自由权利的需要，捍卫自己的根本利益。

教师劳动的对象是具有各种独特的个人品质（心理的和社会的）和主观能动性的活生生的人——学生。教师的劳动对象的这一特点决定了教师不仅要把自己丰富的知识传授给学生，使其成才，要用自己的高尚的道德去教育熏陶学生，使其成人。教师具有铸造学生心灵、塑造学生品德、启迪学生心智的作用。孔子曰："其身正，不令而行；其身不正，虽令不从。"高校教师的思想政治、道德情操影响着青年学生世界观、人生观、价值观的养成，决定着人才培养的质量，关系着国家和民族的未来。梁启超说："少年智则国智，少年富则国富；少年强则国强，少年独立则国独立；少年自由则国自由，少年进步则国进步。"

老师心中要有国家和民族，要明确意识到肩负的国家使命和社会责任，要具有爱国主义精神。习近平在《同北京师范大学师生代表座谈时的讲话》中说："我们的教育是为人民服务、为中国特色社会主义服务、为改革开放和社会主义现代化建设服务的，党和人民需要培养的是社会主义事业建设者和接班人。大学教师要始终同党和人民站在一起，自觉做中国特色社会主义的坚定信仰者和忠实实践者，忠诚于党和人民的教育事业，自觉把党的教育方针贯彻到教学管理工作全过程，严肃认真对待自己的职责。要注重加强中国特色社会主义理论体系的学习，加深对中国特色社会主义的思想认同、理论认同、情感认同，不断增强道路自信、理论自信、制度自信，积极引导学生热爱祖国、热爱人民、热爱中国共产党。"

随着经济全球化的发展，我国在各个方面、各个领域都取得了举世瞩目的成绩，高校的爱国主义教育也在不断地深入发展。但是，随着改革的不断深入，社会矛盾也逐步显露出来。现今，国际形势越来越复杂，各国之间的交流和联系紧密程度显著加强，文化渗透到了高校的各个角落。文化的差异性使得部分大学生的世界观发生了偏离，爱国主义情怀遭遇到空前的危机。当今的大学生"哈韩"、"哈日"、喜欢追美剧、喜欢看日本动漫，"留学风"与"移民热"也是一浪接着一浪。新时期的大学生能够接触各国、各民族文化，能够与来自四面八方的国际友人进行交流，既开阔了视野，又学习到了多元的文化。这些都是在经济全球化大背景下无可厚非的优势。但是，我们不能忘了矫枉过正，对于盲目追风、崇洋媚外的现象应当及时调整，绝不能动摇新时期大学生的爱国主义精神。2013 年 3 月 17 日，习近平在十二届全国人民代表大会上明确表示，中国梦是全国人民坚持以爱国主义为核心的强国梦。爱国主义应当渗透于全民族，尤其是广大的青少年当中。大学生是我国社会主义建设的储备军，大学生要成为社会主义建设和发展的主力军，爱国主义教育在高校具有不可替代的作用。高校教师的思想意识对大学生的"国家认知"、"社会认知"、"群体认知"都有深刻的影响，如何加深大学生对中国特色社会主义的认同，培育大学生正确、健康的爱国主义精神，是高校教师应当要肩负的重担，是每一位教师义不容辞的责任。

二、教师与社会关系中的道德规范

大学起源于 1088 年成立的波罗尼亚大学。它最早提出传播知识、培养人才，当时的大学教育的内容以神学、法学、医学、文学为主。因此，在那个时代，大学的职责是教书育人，是教学。1810 年，德国的洪堡创建柏林大学，给大学注入了新的内涵，即大学要有科学研究，要有独立的学术精神、学术自由。这就是洪堡精神，它增加了大学科学研究的功能。20 世纪 30 年代，美国的大学以威斯康星大学为代表，提出了"踩在牛粪上的教授才是最好的教授"。这就增加了大学的社会服务功能，培养人才和提供技术，服务社会。

社会服务作为高校的职能之一，是指高校从满足社会的现实需要出发，利用自己的智力与能力优势，直接为社会、经济和科技发展提供的一系列活动。当前，伴随社会转型、高等教育经济功能的凸显以及社会问责意识的增强，高校社会服务工作的意义和价值逐步得到重视，其内容和形式亦日趋丰富多样。在此背景下，高校社会服务活动逐渐从民间性质的"各取所需"行为演绎为政府主导的制度设计。时至今日，促进高校深入开展社会服务工作已成为我国高等教育政策不可或缺的部分。如《国家教育中长期改革与发展规划纲要（2010—2020年）》第二十一条明确提出：（高校）要牢固树立主动为社会服务的意识，全方位开展服务。2012年4月颁发的《教育部关于全面提高高等教育质量的若干意见》第十六条同样规定：要增强高校社会服务能力，主动服务经济发展方式转变和产业转型升级。胡锦涛在清华大学建校100周年的讲话中说："高等教育作为科技第一生产力和人才第一资源的重要结合点，在国家发展中具有十分重要的地位和作用。不断提高质量，是高等教育的生命线，必须始终贯穿高等学校人才培养、科学研究、社会服务、文化传承创新各项工作之中。我们必须适应实现经济社会又好又快发展、促进人的全面发展、推动社会和谐进步的要求，坚持走内涵式发展道路，借鉴国际先进理念和经验，全面提高高等教育质量，不断为社会主义现代化建设提供强有力的人才保证和智力支撑。"这就为新时期我国大学社会服务的职能厘清了思路、指明了方向。

高校教师是承担高校职能的重要主体，是高校社会服务活动的主要承担者，高校服务社会的效能高低，必然与其教师服务社会的意识、精神、能力以及行为密切相关。大卫·麦克里兰的能力三分说认为，能力具备多维内涵，"有通用能力、可转移能力和独特能力之分"。高校教师社会服务能力相对应的也蕴含上述三种能力：高校教师服务社会的通用能力、高校教师服务社会的可转移能力、高校教师服务社会的独特能力。

（1）高校教师服务社会的通用能力。从满足教师高水平社会服务工作的成效需要来看，高校教师从事社会服务工作的通用能力应包括：服务社会的责任意识，即能正确认识到社会服务于学校、教师及学生发展之要义，自觉履行服务社会的责任；交流表达能力，即能与服务对象进行恰当的言语沟通和情感交流，语言表达清晰有条理；学习和发展能力，即能根据自己的知识结构和工作需要，从理论和实践两方面积累知识与经验，掌握科学学习方法，及时更新和掌握与服务工作需要相适应的知识、技能；沟通与合作能力，即具有民主作风和协作意识，能与专业同行、服务对象进行有成效的交流合作；信息处理能力，即具备在社会服务活动中持续收集、整理和加工信息的能力。

（2）高校教师服务社会的可迁移能力。高校教师社会服务的可迁移能力主要包括：查找与发现问题的能力，即教师具有较强的问题意识和确定问题的敏锐性；认识与理解问题的能力，即教师能充分认识问题的性质，准确把握问题的整体概貌；分析与解决问题的能力，即教师能对问题进行恰当的解构分析，并提出合理的解决问题方案；创造性的思考能力，即教师富有创新精神和发散思维，能创造性开展想象、猜测和逻辑推理。从高校教师专业工作实践看，上述能力主要体现于教师的教学和科研，但同样可以迁移到其社会服务工作中，成为教师完成高水平社会服务活动不可或缺的素质结构。

（3）高校教师服务社会的独特能力。高校教师在社会服务活动中，还需要一些由高水平社会服务工作性质本身所决定的、特有的能力诉求。这些能力诉求包括以下四种成分：第一是对社会相关领域发展变革趋向的前瞻能力。这种能力要求教师能积极探索专业领域的发展规律，预测发展趋势，提出解决问题的建议；能自觉地、经常地关注到与其专业对应的社会领域的政府需求，能从长远角度提出政策性建议，发挥思想库的功能，而不是仅仅充当国家政策的解读者和宣讲者。第二是捕捉社会发展、市场变化最新信息的能力。这种能力要求教师能准确把握事物发展的历史、现状和产生的影响；能准确判断、解读对应行业、对应企事业单位的现状及最新发展诉求。第三是研究成果的转化能力。这种能力要求教师在重视知识、技术产生的同时，更重视成果的转化，即注重产学研用的结合，能依据社会、经济、行业发展的需要创新知识和技术，不断把自己创造的新知识、新发明用于直接推动社会、经济发展。第四是与实践话语的融通能力。一般说来，高校教师所擅长的专业理论话语体系，与社会公众及对应行业所具有的实践话语体系存在较大差异。因此，高校教师必须拥有较强的话语系统的融通能力，能熟悉、掌握自身专业所对应行业的话语特点、话语结构、特有用语和表达方式，并自如运用实践话语系统。

高校教师应不断增强自身服务社会的责任意识。高校教师服务社会的责任意

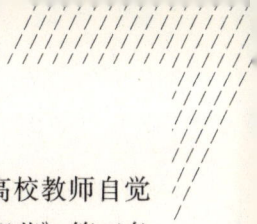

识，既是高校教师社会服务能力中通用能力的组成部分，又是推动高校教师自觉发展其他社会服务能力成分的前提和基础。《高等学校教师职业道德规范》第五条指出："（高校教师应）服务社会。勇担社会责任，为国家富强、民族振兴和人类进步服务。传播优秀文化，普及科学知识。热心公益，服务大众。主动参与社会实践，自觉承担社会义务，积极提供专业服务。坚决反对滥用学术资源和学术影响。"因此，高校教师要提高自身对社会服务工作的认识。具体说来，首先，要认识到社会服务工作与教师从事教学、科研工作的促进关系。其次，应认识到社会服务的利他性质，即自觉地把服务对象和社会利益放在首位，而不是将履行服务职责与追求额外收入交织在一起，把"有没有利益"作为判断标准。

三、教师与学生关系中的道德规范

师生关系是高校教师工作关系的核心，高校教师在高校的教育活动中的首要任务就是教育学生，向他们传授科学文化知识，使他们形成正确的人生态度，提高自己的个人修养，也使他们掌握各种专业知识，能够立足于社会，服务于社会。高校教育要达到以上目的，高校教师就必须正确处理好与学生的关系，按教师与学生关系中的道德规范行事。用来规范高校教师与高校学生之间的关系的道德规范主要为"为人师表"、"诲人不倦"等。近年来，我国对师生关系越来越重视，《高等学校教师职业道德规范》第二条明确指出教师应"真心关爱学生，严格要求学生，公正对待学生，做学生良师益友。不得损害学生和学校的合法权益。"教育部2014年9月29日颁布的《教育部颁布的建设长效机制的意见》也对高校师生关系方面做出了明确的要求："……对学生实施性骚扰或与学生发生不正当关系，……依法依规分别给予警告、记过、降低专业技术职务等级、撤销专业技术职务或者行政职务、解除聘用合同或者开除。对严重违法违纪的要及时移交相关部门。"

所谓为人师表，是指高校教师在品德修养、待人处世、教学科研、治学精神等方面都应严格要求自己，使自己成为学生的表率、榜样和楷模。正如叶圣陶先生所说："教育工作者的全部工作任务是为人师表。"在一个人的成长过程中，社会环境、学校和家庭都起着十分重要的影响作用，从而形成一个促进其在品德、智力、能力等方面都能得到均衡发展的动力系统。从青少年时代开始，学生的主要生活学习环境转到了学校，在这一阶段里，教师的品德言行往往成了学生效法和模仿的对象，起着一种示范作用。尤其是在学生远离亲人、身处大学校园的时候，新的天地无疑极大地开拓了他们的视野，随着其生理和心理方面的日益成熟，青少年学生的求知欲和模仿能力处于巅峰时期，这一时期是一个人成长过程中的飞跃阶段，是人生的一大转折。这时候，呈现在每一个高校学生面前的是更为广阔、深邃的人生舞台，人生已经开始进入了成熟阶段，生活于各种复杂的社会关系中的青少年总是会无意中将周围的自己崇拜的人物作为自己学习的楷模。在此情况下，高校教师无形中成为高校学生的榜样，因为高校学生所处的阶段是以学习新知识和接受新信息为主的阶段，它对一个人一生的发展往往起着一种定向的作用，所以，在这一特殊的阶段中，以传道、授业、解惑为职责的高校教师对学生的影响具有极其重要的意义。自跨进大学校门的那一天起，学生的绝大部分活动时间都在学校，他们尚不成熟的心灵中最崇拜的对象通常就是与他们朝夕相处的老师。一般来说，高校教师在这一特定的阶段对学生更有影响，比家长更有权威。加里宁说："如果教师很有威信，那么这个教师的影响就会在某些学生身上永远留下痕迹。"正因为如此，为人师表应是高校教师职业道德中一项极为重要的内容。

加里宁认为："教师的观点、他的品行、他的生活、他对每一个现象的态度，都这样或那样影响着全体学生。"卢那察尔斯基更进一步指出："教师应该在自己身上体现所有人的理想。"学生不仅向教师学习知识，还向教师学习如何做人。高校教师对学生的影响不仅在于"言传"，更重要的还在于"身教"。孔子说："其身正，不令而行；其身不正，虽令不行。"孔子说的虽然是从政的要旨，但是对于高校教师来说亦未尝不是如此。因此，高校教师必须充分意识到自己的这一特殊身份和地位，应时刻提醒自己：学校和教师要求学生必须做到的，教师必须首先做到；要求学生不要做的，教师必须坚决不做，努力使自己成为既有渊博知识，又有高尚道德情操的人。只有这样，教师才能以自己博大的胸怀、高尚的人格、渊博的知识赢得学生尊敬和爱戴，成为学生效法的楷模，从而起到对学生潜移默化的教育效果。

《论语·述而》说："学而不厌，诲人不倦，何有于我哉？"高校教师以教育学生、传授知识为职业，其特点决定了高校教师在其教学教育实践中必须大公无私，尽心传授，循循善诱，诲人不倦，以使学生在品德、智力、能力等诸方面都能得到充足的教育而茁壮成长。诲人不倦的道德规范，内在地包含以下两层相互

联系的意思。其一，高校教师应殚精竭虑，毫无保留地把自己所掌握的知识传授给所有的学生，不偏私，不藏掖。作为高校教师，他应有着博大坦荡的胸怀和无私奉献的美德，不会为学生在学识、地位等方面超过自己而嫉妒和懊丧，反而会因此感到无比的欣慰和骄傲。高校教师的一生，就是在培养学生的过程中实现自我价值的一生，是把有限的个人汇聚到无限的人类世代延续中去的一生，是为他人无私奉献的一生。其二，高校教师在教学教育过程中应孜孜不倦、不厌其烦，想方设法地使每一个学生在学习中都能有所收获。对学习成绩较好、学习自觉性较强的学生，应尽量拓宽他们的视野，启迪他们的思维，使之在品德、智力、能力等各方面有长足的进展；对那些基础较差、学习自觉性较低的大学生，更应该循循善诱，因材施教，反复督导，严加约束，使之能够跟上其他同学的学习步伐，保证自己所教的学生不出次品、废品。只有这样，才真正尽到了一个教师的应尽责任。

列宁曾经说过："在一个文盲充斥的国家里是不能实现现代化的。"我们国家市场经济的发展，民主政治的推进，都离不开一大批有能力、有抱负的青年，而教育和培养青年一代的重任，就落在了高校教师的身上。高校教师的工作对象是大学生，高等教育工作始终是围绕着大学生展开的，高校教师对工作的热爱，对国家前途的关心，对社会的建设，都具体体现在对学生的热爱上，体现在诲人不倦上。热爱学生，是高校教师的天职，高校教师总是把自己的一片爱心，毫无保留地奉献给来自四面八方而又定期轮换的学生。高校教师对自己学生的这种热爱既是一种深厚的情谊，又是体现于现实的活动，是感情与活动的统一。它既不同于基本血缘关系的亲属之爱，也不同于出自私人感情的一己之爱，而是一种对全体学生的普爱，是源自对整个社会的进步和发展做无私奉献的大公无私的挚爱，这体现着高校教师对于教育事业的无限忠诚，有着深刻而崇高的道德含义。

为充分践行高校教师与高校学生之间的关系中的为人师表、诲人不倦道德规范，高校教师首先应当做到尊重学生的人格。学校的一切教育教学工作都离不开人，都是围绕着人进行的。而"尊重"是人与人之间和谐的"润滑剂"。因此高校教师应该从尊重学生的人格出发，承认差别、正视差别，并善于发现每个学生的长处和闪光点，扬长避短，让学生得到合理发展。这是和谐教育的重要内容。高校教师同时还应注重培养和发展学生的个性。培养学生的个性不仅是为了培养尖子学生，更重要的是面向全体学生，因材施教，使他们的才能得到最大限度的发挥。教育者的责任是把每一个学生都看成人才而加以培养。其次，高校教师应让教学超越课堂。学生在学习过程中有着客观存在的认知规律，高校教师在教育教学过程中，只有遵循这一规律才能使学生在学习的过程中感受到求知的愉悦。过去，教学偏重于对知识的消化、记忆，忽视了学生的主观能动性和创造性思维，这是片面的。教育必须追求人与知识的和谐，在新课程理念指导下，不断改革教学模式，在教学中大力提倡"探究式"的教学方法，改变学生在课堂上不爱问、不想问、也不知道如何问的被动学习方式，通过创造宽松、和谐的学习环境使学生能勇于提出问题，思考问题，进而找到解决问题的方法。另外，高校教师还应让学生心理健康。在以往的教育中，一些教师由于缺乏心理学知识或者从思想上没有重视对学生的心理健康教育，致使在工作中有意无意地伤害了学生的自尊心。在现代家庭教育中，溺爱或教育失当的现象也普遍存在，这些都容易造成孩子心理不健康问题。追求人自身的和谐，就要让学生在心理上健康发展。因此，提高对学生进行心理健康教育的自觉性，建立家校协同的教育网络，是学校搞好和谐教育的重要措施。为此，高校应开设青少年心理课程，开办心理咨询室，聘请心理学专家定期举办讲座等，以促使高校教师与高校学生之间的关系处理收到更为满意的效果。

案例分析

试分析新时期如何建立和谐的师生关系？

厦大人文学院历史系特聘教授、博士生导师吴春明猥亵诱奸女学生被开除党籍、撤销教师资格

吴春明，男，1966 年生，1987 年、1990 年先后毕业于厦门大学人类学系，获考古专业学士、硕士学位，2001 年毕业于厦门大学历史系，获中国古代史专业博士学位。曾是厦门大学历史系教授，考古学与博物馆学专业博士生导师。

2014 年 7 月 10 日，网友"青春大篷车"在微博上发表长文《对汀洋的声援——控诉厦门大学淫兽教师吴春明长期猥亵诱奸女学生》（以下简称《声援》），在网上被疯传。"汀洋"的微博个人信息显示，毕业于厦门大学，天秤座。厦大考古学专业女生汀洋从去年开始揭发吴春明的"丑行"，2014 年 6 月 23 日还发布了一篇题为《考古女学生防"兽"必读》的博文，其中以"淫兽"暗指吴春明，提到他

"经常挑选性格温顺的外地女学生下手……如果女学生很顺服……这时候淫兽教师就会开始试探性做些小动作，例如偷瞄女生的裙底胸前……被利诱威逼成功者大有人在。"为了增加指控的可信度，"青春大篷车"还附上了一张吴春明的床照，照片是他趁吴春明睡着时拍的。博文称："吴春明教授作为我的导师，以各种理由迫使我与其保持长时间的暧昧关系。""青春大篷车"还透露，部分被吴春明诱奸的厦大女生身心受到了严重伤害以致精神恍惚，有的甚至割腕自杀。"青春大篷车"因此直言："厦大考古专业，（已经）成了吴春明私人财产，更成为他发泄淫欲的场所。"

2014 年 7 月 10 日的博文发布后，厦大历史系教授委员会发布了一份《致全系教师的信》，信上提请厦大有关部门对吴春明遭指控的事件进行调查，"以给包括吴春明教授在内的历史系师生以一个'说法'"。

2014 年 10 月 14 日，厦门大学发表通报，谴责了吴春明"利用师生关系与女学生发生不正当性关系和对女学生性骚扰"，校方说：这严重违背了作为一名教师应有的基本职业道德和操守，败坏师德师风，严重损害了教师队伍整体形象和职业声誉，对学生身心健康造成极大损害，产生了极为恶劣的社会影响。校方表示，根据法律法规，厦大决定给予吴春明开除党籍、撤销教师资格处分。校方承诺，学校将引以为鉴，改进工作，进一步加强师德师风建设，营造更加风清气正的育人环境。对违反师德师风的言行，学校将继续坚持零容忍，一经查实，坚决处理，决不姑息。（有删减）

资料来源：厦门网，2014 年 10 月 23 日。责任编辑：李奕佳、赖旭华

四、教师与同行关系中的道德规范

根据美国教育部的调查显示，当教师之间能够相互交流思想，在活动中有合作精神、相互帮助时，学生会受益匪浅。而在我国，自古以来就存在着"文人相轻"的恶习，通常具有一定才能的人都会对与自己实力相当的人表示鄙视、嫉妒，甚至造谣中伤。一般来说，文化水平层次越高，这种现象越严重，越普遍。由于受这种传统恶习的影响，目前在高校中也存在着这种现象。在高校的校园里，仍然有许多高校教师自恃读了许多书，认为拥有很高的文化水平，常常恃才傲物，对于那些学历比自己低或能力比自己差的同事，总会表示轻蔑和不尊重；而面对那些水平比自己高或能力比自己强的同事，通常又会感到失落和愤慨，因而会产生嫉妒，甚至对其进行造谣中伤，打击算计。高校中的一些教师对待同行的不正

当行为充分表明了这些高校教师虽然在文化水平和科学学识方面高于一般人，但是他们的行为道德却并不尽如人意，应由相应的道德规范对其进行规范和调整。

处理高校教师与同行之间的关系的道德规范的立足点首先在于对高校教师进行道德教育，使其克服"文人相轻"的恶习。要认识到作为高校教师，作为一个知识分子总是希望得到他人的尊重，而要想得到他人的尊重，首先必须尊重别人。要认识到自己的同行同样是具有学识的知识分子，他的知识和水平也应该得到你的尊重。相互尊重是处理人际关系的重要基础，而在拥有渊博知识的高校教师之间，相互尊重则显得越发重要，因为这不仅仅是使通常被认为难以协调的高校教师关系得到解决的一个重要条件，也是使高校校园中的教师和学生的关系得到良性互动的一个重要前提。为此，就要求高校教师能充分信任同行。要尊重同行的人格和自尊心，学会宽容，更要以己之心度人之心。各个教师由于出身背景、教育程度及生活环境等的不同，在对待各种现实问题上并不一致，都对社会和未来有自己的独立见解，往往高估自己，感到学校、家长、社会对他们不理解而且强烈地渴望得到热情的认同。作为一名教师要认识到同行的性格特点，以真挚之心关爱他们，既要针对同行的积极奋进、自我完善、独立自主的特点，给予充分的信任，尊重他们个性的发展，又要看到同行的片面性、不稳定性弱点，施以正确的引导。与此同时，高校教师的尊重与信任应该是面对全体同行的，教师必须客观地看待同行，特别对那些掌握知识有困难、心理有障碍、行为不合要求的同行要充满信心。信任理解的感召力是巨大的，可以使被理解者发生根本变化，你信任同行，同行同样会信任和尊重你。高校教师在工作中要充分承认同行的千差万别，尊重同行个人的天赋、爱好，按照同行的生理和心理特点去接触他们，对待每个同行尽量避免在公开场合使用严厉的口吻，以免伤害同行的自尊心。即使对待工作有困难的同行，教师也应尊重他们的人格，这样同行才能更好地体会到你对他们的关爱，心悦诚服地接受你的帮助，自觉、充分、全面地提高自身的整体素质，否则，同行心里就会蒙上阴影，进而使同事关系恶化。因此，教师只有充分尊重和理解同行，才能赢得同行的尊重和理解，并对所有的同行产生强烈的吸引力，才能和同行打成一片，心心相印，真正成为他们的益友，从而建立起民主、平等、融洽的新型同事关系。

高校教师在相互尊重的基础上，通常还需要工作上的相互学习和帮助。每一个高校教师都不是绝对孤立的个体，大家共处在一个校园之中，共处在同一个学

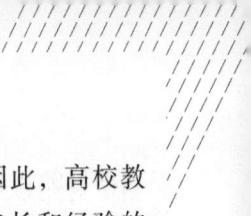

院、系或研究所之中，不可避免地需要相互打交道以及互相合作。因此，高校教师应当在工作中相互虚心地学习，取他人之长，克己之短。而拥有专长和经验的教师也不应该封闭保留，处处防着他人超过自己，应该发扬大公无私精神，对于同事的求教，要真心帮助，助其提高。正因为高校教师处于同一个圈子之中，因此在生活中也应该和睦相处，对在日常生活中遇到的难事、急事，也要相互帮助，共同克服。首先教师应能主动接近同行。瑞士著名教育家斐斯泰洛齐认为，教师应该以积极爱护的态度去了解和教育同行，教师要与同行在工作中共同提高，就必须在某种程度上使自己变为同行，成为同行的知心朋友，因而，每一个高校教师都必须融入同行之中，了解同行、熟悉同行，主动地创造与同行心灵沟通的条件，在和同行进行交谈对话的过程中，提供给同行最新和最想要的信息，教师只有真正掌握了同行在做些什么，想些什么，才能有的放矢地与同行进行交流，以达到沟通、帮助、共同提高的目的。同时，高校教师应民主公正地对待同行。前苏联教育家马斑斯指出，对待同行具有同情心，交往中能够平易近人的教师，才具有教师应具有的品质。所以教师对待同行不能专横跋扈，要有民主平等的工作作风，不仅要平等待人，鼓励同行大胆地提意见、谈看法、表现自己，同时也要公正地对待每一个同行，绝不能亲疏有别，只有实事求是地评价同行，才能尽最大努力使每个同行都产生"皮格马利翁效应"。

五、教师在教学活动中的道德规范

教师的基本活动是教学活动，教书育人是教师的基本职责和任务。这里面包含着这样两层密切联系、不可分割的深刻含义：一方面是指培养人才，高校教师应教给学生做人的道理，通过对学生在道德、情操方面的熏陶塑造学生的灵魂，使之具有崇高的目标和高尚的情操；另一方面是指传授知识，高校教师通过授课，将自己所掌握的专业知识，毫无保留地传授给学生。这不仅是现代教育所必须强调的，也是传统教育所一贯主张的。《礼记》中记载："师也者，教之以事而喻诸德也。"唐朝韩愈在《师说》中也说："师者，所以传道、授业、解惑也。"《高等学校教师职业道德规范》第三条指出"教书育人。坚持育人为本，立德树人。遵循教育规律，实施素质教育。注重学思结合，知行合一，因材施教，不断提高教育质量。严慈相济，教学相长，诲人不倦。"可见，教师教学不仅仅是传授知识，还包括了对学生品德的培养，只有将两者有机地结合在一起，才能更好地实现教育的目的。而在教学实践中，也有一些教师在对待工作任务上只重视传授知识，忽视了学生品德的培养，这是不符合高校教师道德规范中有关教师在教学活动中的相关规范的，不认真履行这一职责或不履行这一职责，就不是一个合格、称职的教师。

做好教书育人工作，需要多方面的努力，高校教师都应当以认真负责的态度来对待。在正确认识、理解和处理好教书育人的关系的基础上，为适应高校教师职业的需要，更好地完成自身的职业任务，高校教师还应努力学习，不断扩大视野，博采众家之长，从多方面充实和提高自己。卢梭在《爱弥儿》中写到："在敢于担当培养一个人的任务以前，自己必须要造就成一个人，自己必须是一个值得推崇的模范。"关于学习，本身是一个文化知识的掌握问题，但是对于高校教师来说就具有道德意义。因为教师的主要职责就是通过自己掌握的某一方面的科学文化知识的教学活动，来培养学生的品德和专业知识，从而使人类的精神财富世代相传，为一定的社会有计划、有目的地培养新的一代接班人。这样一来，高校教师的教育活动就对社会、对教育对象承担了一定的责任和义务。而高校教师对学生进行教育活动所使用的工具和手段就是自身的道德品质、情感意志、文化知识。这种与教师自身融为一体的教育工具的形成和改进，就必须依赖于高校教师自身的努力。在治学中勤思博学，精益求精，是中国教育的传统美德，历来有着许多古训提倡它，如"学而不思则罔，思而不学则殆"，"博学之、审问之、慎思之、明辨之、笃行之"，等等。当今世界已进入信息时代，知识更新的速度大大加快，这就给人们的学习提出了新的要求和更高的要求。据统计，一个人如不及时进行知识更新，5 年内他所掌握的知识就有 60% 会老化。作为一个高校教师，如果缺乏不断吸取新知识、探索新事物的进取精神，满足于已有的知识，故步自封，浅尝辄止，势必跟不上时代的发展要求，其所教出的学生也只能是落后于时代的人，这将是社会的悲剧、民族的悲剧，也是高校教师工作的严重失职。因此，是否博学、善学、勤思、多思，是高校教师职业道德高下的重要表现。

为做到博学多才，高校教师主要应从以下几个方面加强学习和提高。其一，关心社会，关心国家形势，加强自身道德修养，在待人接物、为人处世乃至民族兴亡方面为学生做出表率。其二，要认真学习自己所传授学科的专业知识，力求做到广博精深、融会贯通，并能通过自己的科学研究把这些知识进一步深化和发展。这不仅要深刻了解该学科的历史和现状，还要科学地预测其发展趋势及社会作用，只有广泛地接受信息，拓宽知识面，吸收新知识，才能跟上当前时代发展的要求，适应教师职业的需要。一般来说，高校教师往往是高校学生崇拜的对象，学生们都渴望着从老师那里获得充足的精神财富。作为传道授业的高校教师，要给学生一杯水，就必须自己有一桶水；要能引导学生在知识的海洋里遨游，自己就必须先对大海做一番探索和考察。另外，还应看到，现在新知识增长速度很快，新的信息大量涌现，对于个人有限的认识能力来说，不可能也没有必要把所有的新知识都把握住，因此高校教师在持乐观态度刻苦攻读、广泛涉猎新知识时，更为重要的是应提高自己选择和处理信息的能力，根据实践的需要，重点吸收某些知识内容，进而把它传授给学生，这是一个合格的高校教师应具备的基本功。其三，教师还应当广泛涉猎其他学科领域，培养多方面的兴趣和爱好，使自己具有较全面的文化科学素养和渊博的知识，从而为自己的教学和科研打下坚实的基础。因为，各门学科既是相对独立的体系，又是与其他学科相互联系的，特别是在现代科学发展的浪潮中，涌现了一大批边缘学科、横断学科和综合学科，这充分反映了人类文化知识系统的争议性、相关性和开放性的特点。只有对哲学、文学、经济学、历史学、军事学以及自然科学新成果都有所了解，并把握它们的结合点，才能把书教好教活。这就要求高校教师博古通今，广纳中外，用全人类的优秀科学文化知识武装自己。如果拘泥于过去那种封闭的思维方式，是无法真正胜任高校教学工作的。其四，高校教师还应认真学习教育理论，自觉运用教育学、心理学和本学科的教学方法，掌握教学规律，提高教书育人的科学性和艺术性，自觉地按教育规律办事，减少盲目性，真正做到教学工作上的游刃有余。

六、教师在科学研究中的道德规范

现代大学教师除了要完成教学任务之外，还要承担繁重的科学研究任务。并且，随着大学教育水平的提高，科研成了促进教学水平提高的最有效途径，也是衡量一个大学教师水平的重要尺度。因此，科研道德或学术道德成为了高校教师的重要道德要求，《高等学校教师职业道德》第四条指出："严谨治学。弘扬科学精神，勇于探索，追求真理，修正错误，精益求精。实事求是，发扬民主，团结合作，协同创新。秉持学术良知，恪守学术规范。尊重他人劳动和学术成果，维护学术自由和学术尊严。诚实守信，力戒浮躁。坚决抵制学术失范和学术不端行为。"

以前的高校作为教书育人的地方，被视为象牙塔，是远离社会尘嚣的一块净土。在这块净土里，高校教师专心致志地从事着教学和科研工作，而学生则"两耳不闻窗外事，一心只读圣贤书"。尤其是在我国的计划经济时代，实行的全部是公费教育，无论教师还是学生，在高校的校园根本不必考虑任何的经济问题，他们所从事的行为皆为纯学术的行为。然而，随着社会的发展和体制的转轨，教育也开始产业化，从而使学术与经济挂起钩来。在现今的大学校园里，也充满着浓郁的商业气氛。不论是教师还是学生，经济观念都非常强，许多人在行事时总不会忘记经济效益。而实际上，许多学生和教师也都已经开始了校园里的商业活动。例如，在过去年代里的课外辅导现在也变成了天经地义的收费行为，在课余时间，许多高校教师从事了第二份工作，以赚取更多的收入。还有许多教师更是充分利用课外富余的时间办公司、做实业等。以上这些行为都是在本应从事学术活动的大学校园里发生的，但是在市场经济时代，却又是被允许的。只要高校教师能正确处理好学术和利益之间的关系，其所获得的利益是一种合法利益，则也不违背高校教师的学术原则。但是，在市场经济大潮中，鱼龙混杂，高校校园里充满合法的商业行为的同时，也存在着许多与学术原则相违背的经济行为。如在高校的招生、分配、教学、考试尤其是科研管理工作中，许多人为了获得经济利益，滥用和异化手中的权力，在学术的幌子下谋取非法利益，这些行为通常也被人们称为"学术腐败"。

在我国学术界，学术腐败现象表现形式多种多样，主要有以下几种：（1）学术研究的功利化。学术研究功利化是指一些人的学术活动主要和直接的目的是为了捞取功名和其他利益，商业化的运作手段是学术功利化的主要表现形式。在功利心的驱使下，一些人采用商业化的手段运作学术成果，突出地表现为两点：第一是假冒伪劣，不择手段；第二是跨学科的学术复制。（2）学术评价的非理性化。这里所指的学术评价活动主要指学术交流活动中的学术评价与学术争鸣等方面。学术评价方面，由于公正、认真的学术评价被人为地引入到复杂的人际关系领域，偏离了正常的学术评价的轨道，近年来总体上表现为一些人热衷于唱高调，其中更不乏对朋友或师长的捧场与喝彩。在学术批评和争鸣方面，近年来学术界和文坛上也出现了一些随意批评的倾向。他们或借学术批评压制别人，或挟私报复，往往专挑别人论著的一两处不足而骂倒一片，且往往措辞失之公允，而被批评者往往也是反唇相讥，强词夺理，互不相让，这实在有悖于学术批评的初衷，也常常使学界陷入混乱之中。（3）"文人相轻"。我国自古就有"文人相轻"的陋习，至今这种不良习气和观念仍有极大的市场。同行、同单位的学者往往因学术观念、学术观点与研究方式、方法，甚或荣誉、待遇问题发生分歧互不服气而导致交恶。也有一些学者自高自大，对别人的学术观点视若无睹，根本漠视甚至否定别人的学术成就。学术研究中与"文人相轻"相类似的不良学风，是各种形式的学术不公平现象。突出表现在"学阀"、"学霸"统治，学术管理上的一味倾斜政策，挟"洋"以重和挟"名"以重，及学术出版与学术著作的人为分级制度。（4）泡沫学术。在学术功利思想等因素影响下，学术界抄袭剽窃等现象严重，而毫无学术意义的低水平重复，又造成学术泡沫，有人称之为"学术垃圾"。泡沫学术是一种异化的学术。当前泡沫学术的表现在于出版社和刊物越办越多，书刊越出越厚，文章越发越多、越发越长，然而学术精品越来越少，学术质量滑坡，学术影响力下降。

学术腐败现象的产生与蔓延，既是社会不良风气影响的结果，是社会腐败现象和世风日下在学术界的一种现实写照，更是学术体制弊端和学者自律能力下降的直接反映，而学术体制弊端和学者自律能力下降也是学术腐败问题产生的最主要因素。（1）学术体制的弊端。学术腐败产生的直接外因就是我国学术管理制度不完善和学术界实用主义心态过分膨胀。其一，行政与学术不分，职称异化。权力与学术结合，造成有的学者既是裁判员，又是运动员的现象，使评判体系扭曲。其二，学术评价机制不完善。一些高校科研管理部门由于缺少对科学研究规律的认识，以致科学研究的调控机制和管理手段不全面，造成了导向方面的失误，普遍存在重"量"轻"质"和重"奖"轻"用"的误导，加剧了学界功利心态的蔓延，使剽窃和粗制滥造之风愈演愈烈。（2）健康学风的缺乏。多年来学界虽然开展了多种学术规范活动和打假活动，还有不少有识之士为打假而奔走呼号，但总体上看，学界仍缺乏健康和良好的学风。其一，学界缺乏实事求是的批评和自我批评精神及平等对话的风气，缺乏在社会实践面前服从真理、修正错误的科学态度，学术研究的正面形象还没有真正确立，不能给年轻学人树立学习的榜样。其二，不以腐败为耻的社会风气仍然在学术界具有广泛的认同感，对于学术腐败现象，学界和社会总体上抱着宽容的态度，打击批评不力。学术打假没有像社会上声讨、打击假冒伪劣那样受到真正的重视，许多人在学术打假声中还自觉或不自觉地纵容甚或参与到学术腐败的行为中去。其三，学术媒体在学术批评和学术打假中表现不够坚决。（3）监督机制的缺失。学术管理体制上对学术腐败现象缺乏必要的监督体系和惩处措施。目前我国还没有制定系统的惩治学术违规的法律制度和完善的预防办法，各部门、各单位也往往是就事论事，对学术腐败问题揭露不及时，防范制止不力，即使发现了腐败现象，对相关者的惩处也多以批评、教育或者扣发奖金为主，有的单位甚至是不了了之。

学术腐败虽然不像假冒伪劣商品那样会带来人身的直接伤害，但其恶劣影响更大，对社会毒害更深，我们必须对此有清醒的认识，以便能更好地惩治和预防。首先，学术腐败现象的蔓延不利于学风建设，将弱化我国学术水平的提高和与国际学术界的接轨。学术腐败现象的蔓延造成学术泡沫及学术竞争的恶性膨胀，导致学术研究上及编辑出版上的人力、物力的低效率和高浪费。其次，它破坏了学术研究的规则，腐蚀了学术队伍，损害了学术研究的声誉，造成学术界和学术出版界的混乱，也使真正的有价值的学术贬值，正直学者的尊严和权益受到挑战，既不利于我国良好学术风气的形成，又阻碍学术人才的成长和学术大师的产生。再次，学术腐败危及我国自主创新能力和科研成果转化为生产力，长此以往必将成为阻碍我国科技创新、建设创新型国家的最大绊脚石。当然，在更深层次上，学术腐败还会遏制我们民族思维能力和思想水平的提高。中国学术文化必须走向国际学术舞台，加强与国际学术的交流，而学术腐败现象不利于我国良好的国际学术形象的塑造，同时也影响和阻碍我国学术界与国际学术界的接轨进程。

通过以上分析，可以看出产生学术腐败的原因是多种多样的，遏制学术腐败的发生与蔓延也是一项长期和艰巨的任务，需要全社会特别是学术界的不懈努力。一方面，我们要通过种种办法和途径揭露、惩处和预防学术腐败现象的发生；另一方面也要重建学术规范、鼓励学术创新、塑造良好的中国学术形象。具体而言，应从以下四个方面着手。

1. 要改革现行学术管理机制，制定科学的学术评价制度。我国现行的学术管理机制沿袭了计划经济时代所形成的行政式管理办法，突出的表现就是僵化的量化评估，这种"一刀切"的管理办法使更多的学人着力于那种个人总结、报奖的课题和文章上，搞短、平、快，而不是开展创造性的研究，最终从总体上弱化了我国科研水平的提高，同时也刺激了学术腐败行为的发生。因此，我们必须改革行政式的量化管理模式，建立科学的学术价值评价体系。中国科学的进步，评价制度是一个非常要紧的问题。

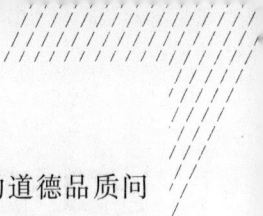

2. 加强道德建设，培养学术精神。学术腐败问题首先是个人的道德品质问题。提高广大科技人员的学术道德水平是非常重要的必修课。其一，要借时下正在广泛开展的道德建设之机，尽快出台全社会通用的学术道德规范。2014 年 11 月 29 日我国颁布的《教育部关于建立健全高校师德建设长效机制的意见》（以下简称《意见》）指出："……在科研工作中弄虚作假、抄袭剽窃、篡改侵吞他人学术成果、违规使用科研经费以及滥用学术资源和学术影响；……（将）依法依规分别给予警告、记过、降低专业技术职务等级、撤销专业技术职务或者行政职务、解除聘用合同或者开除。对严重违法违纪的要及时移交相关部门。"《意见》中虽涉及了对学术失范行为的处理，但仍需进一步细化，且完善相应的处理办法。其二，高等学校、行业协会、专业学会要大力开展学术道德教育活动，引入积极的学术批评，努力营造健康的学术环境，让学术界、教育界成为国人的一块精神园地。

3. 健全相关法规，加大惩处力度。尽快建立专门的惩治学术腐败的法律，或者尽快在《著作权法》《专利法》等相关法律中完善惩治学术腐败的内容，增强其严慎性和可操作性，确保惩治学术腐败有法可依。同时，着手完善和统一相关学术规范，主要包括论文著作写作规范、论文著作评审规范、课题立项规范、成果鉴定与评奖规范等，对论文著作引文标注、稿件评审和处理、课题立项的组织实施、成果鉴定的组织实施等方面做出具体规定。特别要对违反规范的行为及其处罚方式等进行具体界定，做到令行禁止。对违法违规行为一定要严肃处理，绝不手软。

4. 成立专门机构，拓展监察渠道。在学术监察方面，国外有专门的学术打假机构，它们的任务就是专门制定、宣传、执行有关学术规范，监督检查各种学术腐败防治情况，受理并调查学术违规举报，处理学术违规人员。我们也可以建立类似的专门机构，还可将这一机构与教育部门的监察机构合并，扩大其职责和职权范围，使其能很好地履行学术监察之责。此外，我们还必须积极拓展其他监察渠道。其一，建立公示制度。在学术评审中，采取多种形式和途径对评审过程进行全方位、全过程公示，增加评审透明度。其二，建立申诉和听证制度。由评委接受申报者的质证，让落选者享有知情权；同时，也有利于评委评审的公正，减少甚至避免学术评审中的腐败现象。其三，加强学术活动的舆论监督。在有关报刊、电台、电视台、网站上定期公布高校学术领域违法违规行为。

案例分析

试分析高校教师在科学研究中应如何维护学术尊严，杜绝学术造假？

科研至殇：盘点近几年学术造假事件

● 2015年3月26至31日，Biomed Central撤销了中国医学研究人员提交的41篇论文。由于同行评议过程被不当操纵，这些论文的发表受到了影响，这种不当操纵是指作者建议的审稿者是虚假的，有的使用看似真实的姓名（但电子邮件地址是伪造的），有的则使用完全虚构的姓名。（吴宁，健康界，2015 - 3 - 30）

● 2013年11月14日，中科院院士王正敏遭学生王宇澄举报学术抄袭、科研剽窃等。王宇澄称，王正敏至少57篇论文涉嫌抄袭，还"克隆"国外"人工耳蜗"样机冒充自主研发。央视记者调查发现，王正敏团队以各种名义申报项目，仅2012年就获经费4000多万。（张瑛，新浪财经，2014 - 1 - 13）

● 2013年10月21日，中科院院士候选人、南京大学物理学教授王牧在个人博客上发表博文，正式声明自己申请退出院士增选，并在博文中发布此前给中科院数理学部的实名举报信，称其课题组发现以闻海虎教授为通讯作者的一篇论文涉嫌造假。（叶铁桥，卢文杰，《中国青年报》，2013 - 10 - 22）

● 2012年7月，厦门大学医学院"闽江学者"特聘教授傅瑾的"哥伦比亚大学博士学位"涉嫌造假。经过调查已确认傅瑾应聘厦门大学时，给厦门大学提供的哥伦比亚大学博士文凭是一份假文凭。厦门大学已解除与傅瑾的聘任合同，并对傅瑾做辞退处理。同时，要求傅瑾本人通过公开渠道，向厦大师生员工、校友和关心厦大的社会各界人士做出"深刻道歉"。傅瑾已承认了博士文凭造假行为。（新浪新闻，2012 - 7 - 27）

● 2012年7月27日，"打假斗士"方舟子通过微博爆料北京化工大学生命科学技术学院教授陆骏简历造假，数篇重点论文均假借国外同名学者。28日，北京化工大学发布公告，经调查核实，该校生命科学与技术学院教授陆骏盗用他人学术文章并伪造履历，属严重学术不端行为，决定予以开除。（人民网，2012 - 7 - 28）

● 2011年9月2日，我国"千人计划"入选者王志国因两篇论文造假，专家委员会认定王志国违背研究所的科研伦理标准及其自身作为研究者的职责，被加拿大蒙特利尔大学心脏病研究所关闭实验室。（叶铁桥，人民网，2011 - 9 - 7）

● 2011年2月1日，科技部发布通告，由于2005年国家科学技术进步奖二等奖获奖项目"涡旋压缩机设计制造关键技术研究及系列产品开发"的推荐材料中存在代表著作严重抄袭和经济效益数据不实的问题,正式撤销西安交通大学原教授李连生等获国家科学技术进步奖二等奖的决定,收回奖励证书,追回奖金。(新华网,2013 - 8 - 1)

●2009年4月29日上海大学的教授陈湛匀因为两项学术成果被认定为抄袭,近日被全国通报,随后被免去了博士生导师等职务。(李雪林,新浪新闻,2009 - 4 - 22)

第三节　高校教师职业道德的主要范畴

教师职业道德范畴有广义和狭义之分,广义的教师职业道德范畴包括了教师职业道德原则、规范中的基本概念,也包括和反映了教师个体道德品质的基本概念,还包括了道德评价、道德修养和道德教育等方面的基本概念等。狭义的教师职业道德范畴则专指可以纳入教师职业道德规范体系并需要专门研究的基本概念。这一道德范畴既反映了教师职业活动中最主要、最本质、最普遍道德关系的基本概念,又体现了社会对教师职业的根本要求。高校教师职业道德的范畴体现了社会对高校教师职业道德的根本要求,主要包括教育职责、教育公正、教育良心、教育威信和教育和谐。这五个范畴是高校教师在教育活动中道德行为动机的内在依据,体现了教师在社会对教师道德问题上的自觉认识和情感、态度。教师在教育教学实践过程中应将其转化为自己内在的道德信念,从而更好地指导教师的教育教学工作。

一、教育职责

职责,是指人们对社会、对他人所负的一种责任。在现实的社会生活中,人们总要直接或间接地与他人,乃至整个社会发生这样或那样的联系。在人们的相互交往中和所从事特定职业活动中就包含了他人和社会对个人提出的一定要求以及个人必须承担的社会和集体赋予自己的一定任务和使命,这就是职责。高校教师的教育职责具有两方面的含义:一是指社会对高校教师在履行职业时提出的道德要求总和；二是指高校教师在教育劳动中，自觉意识到社会对高校教师提出的各种道德要求的合理性，把遵循师德原则、规范和要求，看做是个人的内在道德要求，是教育使命的自觉领悟。高校教师职责不是根源于某种先天的"善良意志"或"绝对命令"，也不是哪个人随心所欲任意规定的，而是根源于教育活动中的特定利益和道德关系。马克思曾经指出："作为确定的人，现实的人，你就是规定，就是使命，就是任务。"处在一定社会物质生活条件下和社会关系中的高校教师，在长期的教育实践中，会把社会用特定概念形式确定下来的高校教师任务和使命加以理解、体验和把握，形成教育职责范畴。高校教师在具体的教育活动和关系处理上，虽然有自由选择权，但是，怎样教育学生，把学生培育成什么样的人，并不是个人的事情，而是由社会教育利益和社会分工的要求决定的。因此，教师履行教育职责就是用个人的知识和能力为学生和社会整体利益服务，为学生、社会及教育事业尽自己的义务，完成自己应当完成的崇高使命。

高校教师的教育职责在教育实践中对调节高校教师的道德行为具有重要的作用。首先，教育职责是保证教育活动顺利进行总的原则。职业道德的基本要求是尽职尽责，忠于职守，教育职责从整体上对高校教师的职业行为提出了要求，能指导高校教师处理各种关系，协调教育工作中各种冲突行为，保证教育工作的顺利进行。其次，高校教育职责有利于进行道德上的"综合判断"，选择正确的教育行为。在特定的教育情境中常常出现不同师德要求的冲突，如保护学生个人隐私是高校教师的责任，但如果情况严重，不能协同学校领导解决，会危及学生和他人利益，这就需要从教育职责的高度来进行道德上的"综合判断"。另外，高校教师职责有利于师德内化。教师职责是外在的社会道德要求内化为教师个人道德自觉的中间环节。教师通过对教育职责的不断认识，反复实践，会逐渐转化为教师本身的"内心需要"，形成高尚的职业品格。当然，对高校教师职责的认识和掌握，并树立教育责任心，需要一个认识和实践不断转换的过程。首先，必须提高对高校教育职业崇高性和神圣性的认识，培养对学生、对教育事业的职业自豪感。其次，要正确处理好高校教育职责与其他人生责任的关系。人生责任很多，但是无非是对个人的责任和社会的责任两大类，而今对社会的责任应当是高于对个人的责任的，高校教育责任属于社会责任，当它同对朋友、同事、亲属的责任发生矛盾时，应服从前者而舍弃后者，因为高校教师教育职责体现了教书育人这一教育目的，具有更高的道德价值。另外，还必须正确处理高校教师职责同个人兴趣、爱好、愿望的关系。业余爱好和兴趣可以调节人的生活，但有时也会同其本职工作发生矛盾，作为一个高校教师必须首先搞好教学科研，绝不能不务正业，在搞好本职工作的前提下满足业余爱好，让业余爱好和兴趣在履行高校教育职责中得到升华。

二、教育公正

公正与正义、公平、公道是人们经常通用的概念，是人类社会最早提出的道德观念，也是人类社会生活中应普遍遵循的最基本的道德要求。在西方，古希腊的柏拉图首先提到公正和正义，希望能寻求正义的理想国。在柏拉图之后，西方许多的思想家都广泛地研究过公正与正义问题，并且没有任何其他问题能引起如此激烈的争执，但是至今人们还不能完全回答这个问题，而只能尝试更好地解释这一问题。这是因为公正问题是一个最为崇高但又最为混乱的概念。从古到今，不同时代、不同国家、不同文化传统的思想家，从道德角度进行不同的诠释，曾经赋予它自由、平等、幸福、安全、和平、秩序、利益等各种不同的价值，从而使公正有着一张变幻莫测的脸。应该说，自由、平等、幸福、安全、和平、秩序及利益等价值都有符合人的本性的公正和正义的方面，但最能够体现公正性质的是平等价值。平等价值最先出现在亚里士多德的哲学思想中，亚里士多德认为公正寓于"某种平等"之中，平等是公正的尺度。他把公正分为分配和纠正两种，其中的分配性质的公正即机会平等，在高校教育范畴中有非常明显的体现。特别是在西方国家，这种平等的理念对西方文化传统中的深层价值观念有着极为深远的影响，西方文化传统中平均主义观念远不如中国深厚与其不无关系。因此，公正被纳入伦理学范畴，它的含义一般是指分配社会权利和义务时必须遵循的具体的平等价值尺度，是调节人和人之间、特别是社会整体与社会成员之间相互平等关系的道德准则，与它相对立的是偏私。高校教育公正，就是在教育活动中，高校教师要公平合理地对待和评价全体合作者，其中公平合理地对待和评价每一个学生，是高校教育公正最基本的要求。

教育公正是一个历史范畴，其内容和要求，受到一定的社会历史条件和社会教育制度、教育职业目的的制约。在专制条件下，虽然有不少高校教师具有不论学生出身贫富，一律公正平等对待的善良愿望，提出了"有教无类"的思想，但是由于教育本身的历史局限性，社会教育制度对广大社会公众并不公平，教育公正并不能实现。只有在民主条件下，建立了新型的教育工作关系，消除了各种受教育者的差别，加之社会教育事业的发展和普及等才使高校教师能够有机会和条件公正平等地对待和评价学生。如实行九年义务教育制度，就是社会教育公正的一个根本体现。当然由于我国目前的经济和文化教育条件还比较落后，还不可能普及高等教育，只能逐步创造条件来实现这一目标。教育公正的掌握和实施除了受社会历史条件制约外，还依赖于高校教师对教育规律和学生的认识水平以及高校教师的道德觉悟程度的高低。由于教育工作的特殊性，教育公正以追求最大限度地发展每一个学生的知识、才能和品质这个根本目的为根本标志。因此高校教师应潜心研究教育规律，深入了解每个学生，选择合理的、公正的教育态度和教育手段。同时，一个高校教师只有具备了高尚的思想境界和思想觉悟，才会对学生一视同仁，不偏爱不错爱，才会不徇私情秉公办事。

教育公正是一种外在的客观态度，更是一种内在信念，在高校教师的职业行为中，具有十分重要的意义。首先，教育公正有利于对学生进行灵魂塑造。教育的本质就是要以博爱的精神去影响学生，让学生感受到人间的情义，养成设身处地为他人着想的品质。正如别林斯基所说："爱应当是教育的工具，又是鉴别教育的尺度，而教育的目的是人道。"其次，教育公正有利于学生尊敬教师和信赖教师。学生都期望教师能公正处理事情，主持公道。高校教师能否遵守教育公正的要求，会影响自己在学生中的威望。上海师范大学曾经对4500名高校学生进行调查，结果表明，有84%的学生把公正看做是高校教师工作重要的职业品质，92%的高校学生把偏私、不公正看做是最不能原谅的高校教师品质缺陷。可见教育公正才能赢得学生的信赖和尊重。另外，教育公正有利于调动学生的学习积极性。在学生的心目中，教师是最值得尊重的人，是善良公正的化身，学生在与教师的交往中体验到公正的待遇，会激励学生不断上进，努力学习。相反，高校教师如果对成绩好、肯听话、有亲缘关系的学生偏爱，就会挫伤另一部分学生的积极性，使之灰心丧气，心理失衡，对学习逐渐失去信心。高校教师只有坚守教育公正的道德立场，才能为学生提供平等的上进机会，提高他们学习的积极性。

三、教育良心

教育良心是指在教育实践中，教师对社会提出的一系列道德要求的自觉意识和情感体认，是在履行教育职责时体现的高度责任感及对自我教育行为的道德调控和道德评价能力，是各种教师道德意识的有机统一。教育良心首先表现为一种为教育事业献身的高度职业责任感，这就是说，它是教师在社会生活过程中，由于认识到自身职业的伟大和崇高以及自己应有的使命和职责，而产生的一种为学生和高校教师集体应尽道德义务的强烈而持久的愿望；教育良心其次表现为一种教师在教学过程中的道德上的自我评价能力，即以高度民主负责的态度，对自己行为的善恶价值进行自我判断和评价的能力。

教育良心在高校教育活动中具有特殊的能动作用。第一，高校教师在选择教育行为之前，教育良心起着导向作用。教师在选择某一具体的教育行为之前，总是要从某种动机出发。这时候教育良心会依据师德的基本要求，对行为动机进行自我表现检查，对符合教育良心的道德要求的予以肯定，对不符合道德要求的动机给予抑制和否定，从而确立正确的动机。高校教师在选择道德行为和避免不道德行为中，教育良心的能动的导向作用异常突出。第二，在教育行为中，教育良心起监督作用。当高校教师的行为在实践中符合教师道德要求时，教育良心予以激励和强化；当高校教师的行为违背教师道德要求时，教育良心会发出无声的命令，纠正其行为的方式或方向，以避免产生不良后果。这就是人们常说的"良心的发现"。第三，在高校教师教育行为之后，教育良心对行为的后果和影响起着自我评价作用。教育良心是高校教师自己的"道德检察院"。当高校教师看到自己的教育行为符合教师道德要求时，在心理上会得到一种自我满足和安慰，此所谓"良心上的安宁"；而当看到自己的教育行为违背了高校教师职业道德要求时，就会进行自我谴责，感到内疚、惭愧和悔恨，以致陷入极度的痛苦之中。教育良心，是高校教师职业道德完善的最强大的内部动力。

教育良心不是"自然情感"、"自由意志"的产物，而是由一定的社会关系和社会条件决定的，是高校教师通过自觉的道德修养练就的。要培养高校教师的教育良心，首先必须提高对一定道德关系的自觉认识。教育良心，其形式是主观的，但是它的内容是客观的，它隐含了高校教师行为的善恶标准和高校教师的一系列道德关系的治理原则和程序。只有当高校教师自觉认识到了道德关系的合理性时，才可能产生道德责任感，否则，它只是道德活动的一个被动的课题，没有道德上的自由。其次，教育良心是高校教师进行道德自我教育、自我体验、自我磨炼的结果。教育良心同高校教师教育职责的明显区别在于它的自律性。高校教师在教育实践中必须有意识地自觉地进行道德上的修炼，把一系列外在的高校教师道德指令内化为主体的道德律令，真正成为高校教师的心理财富。只有这样，高校教师才会自然而然地养成凭良心办事的良好的道德习惯。

四、教育威信

学校作为一个有组织、有计划和有目的的培养人的场所，必须有一定的权威存在，这样才能保证学校教育教学活动的顺利进行。教师权威作为学校教育权威的集中代表，在教学活动中通过教师对学生的影响、支配和学生对教师的依赖、服从表现出来。理性主义自由教育观预设了一个前提，它承认了知识传授过程中强制性行为的合理性，为了保证教育教学过程的顺畅进行，学生得到发展，教师权威成了不可或缺的因素。由于其特定的角色定位，教师的身份与生俱来的是"制度化的合法权力和威信"的拥有者。教育威信，即教育实践中的教师的威信，也就是指教师在学生集体、教师集体中的道德尊严、道德地位和道德影响力。高校教师的威信不是基于高校教师对学生的体力和经济上的优势，也不是建立在学生对高校教师的恐惧心理上的，而是建立在高校教师渊博的学识、深刻的思想以及科学的教学方法上的，是高校教师智慧和精神的结晶。

教育威信在教育活动中具有重要的作用。首先，教育威信是高校教师产生职业自豪感、自我进取的积极精神因素。教育威信是高校教师在学生和教师集体中自我道德地位的显示，同事的尊重和褒扬、学生的爱戴和信任，是教师进行教育实践的极其宝贵的精神力量，高校教师可以从中领悟到自身的存在价值，并转化为不断追求、不断上进的"内驱力"。相反，一个高校教师如果由于各种原因而没有威信或威信低下，就可能导致缺乏自信心而影响教学和研究工作。其次，教育威信的高低直接影响教育实践的好坏。如果一个教师在学生中享有很高的威望，那么，他的教育工作会收到事半功倍的效果。反之，一个高校教师如果在学识上不扎实，常常露出破绽，在道德上不检点，那么其教育工作肯定达不到预期的效果。教和学是一个过程的两个方面，如果学生看不起教师，就不会跟老师积极配合。既然教师的威信可影响教育手段和教育方法的效力，那么，每一个教师就不仅应该讲究教学艺术，而且应该不断地提高自己在学生中的教育威信。

教育威信的形成和提高需要一定的客观基础和主观努力。从客观条件来看，提高高校教师在全社会的政治经济地位，提高全民族独立的道德文化素质，养成尊师重教的良好的社会风气是形成和提高教育威信的重要保证。一个社会如果重视人才的培养和使用，就会重视教育；重视教育自然就会使教师的社会地位得到提高，使教师得到全社会的尊重。同时，高校教师的威信还与全民族的道德文化素质有直接关系。如果一个民族还处于落后、愚昧和无知中，就不会尊师重教。

当然，教育威信的树立主要还靠高校教师的主观努力。首先，高校教师必须具有渊博的知识、精湛的教学艺术和良好的教学及科研态度。学生在评价高校教师的时候，不会论长相和穿着打扮，而是论才学和人品。事实证明，在高校中最受尊敬的教师是那些知识渊博、科研能力强、有创新精神的教师，而不是那些不求上进、教学能力差又不愿意改进的教师。因此，高校教师的本领是影响其教育威信的主要原因。正如马卡连柯所说："高度熟练、真才实学、有本领、有技术、手艺高超、沉默寡言、实事求是、不辞辛苦——这才是最能吸引孩子们的东西。""假如你的工作、学问和成绩都非常优秀，那你尽管放心：他们会站在你这一边，决不会背弃你。"① 其次，高校教师要珍惜自己的荣誉和尊严，要人尊敬你，你必须先自重，尊师首先在于师之自重。如果高校教师妄自菲薄，自己瞧不起自己，经常在学生面前流露出失望的情绪，没有事业心，则肯定得不到学生的尊重和敬佩，高校教师珍惜自己的荣誉和尊严是教育威信的重要的内在道德心理机制。再者，高校教师必须致力奉献，不要只为自己打算，要正确处理个人的威信与集体威信的关系。高校教师在教育中付出的心血越多，他的个人威信就会越高。如果他只顾考虑个人的得失，甚至为了个人的威信，去贬低、恶意中伤他人，损害他人的荣誉，则不仅是不道德的，而且无助于教育威信的建立。高校教师的个人威信是建立在教育的神圣性和教育事业的群体性基础之上的，高校教师只有多为教育事业做贡献，多关心教师集体和他人，才可能获得真正的、稳固的教育威信。

根据韦伯的理解，权威不仅仅来自于制度、规范等外在的赋予，还有传统的权威、感召的权威，这类权威来自于神圣化的人格吸引力。有鉴于此，可将教师权威分为三种类型，一是制度化权威，二是学识化权威，三是人格化权威。诚然，鉴于教育教学过程的特殊性质，是否需要权威应该不是一个问题，即使是进步教育人士也会用"指导者"、"咨询者"等称谓来含蓄地肯定教师的权威地位。教师权威的缺失，只会使学生处于一种随心所欲的自由状态，但这种自由只是原始的自由，既缺少伦理学意义又妨碍教学活动的效率。历史经验表明，教师权威消减的后果是教学效率的降低。教师权威的目的在某种意义上是为了促进学生自由、自制和更好地发展。现实教学过程中，教师权威有形式与实质之分。形式权威更多地来自于外在的制度权力因素的赋予，而实质权威则内发于教师学识的渊博与人格的魅力。权威得以发生实质效果的前提就是将权威理智化，确立师生双方在

---

① 马卡连柯. 教育诗（第1部）[M]. 北京：人民文学出版社，1978：289.

教学过程中的平等的主体间关系。学生对教师权威的认可或是教师从学生那里赢得权威又是建立在师生密切交往的基础上的。师生关系是教育教学过程的关键所在，也是教育全部意蕴的核心。事实上任何单一的权威类型都存在着实践上的缺憾，都会影响到师生交往和学生自由。真正能够发挥教师权威又促进学生自由的师生关系应该是民主的。教师权威与学生自由的矛盾存在，向师生双方提出了合理调适的适应性要求。

首先，在尊严下重塑教师形象。教学过程中师生发生的是以教学内容为媒介的"教"与"学"的关系，"教"与"学"是师生关系的规定关系。传统教育教学过程中教师的角色定位于社会的代言人、道德的权威，教师的形象就是封建制度的卫道士。在中国古代那样一个泛道德性的社会，"天、地、君、亲、师"的地位认同让教师"位高权重"，维护了教师的权威也就是维护了统治阶级的权威。教师不仅传递着知识，更为主要的是他被整个社会所认可，所传递的价值意识是受社会推崇的，反映了社会的主流价值取向。正是由于这种特殊的身份地位，所有教师都被清一色地按照权威形象的模子来打造和加固。在"君子不重则不威"的影响下教师们板着面孔，学生们在严守师道的同时接受着来自"礼"的约束。但这一切似乎都是以牺牲学生自由为代价的。随着社会的进步，传统教师的道德教育功能逐渐弱化，教师的角色发生了转变，传统意义上的"师道尊严"受到了一致批判。如今教育教学的意义不仅在于传授知识，最为主要的在于促进学生的全面发展。教师的权威不再只附着于某种外在的力量，而更为理想的期望是制度、人格和知识方面权威的整合。教学过程中首要的前提是承认师生双方是教学上的主体以及双方在人格上的平等。教师权威也不再是一种权势型的权威，而是将知识、人格的内在因素作为建构权威的主导，师道尊严的演化正逐步树立教师新的形象，教师越来越多地作为一位顾问、一位交换意见的参与者、一位帮助发现矛盾论点而不是拿出现成真理的人参与教育过程。这样的教育是民主和谐的，这样的教师权威是受到学生尊崇的，这种理念下的学生拥有更多自由的空间和发展的机会。

其次，在宽容中师生教学相长。教师权威存在的合理性已无须多言，学生的自由在教育实践中更应受到关照。盲目地指责教师权威并不足以保证学生自由的获得，不合理的师生关系也非在指责声中所能够轻易改善的，脱离实际教学过程高唱尊重、爱的抽象术语已显空乏。此时，宽容的品质更值得提倡和拥有。学生在课堂上的"刁难"、"发问"应被视作创新的表现，教师应允许这种"异端"的存在，宽容地接纳其真正挑战知识权威的言行。关于教师的权威有个奇怪的现象，

即权威本身就包含了自我毁灭的种子。随着学生自由获取知识的途径更加多样化，教师作为知识上位者已渐失往日的强势地位。教学过程中师生之间的种种"冲突"不可避免。教师的任务是向学生传授知识，发展学生的能力。这种以任务为取向的教学过程本身就意味着具有很强的权威结构。问题是能力的因素既可以在学生所要求的"自由"中得以发展，也可以在教师限制学生"自由"地传递知识过程中得以发展。教师知识上的权威地位无须永久地保持，其目的是为了让学生更好地获取更多的知识；学生在教学中"冒犯"教师并非使教师丧失权威的地位，而是为了适当挑战教师，或证实自己拥有某方面的知识，或为了从教师知识储备中获得更多的意外知识。满足学生作为主体的人的需要应为首推价值，应创设民主、和谐、宽容的教学环境，使师生双方在宽容中互相学习、进取。教师的"海纳百川"将是教学活动生动、有趣、有效开展的保证。教师权威的目的旨在在尊重学生自主性的基础上促使学生自由，而最终的目的是为了让学生得以自制、发展。教师权威的概念应随着时代的发展而不断变化，但它始终是重要的，因为学生的自由、学生的全面发展得益于它。

五、教育和谐

近年来关于素质教育的讨论已涉及教育的各个方面，从改革作文教学开始到针对"片追"问题的讨论；从培养专家型、研究型的教师到党中央国务院召开改革开放以来第三次教育工作会议颁布的《中共中央国务院关于深化教育改革，全面推进素质教育的决定》，把素质教育正式纳入教育目的范畴，国家对学生道德品质的关注，使我们对学校教育究竟培养什么样的人的问题必须有新的思考，以便使教育更好地发挥其政治、经济、文化和育人功能。在当前的国内、国际形势下，应提倡教育和谐，造就具有创新能力和各个方面都和谐发展的人才。

教育和谐的实践及理论早在古希腊时期雅典城邦的学校教育中就已出现，它们通过文法、音乐、体操、舞蹈等内容，培养学生在德、智、体、美诸方面的全面发展。亚里士多德从中受到启发，最早提出了教育和谐的理念，强调教育要与人的自然发展相适应，与人的心理活动相适应，尤其是主张通过音乐教育来促进人的身心和谐发展，以造就中庸、适度、公正、节制等方面的素质。在文艺复兴时期，人文主义思想家维多里诺等人强调人的多方面的教育，使和谐发展具有承前启后作用。17世纪，捷克教育家夸美纽斯强调人的身心和谐发展的必要性，认为教育目的就是要培养身体、智慧、德行与信仰几方面和谐发展的人，并从这一要求出发，强调教育必须适应自然的原则，适应人的自然本性及年龄特征。其后，法国启蒙思想家、教育家卢梭强调对儿童进行教育必须遵循自然要求，顺应人的自然本性。他认为，大自然要求儿童在成人以前就要像儿童的样子，要求到大自然的纯朴环境中对儿童进行教育，以远离那坑害人类的深渊——充满罪恶的城市。遵循自然的教育必然是自由教育，它使儿童身心得到自由发展，坚决反对压制儿童天性、束缚儿童自由。教育就是要培养不依赖他人为生、不衣食租税、不攫取别人劳动果实的自由人，要顺应儿童自然发展的特点来进行教育，反对成人按自己的意志强迫儿童接受教育。他指出："出自造物主之手的东西都是好的，但一到了人的手里，就全变坏了。"其后的裴斯泰洛齐也同样主张对儿童进行和谐教育。他说："为人在世，可贵者在于发展，在于发展各人的天赋的内在力量，使其经过锻炼，使人各尽其才，能在社会上达到他应有的地位"，并提出了体育、劳动教育、德育、智育的教育和谐思想。他认为要使人成为一个道德完善的人，就要使人的才能得到充分和谐的发展。对儿童来说，就是要发展儿童的道德、智慧、身体等各方面的能力。

马克思关于人的全面发展思想则主要有三个方面。第一，人的全面发展指人的体力和智力、能力和志趣、道德精神与审美情趣的多方面的发展。第二，人的发展指人的自由发展，不屈从于任何强加给他的活动与条件，人的发展能为个人所驾驭。第三，把人的发展与实现社会主义—共产主义社会的崇高理想结合在一起，实现人的全面发展的唯一方法是教育同生产劳动相结合。不难看出，在马克思关于人的全面发展的主要论述中，蕴含了个体和谐发展的主要内涵，同时，也包括个体以上诸方面自由、活泼的发展。

教育和谐吸取了现代心理学和心理美学的合理内核，基于教育整体观，强调的是通过教育（社会、学校、家庭）培养身心和谐发展的人，使他们在品德、认知、情感、意志、人格等方面和谐、自由地发展。教育和谐是对全面发展的扬弃，更注重受教育者个人人格的完美及心理健康、能力方面的充分发展，属于教育目的范畴。它有内外两大系统，外部系统主要表现为受教育者与社会、自然、文化、道德方面的和谐；内部系统主要表现为受教育者在身心、认知、情感、意志、人格等方面的和谐。当今社会观念、生活节奏、社会体制都发生了较大变化，信息日益丰富，竞争日益激烈，社会对个体提出了更高的要求，要想成为一名合格的

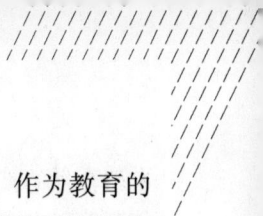

社会成员，能很好地适应社会发展，必须在身心素质方面和谐发展。作为教育的主导力量，教师必须树立正确的学生观，创立和谐的情境，以培养学生身心各方面的素质。具体来说，要培养好学生以下两个方面的素质。

一是个人与外界的和谐，这主要包括四个方面的内容：（1）个人与社会的和谐：指受教育者必须能适应社会的变化，与时俱进，开拓创新，遵纪守法，诚实守信，并能承受压力，能正确对待挫折，有一定的学习能力、交往能力和生存能力。（2）个人与自然的和谐：让学生认识人与自然的统一，要保护自然，节约能源，维护生态平衡。（3）个人与文化的和谐：随着改革开放的不断深入，信息渠道的便捷、畅通，文化的多元性，网络的大众化，许多学生不能正确对待外来文化与传统文化。他们更关注于网络式的快餐文化，对一些不健康的内容很感兴趣，对外来观念、影视作品盲目崇拜，而对祖国优秀文化则知之甚少。（4）人际和谐：学会共处是 20 世纪联合国教科文组织在《学会生存：教育世界的今天和明天》一文中明确提出的要求。我国由于实行计划生育政策，现在的学生大部分是独生子女，在家庭中缺乏与其他孩子的交往，很多学生自私、霸道，缺乏生活自理能力，不能很好地处理与同学或老师间的关系，造成了人际关系的不和谐。在教育中要培养他们相互尊重、包容、体谅、帮助别人的品格，使之融洽处理人际关系。

二是个人自身的和谐。这应是教育和谐的核心，它与第一方面有交叉关系，主要包括身心和谐和人格和谐。（1）身心和谐。作为受教育的个体，保持身心和谐发展至关重要。由于功利化的应试教育，人们尤其是学校忽略了对学生进行体质、卫生的训练，忽视了运动技能的养成。这种现象已引起了家长、社会、学校几方面的重视。如果说对学生身体健康和体育锻炼的忽视是有目共睹的话，那么，对学生心理健康的忽略恐怕还未引起大多数人的注意。家长、老师过多地注意学生的学习成绩，而对其心理健康、心理需求、兴趣则很少关注。有些学生因此出现厌学、自卑、任性、自私、孤独、无聊等心理疾病，甚至出现自杀或杀人的行为，这给我们的教育带来了新的问题：分数究竟意味着什么，能说明什么问题？在分数之外还应该有什么？关注学生的心理健康已经格外重要而又迫切。积极、健康的情感与顽强的意志是学生学习、发展的动力与保证，保持良好的心境是幸福生活、身心健康、减少疾病，保持人际和谐的必要条件，而意志品质中的独立性、自制性、坚持性、自信心更是个人学有所得、事业成功的重要因素，这应是教育中不可或缺的内容。（2）人格和谐。个体的人格指其精神面貌的总和，包括动机系统、心理特征系统与自我意识系统三个方面。在强调素质教育的今天，人们呼吁培养健康人格，促进个体全面发展。有人对科学技术对人的异化做出了反思，认为近代以来，人们过分注意科技以致人被科技所异化，主要表现为人被抽象化、符号化、非个性化、工具化，呼吁教育要重建人的价值世界，重视对人生命的终极关怀。这就要求教育要由关心学习到关注人格，如在教育中要注重培养学生的学习兴趣、学习能力。苏联教育家苏霍姆林斯基提出的"三兴趣原则"值得借鉴："学生在校学习，如果没有形成下列三方面的兴趣，即便他们每门功课都为优，那也令人担忧。它们是：至少有一门感兴趣的课程，使他可以超出大纲的要求去学习；至少有一种特别感兴趣的课外读物；至少有一种特别感兴趣的体育活动。"学生性格的形成固然受家庭教养方式、遗传、社会环境（交往）的影响，但不可否认，学生阶段正是他们性格形成的关键时期，其性格中的态度特征如对人、对己、对事的态度及情绪、意志特征等对其进入大学学习、参加社会生活具有深远的影响。常言道："性格决定命运。"在学校教育过程中注重学生性格的健康发展应引起足够的重视。个体自我意识的发展同性格的发展有类似的特点，都受遗传、家教、气质、教育等因素的影响。大约在初中阶段儿童的自我意识基本具备雏形，其中对自己的生理、心理、文化等方面的认识及由此产生的内心体验如自尊、自信或自卑等，对个体的待人接物、潜力的发展、能力的表现有很大影响。作为教育工作者应在教育过程中因势利导，培养他们健全的人格。素质教育的提出已有 30 个年头了，但并未从理论体系和实践层面上解决教育所面临的困境。教育应该以培养个体在身心、人格、人际、文化诸方面和谐发展的人为目的，这既是个人自由、全面发展的需要，也是时代的呼唤。美国教育家杜威提出"教育即生活"，教育作为一种比较特殊的生活方式，既要使生活于其中的人感到幸福，也要使其获得一种生活得幸福的能力，真正的教育应该是帮助个人获得幸福的有效手段与工具。

复习思考题

1. 高校教师职业道德的基本原则是什么？
2. 高校教师职业道德的主要规范是什么？
3. 高校教师职业道德的主要范畴是什么？

第四章

高校教师道德行为的选择与评价

● 内容提要

本章从行为取向上的义利冲突、行为表现上的角色冲突、行为动机上的心理冲突等三个维度，充分揭示了高校教师所面临的现实道德冲突，指出了高校教师在道德行为选择过程中的发生机制与作用机理，探讨了高校教师道德行为评价的标准及其评价形式。

● 学习目标

1. 通过学习，了解高校教师所面临的道德冲突的基本现实。
2. 通过学习，理解高校教师道德行为选择的客观限度及其责任承担。
3. 通过学习，把握了解高校教师道德行为的善恶评价方式与依据。

高校教师道德行为的选择与评价，既是高校教师道德活动的重要组成部分，又是高校教师道德培育与修养应达境界的生动体现。因此，明确高校教师道德行为的特点，正确进行行为的道德选择，准确做出行为的道德评价，是高校教师职业道德修养的应有之义。

第一节　高校教师面临的道德冲突

所谓道德冲突，是指道德主体在进行道德选择时所遇到的矛盾状态，即道德主体在特定情况下必须做出某种选择，而这种选择一方面符合某一道德准则，但同时又违背了另一道德准则；一方面实现了某种道德价值，但同时又牺牲了另一道德价值，从而使主体陷入举棋不定、左右为难的境地。道德冲突是一种特殊的道德矛盾现象，包括三个层次：一是行为动机上的心理冲突，如道德认知、道德情感、道德意志和道德信念上的冲突；二是行为表现上的角色冲突，如不同评价系统、多重选择方案和不同人格模式对道德主体行为产生种种影响而造成的矛盾冲突；三是不同道德理论体系、价值体系、规范体系作用于同一道德主体时造成的行为取向上的义利冲突。由于道德冲突总是通过道德主体表现出来，因而道德冲突尤其明显地发生在道德主体的行为选择过程中。在现实生活中，道德冲突是不可避免的。道德冲突的不可避免性从最终意义上讲，是由社会存在决定的，是由各种各样的社会矛盾存在的不可避免性决定的。

一、行为取向上的义利冲突

在社会主义市场经济条件下，经济活动的目标就是追求利益，义与利的根本分界并不在于利益的形式，而在于其内容。符合道德要求的利不仅具有经济价值，而且具有道德价值。道德并不是和一切利益对立，相反，利益是道德的基础，这是马克思主义伦理学的基本观点。义所约束和反对的是不正当的利益，是不符合社会整体利益的"一己私利"，是损人利己所得之利，是靠钻法律的空子、靠不道德的手段获得的利益；同时，还包括违背职业角色应尽义务与良知所获得的"利益"。义与利的冲突从根本上说，是义与"不义之利"的冲突。

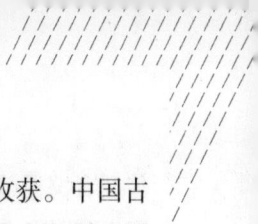

"利"字早在甲骨文、金文中就有，是会意字，以刀割禾，意为收获。中国古代经济以农业为主，禾为重要收获物。收获为利，引申出获利、利益、有利、顺利等。这种利益不仅指具有实体形态的物质利益，也包括可以转化为物质利益的对象，如名声、地位、权利等。义利观的核心问题实质上是如何处理个人利益和社会利益的关系问题。今天的高等学校作为社会的一个缩影，在义利问题上无不打上现今社会的观念烙印。高校教师的义利冲突从其所从事的特定职业视角来看，主要发生在以下两个领域。

其一，教育教学领域。作为社会的成员，任何一名教师在社会生活中都拥有多种社会身份，且同时扮演着多种社会角色。但是，在学校生活与教育情景中，教师主要的与基本的角色是教育者。这就要求教师必须具有明确而强烈的教书育人的责任意识，自觉地担负起教育学生、引导学生、服务学生的角色职责，表现出与角色相适应的行为方式，形成与所扮演角色相适应的工作技能与应持的精神境界。但是，我们不难发现，一方面，在一些高校，部分教师职业"价值重心"偏移了。在这个"知识经济"风靡全球的时代，由于知识与生产力及财富之间形成了前所未有的密切联系，以致出现了为数不少的大学教师在"产学研"结合的办学思路和"科研先导"的口号影响下，将"学术成果"单纯地视为自己捕获个人"名利"的有损斯文的不正常现象。在科研经费可以自主支配的利益驱动下，一些教师不惜放弃或降低教学质量去"跑"项目、"买"成果。斯坦福大学的前校长唐纳德·肯尼迪曾为此感慨道："教学，尽管是我们的职业，却似乎鬼使神差般地从我们的职业话题中消失了。"随着职业"价值重心"的偏移，教学责任及相关的道德要求渐渐被教师回避和淡忘。不少教师在物质利益的驱动下，不安心教学，对教育、教学工作应付了事，对自己的专业技术职务、工资、奖金、科研成果的归属以及著书立说的名次排列表现出过分关注与热情。这种片面看重学术成果、盲目轻视教学质量的不良现象严重影响了人才的培养和高等教育事业的发展。另一方面，在高等学校教师与学生的关系中，教师价值天平失衡了。服务人民大众、培养合格建设者与可靠接班人的社会主义教育事业变成了一部分高校从业人员搁置责任、追逐私欲的名利场。"以学生为本"的价值取向在拜金主义、个人主义观念浸润下，蜕变为以学生为手段、以利欲为旨归的人生信条。诸如此类，给社会主义教育公信力、社会主义教育公平以及学生的健康成长造成了无法估量的损失。比如，在我国教育领域的师生关系中，一般地讲，由于教师既是知识的传授者又是学生的考评官，师与生两种角色在权威性上存在很大差异，因此，在师生权益的相互博弈过程中，两者自然存在事实上的显失公平的现象。尽管我们看到，目前有些高校正在逐步落实考教分离的措施来制衡教师手中的"绝对权利"，以抑制和预防考、教中的不良倾向，但由于教师对学生的评价并不仅仅表现在最后的考试评分中，更多的是在日常的课堂教学、作业评语、人生指导、就业推荐等众多行为中，因此，只要教师放松对自己职业的道德自律，不能超越狭隘的个人私利、克服个人偏爱，那么把当今商品经济中的等价交换原则渗透到校园的教育教学之中的事情不是不可能发生的。在我们的周围，个别高校教师接受考试不及格学生的钱物，为学生提分过关；有的利用发展学生入党、推荐分配单位、减轻学生处分等机会，收取学生贿赂；有的甚至在考试录取中与学生大搞权色交易等，都是很好的反面例证。这些都严重损害了人民教师的形象。

其二，科研学术领域。在我国高等学校里，职称的高低几乎约定俗成地标志着一个高校教师的学术水准的高低，同时也与该教师的住房、福利及社会地位等密切相关。为了评上职称，分享、赢得有限的物质资源，学术腐败、见利忘义在部分高校已甚嚣尘上。学术腐败的表现多种多样，其中以下现象最为明显：（1）出版物低水平重复。这以高校教材、教学参考书最为显著。有的教育行政主管部门，甚至凭借本来就不合理的"强势的教育行政权力"，在自己的行政辖区范围内，换汤不换药地年年发行所谓"新版教材"，为个别教育行政官员揽得学术声誉提供方便，另一方面也为某些机关处室谋取经济利益提供条件。（2）制造学术泡沫。当下的文章是越发越多，而且越来越长；书越出越多，而且越来越厚；刊物也越办越多，而且还不断出增刊。有的学术性月刊一期竟然发表近80篇文章。文章枪手、借文署名、版面费用等现象，弄得整个学术界乌烟瘴气。（3）抄袭剽窃。由于目前各高等学校的职称评定和业绩考核大多采用论文、论著量化的方法，对学术质量的高低、优劣却没有一个有效测评的依据，这导致了高校教师队伍中部分道德意志薄弱者在学术研究中急功近利心态的恶性膨胀。他们一味追求论文篇数和著作的字数，不愿做长线科研，不在质量上精益求精，有的人甚至为了考核过关、职称上台阶而不惜做"文抄公"或"学术扒手"。抄袭和剽窃近些年几乎成为了中国高校学术界最大的公害，甚至有的院士也参与其中。有人将此戏称为"学术蝗祸"，其泛滥之广、灾情之重可见一斑。（4）用权钱捞取学术职称。有一些本不是学术界的人，却利用手中的权力或金钱关系，堂而皇之地当上了一些大

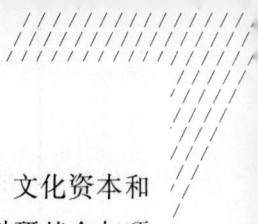

学的专家、教授、硕士生导师、博士生导师，变相地捞取学术荣誉、文化资本和社会地位。（5）学术评审腐败。在学术职称评聘、学术奖项评审、科研基金与项目评定等环节中，存在着利用权力关系、垄断学术资源等现象。

以上两个方面的问题，无论是教育教学中的"职业价值重心"的偏移，还是科研学术中的道德行为失范，归根到底反映的是目前高校教师队伍在社会转型期价值取向上的义利冲突。要调适、化解这种冲突，增强高校教师这一特殊职业群体追求道德崇高的自觉与自信，必须做到以下几点：第一，必须明确高校教师个人利益的正当性的原则界限。并不是一切个人的欲望、要求都是合理的、正当的，只有去除了个人不合理的要求，为社会经济关系所规定的个人利益才是正当的、合理的。正当的个人利益在经济生活中首先是为个人的责任所规定的，通常情况下，尽什么样的责任就会得到相应的权力和利益，责权利是统一的，并且责任先于利益。不负社会责任、甚至有违社会责任的行为不仅不能得到个人利益，而且应当受到相应的处罚。第二，不能把个人利益仅仅等同于个人物质利益。物质利益是最基本的利益，任何人的生存都离不开物质生活条件的满足，任何阶级的理想都不能脱离自己的物质利益而存在，都不能不最终归结为实现自己的物质利益。但是人除了物质生活以外，还有精神生活，除了物质利益以外，还有精神利益，还要有精神生活需求的满足，而且在人们基本的物质生活需要得到满足以后，精神需要的地位会越来越突出。因此，尊重个人正当的利益，并不是仅仅尊重物质利益，不能把利益原则变成物质利益的原则。第三，集体主义道德原则是调节高校教师义利冲突的价值尺度。在社会主义经济条件下，个人利益是和集体利益结合在一起的，集体利益是个人利益的根本保障，是个人长远利益得以实现的基本条件。在个人利益和集体利益发生激烈矛盾的时候，个人利益要作出牺牲，这是集体主义原则的必然要求。在现实生活中，个人利益与集体利益的矛盾会有不同的表现形式。一种情况是，表面上看起来是个人利益与集体利益的矛盾，实际上只是个人私利、不合理的个人欲望与集体利益的矛盾，此时，理所当然地应当以"义"御"利"，把集体利益放在第一位。另一种情况是，集体利益与个人利益都能在主流道德意识形态下找到自己存在的合理依据。此时就必须辩证地处理、调适两者的矛盾关系。刘少奇在《论共产党员的修养》中指出："党在一切可能的条件下顾全和保护党员个人不可缺少的利益——如给他以教育学习的机会，解决他的疾病和家庭问题，以至在反动派统治的环境下，在必要时还要放弃党的一些工作来保存同志。"这就是说，我们在崇尚集体利益的时候，必须牢记个人利益从本质上讲是集体利益的价值追求。完全不承认个人利益和个人的所谓集体利益和集体是乌托邦，是缺乏道义根据的。因此，合理解决高校教师行为取向上的义利冲突，正确的途径是：在坚持社会公正的前提下，以集体主义道德原则为基本的价值尺度，使广大教师的职业行为实现从义利分离、见利忘义向以义御利、义利相兼的道德飞跃。

二、行为表现上的角色冲突

角色是指处于一定地位的个体。社会生活中的一定角色依据社会对他提出的要求，借助于自己的主观能力适应社会环境所表现出的独特的行为模式。在现实生活中，处于一定社会的个体通常都不是扮演一个角色，而是要同时扮演好几个角色。当一个人受时间、精力及自身价值倾向制约，不能同时满足对其有意义的多种角色期望而履行不同的角色时会出现矛盾，引起角色冲突。这种角色冲突从本质而言，是指因角色期望不一致而产生的个人心理或感情上的矛盾和冲突。它包括两个方面，一种是角色间的冲突，即不同角色承担者之间的冲突，它常常是由于角色利益上的对立、角色期望的差别以及人们没有按角色规范行事等原因引起的。另一种是角色内冲突，即由于多种社会地位和多种社会角色集于一身而在它自身内部产生的冲突，这又有不同的情况：（1）一个人所承担的多种社会角色同时对他提出了角色要求，使他难以胜任，这时便发生了角色冲突。（2）一个人所承担的几种角色，其行为规范互不相容，这时也会产生角色内的冲突。高校教师是多角色的扮演者，由于社会对教师角色期望的多重性、教师角色行为的复杂性、教师角色责任的弥散性等原因，教师这一职业可以说是角色冲突的一种典型情境。从师与生的关系来看，教师是学生知识的传授者、学生心理的协调者；从国家与政党的角度来看，社会主义教师应该是国家的模范公民、工人阶级的重要组成部分；从姻缘与血缘关系来看，教师又是父母的子女、子女的父母等。一名教师要将不同角色加以融合和组织，常常会遇到两个（或两个以上）角色同时为他提出两种（或两种以上）相反的角色期望，带来大量的行为上的、心理上的矛盾、冲突，有时不易在对立中找到统一，处理起来难度很大。教师角色的冲突主要有以下几个方面的表现：

其一，不同角色期望引起的角色冲突。教师在工作中，经常遇到两个或多个

角色同时对他提出相反的角色期待，这是教师在日常教育工作中普遍遇到的角色冲突。正如威尔逊所说："由于教师角色走势的弥散性，由于当代社会里人们对教师做什么和怎么做都持有自己的看法，这些对教师角色的不同期望就更加难于应付了。"这些角色期待时常发生矛盾，引发角色冲突。如知识经济时代要求高校教师注重学生的创新意识和实践能力，由注重"知识传授"向注重"能力培养"转变，努力使学生学会学习、学会生活、学会做事、学会做人。而部分家长和领导则看重学生的考试成绩（如英语等级考试的及格率、优秀率等），强调教师做"知识的传授者"和"考试辅导者"，为了学生能考出好成绩，不惜以牺牲学生的全面发展和身心健康为代价。现代教育理念、未来社会对教师的期待就和部分家长、领导对教师的期待发生了剧烈的冲突，使教师仅凭自身之力无法改变现实，无法决断是迎合部分家长、领导的口味，还是顺应时代的发展，因此教师时常处于两难之中。

其二，工作角色与生活角色的冲突。教师作为一门职业，自有社会对他们的专业要求与期望，但教师亦是人，是活生生的人，有着各种各样的需要和困惑，因此如何将职业角色，与生活角色统一、融合，是很重要的问题。教师是多角色的扮演者，不仅在学校里担负着多种角色，而且在社会生活中还承担着诸如父母、子女、兄妹等多种社会成员的角色，因此经常会遇到工作角色与生活角色的冲突。一方面，工作角色要求教师投入超常的精力，无私奉献出自己的时间、血汗和爱心，不计名利，任劳任怨。其他职业的人在下班后往往可以感受到工作紧张之后的轻松，享受家庭生活的欢乐，而教师紧张工作一天后，却不能了结工作，晚上还要写论文、备课、批阅作业、辅导学生等。有人说教师是"两眼一睁，忙到熄灯"，教师的职业是需要做出最大奉献和默默牺牲的职业。另一方面，社会成员、家庭角色要求教师承担起应负的责任，如孝敬父母、教育子女、养家糊口等基本责任。这样，由于教师的精力、时间难以分配均衡，教师便经常处于角色冲突中。教师在为事业和学生献身的同时，可能因为自己没尽到丈夫的责任，或没尽到妻子的责任，或没有尽到父母的责任，而引起纠纷和矛盾，而使自身经常陷入内疚、不安和苦恼的状态之中，经常处于顾此失彼、心有余而力不足的困境之中，经常困于身心疲惫之境地。

其三，权威角色与朋友角色的冲突。在学校教育过程中，不管高校教师对学生如何宽容、理解、尊重，不管高校教师如何允许学生个性充分自由地发展，教师始终应成为学生心目中的权威人物。无论是从知识的拥有量还是多方面的能力来说，教师应处于绝对优势，且应成为学生们认可的权威，这样才能有效地影响学生，服务学生，教育学生。但为了教育工作的深入细致，并针对每一个学生的特点展开工作，教师还必须成为学生的知心朋友。为此，教师的"朋友角色"就表现为对学生的热情、同情、关心、爱心、真诚、平等，是一种感情的交往、心理的交流。在教育过程中，教师在努力成为学生的知己和朋友时，又不能有失教师身份，更不能失去理智和原则，即不能为了取悦学生、赢得信任而迁就学生，完全由感情支配。教师的这种角色冲突，对教师提出了很高的要求。它要求教师既不能摆绝对权威的架子，滥施权威，以致形成不良的师生关系，也不能成为学生的"铁哥们"、"铁姐们"，放弃应有的原则。教师很难同时是一个具有权威的严厉的管理者，又是一个像朋友一般为学生所喜爱的人，这常常使教师陷入苦恼之中。

其四，领导角色与顺应角色的冲突。教师作为领导者，不仅仅只是意味着具有权势和知识，而且还是属于处于集体中特定位置的人。他们的工作旨在指导学生成长，督促学生努力学习，并影响班集体向希望的目标迈进。有效的教育教学是和教师有效的引导分不开的，良好班集体的形成、学生的健康成长都有赖于教师的有效领导。有效的领导者角色使教师在教育教学过程中应始终处于主导地位。但是，在教育教学过程中，学生又是受教育的主体，具有主观能动性和独立人格，教师必须充分尊重学生的主体地位，顺应学生的身心发展规律和合理要求。在学生身心发展遇到障碍时，教师不应摆领导者的架子，不应只是批评、训斥，让学生感到畏惧、胆怯，而应随时提供帮助、咨询，给予必要同情和理解，制造一种谅解和宽容的气氛，帮助学生减轻焦虑和紧张，帮助学生获得心理的需要，给学生以情感和心理方面的支持，这时则要求教师扮演学生的同情者、顺应者的角色。这说明教师作为领导者时，要严格管理学生、严格要求学生；而作为顺应者时，又要尊重学生、谅解和宽容学生。对于很多教师来说，很难同时扮演好两种角色，常常处于两难境地，从而带来角色冲突的困惑与不安。

其五，高校教师角色与"辅导员"或"班主任"角色的冲突。高校教师既是专业知识与技能的传授者，也是学生思想政治教育、心理健康教育的实施者。高校教师既要传道授业，也要解惑育人，既要做"经师"，也要做"人师"。现在高校教师中，那种将"教书"与"育人"截然分离的现象有蔓延的趋势，是必须要

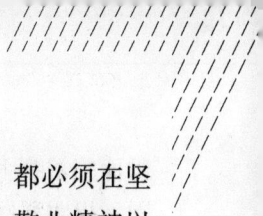

制止的。高校教师和辅导员或班主任两个角色工作的目的是一致的，都必须在坚持教育原则与教育方针的前提下，具有很强的工作责任心、使命感、敬业精神以及良好的个人品质。那它们之间的角色冲突是怎样发生的呢？我们认为，这源于这两个角色被赋予的要求和期待的不同，即两个角色之间工作的侧重点不同。作为一名高校教师，被要求能在党的教育方针的指导下，依据学校教学计划传道、授业、解惑，为国家培养未来的栋梁之才，在了解和掌握学科研究动态，广泛涉猎和收集信息资料的基础上严谨治学。教师的严谨治学，一方面是指认真备课、上课，包括教学内容（深度、难度、广度、进度）的合理安排，个人才学的充分展示，授课艺术的严谨，甚至课堂气氛的总体调度，课后作业的布置、修改等；另一方面是指作为一名教师还要在搞好教学工作的同时，对本学科领域的有关问题进行深入的科学研究，如撰写论文、著作，进行课题研究等，提高自身的学术水平。因此，根据角色要求，一名合格的教师必须投入大量的时间、精力，把握学科研究的最新动态，勤于学习、思考和研究。作为一位辅导员或班主任，则被要求在学校的领导下，通过细致入微的思想政治工作，把握学生的思想动态，积极实施心理危机干预，帮助其树立正确的世界观、人生观、价值观和高尚的道德情操，帮助学生解决学习、生活中遇到的困难和挫折，协助院系开展学生的日常管理工作。这一角色同样要求花费大量的时间和精力，还必须付出对学生的一份爱心。一个人的时间和精力是有限的，要成为一名优秀的教师，同时又是一位合格的辅导员或班主任，显然是件非常不容易的事。可见，教师和辅导员或班主任之间的角色冲突是难以避免的，特别是对一个事业心、责任感都较强的人而言，其角色冲突会由此而加剧。

造成高校教师角色冲突的原因是多方面的：（1）由于社会规范不当，造成教师角色定位困难，而产生角色冲突；（2）社会对教师期望过高，教师难以做到；（3）由于学习不够，教师对自己的角色认识有误，承担角色太多、角色体验不良、角色扮演技巧运用失当，都会造成角色冲突。高校教师应客观地面对角色冲突，不断加强道德修养，增强角色意识，以崇高的职业理想来指导自己的角色定位，消除角色漂移现象。

三、行为动机上的心理冲突

随着知识经济时代的到来，社会变化的加剧，人们生活节奏的加快，高校教师面临着更多的压力与竞争，心理冲突随之而产生。高校教师的心理冲突主要表现在以下几个方面。

第一，期待角色与实际角色引发的心理冲突。人们头脑中存在着较普遍的高校教师形象或一致的看法，构成社会对教师的角色定势，往往是一种理想化期待，要求每个教师有如"完人"，应该和必须在各个方面都做得完美。高校教师是一个具有严格要求的角色，社会、家长和学生期待教师不仅是学校里学生的老师，还应是"人师"、"圣人"，是整个社会的楷模、师表。人们要求教师不仅做学生的榜样，而且做社会的榜样；要时时处处都做"为人师表"、"无私奉献"和"任劳任怨"的"园丁"。而高校教师本人在心理上则更愿把自己看做是"社会人"，希望人们用对其他职业的同样"标准"或"苛求度"来要求他们。高校教师只是一个职业角色，走出学校，高校教师并不愿人们把他当成"角色人"。任何社会都要求教师具有一定的奉献精神和良好的劳动态度，把教师角色理解为只追求精神价值的人。事实上高校教师是各具个性的个体，他们对教师角色活动有不同的意识取向与价值定向，有不同的行为表现，不可能十全十美。比如社会都认为教师应该仪表堂堂，口齿伶俐，而实际上教师要全部达到这一标准是很困难的；人们心目中的高校教师应该博学多才，精通学问，事实上，教师亦非完人，术业有专攻，也存在着知识的局限；人们心目中的教师都只讲奉献，不求索取，而实际中的教师也面临着生活的琐碎与繁复。随着知识经济时代的到来，高校教师已不愿做"传统型"教师，他们不愿自欺欺人。在心理上，他们已把教师职业看成物质价值和精神价值都能实现的普通职业，而不是只能实现精神价值的特殊职业。

第二，社会称誉与社会现实引发的心理冲突。社会称誉与社会现实的心理冲突是我国当今困扰高校教师最现实、最剧烈的角色心理冲突。我国非常重视教师的重要作用，教师被誉为"人类灵魂的工程师"、"辛勤的园丁"、"手执金钥匙的人"，教师被认为"是过去和未来之间的桥梁"。客观上，教育对社会发展的价值与作用，决定了教师及其职业劳动应当具有较高社会地位和经济待遇，而且教师对自己的工作价值一般有一个较高的估价。但是，社会上并没有真正形成与之相应的尊师重教的现实，甚至长期出现分配中的"脑体倒挂"现象。面对这种现实，教师就会在社会生活中产生不公平的失落感，就会因自己的劳动价值与劳动报酬相背离而对职业失去兴趣，进而忧心忡忡、心理冲突剧烈，甚至出现离散心理而最终弃教"跳槽"。

第三，高付出与低待遇引发的心理冲突。对任何职业来说，它的劳动价值决定其劳动报酬，教育对社会发展的巨大劳动价值理所当然地决定了教师应当具有较高的报酬和经济待遇。教师职业是一种高付出的职业，因为高校教师工作的对象是活生生的学生，教师担当着教育他们、培养他们成为未来社会的接班人和建设者的重任，所以，教师的工作是十分繁重、忙碌、持久、连续和创造性的工作，是"用心脏和神经的工作"，确实每日每时都在消耗大量的精力。教师工作时间之长，用情之多，是有目共睹的。正如尼尔（A. S. Neill）所说："大多数教师或多或少都模糊地感觉到他们的工作是一个无底洞，比起律师或医生来，教师感到自己的工作要更多地耗损心力，因为他的工作似乎永远不会了结，永远看不到尽头。"非但如此，教师付出的努力更不能及时、有效地直接创造经济价值，不是盈利人，也没有社会上的"市侩"认为的那样"有用"，所以有人戏称高校教师为"三无阶级"（无钱、无权、无用）。但是，教师毕竟是一群有知识、有能力的国家栋梁之才，他们也有着同样强烈的自尊需要和实现自我价值的需要。当教师的这些需要无法得到满足，或长期被社会偏见所挫伤时，部分教师就会对扮演此角色产生厌烦、怀疑的心理反应，久之就会变得沮丧、失落、心灰意懒。这种心理冲突非常不利于教育工作，当一个人干某项工作并不是出于内心的喜爱，而是出于无奈时，那他必然觉得很疲惫、很烦恼，也就不可能全身心地投入到工作中，其言行表现必然与角色期望产生很大的差距。

第四，角色责任与自我价值实现引发的心理冲突。教师作为社会代表者的角色责任是十分重大的，主要表现在三个方面。首先，担负着为人师表的重任；其次，直接地、全面地影响着未来一代的成长；再者，对社会产生着其他任何阶层的工作都难以产生的长期的重要影响。教师的角色责任决定了他要与学生维持一种持久而密切的关系，这种时间、精力的全身心、持久地投入，使教师总感觉到自己被"输出"、被"抽干"、被"耗尽"。然而，教师为教育付出的血汗、创造的价值却很少会及时得到体现，尤其教师在改变学生兴趣、行为习惯、人生态度和思维能力等更为广泛的责任范围内，就更难证明已经取得了什么成绩。教师工作的最后结果如何，不是今天或明天就能看到，而是需要经过很长时间才能见分晓的。劳伦斯（D. H. Lawrence）曾评价过教师工作："你绝不知道你做过什么，或者你是否做了些什么，从事体力劳动比这更令人感到满足，尽管你劳累不堪，但毕竟能看到成果，你能知道自己的工作做得是否好。而作为一个教师，这一切都不得而知。"这样，教师的角色责任与其自我价值的难以实现之间就形成了剧烈的矛盾冲突。教师作为现代社会中的一员，长期得不到"取得进展，实现自我价值"需要的满足，教师的劳动成果不能被社会认可，反而被其他职业人员所误解，内心时常发生冲突。正如威尔逊所说："教师个人希望看到自己角色扮演的成果的需要与他的角色扮演中许多成果的'无形性'之间产生矛盾。"

第五，角色环境与社会环境引发的心理冲突。教师在教学上需要有较强的专业知识、较高的能力水平和多方面的才能，在较好地完成教学的基础上，还要有较强的科研能力。在知识经济时代，教师需要不断地接受继续教育以充实、提高自己，但教师的日常教学工作量大，时间和精力有限；同时，由于一些部门和学校领导普遍存在重使用、轻培训、强调紧缩编制，甚至拿不出足够的经费来支付教师的进修费用，致使教师的业务水平和业务素质难以提高到更高的层次。另外，著书立说中的许多不正之风，又使高校一些教师的学术成果很难公之于世。所有这些都会使教师产生心理压力和痛苦，造成心理冲突。

心理冲突是一个人的主观情绪和感受，这种冲突的持续将会降低工作绩效，损害身心健康。因此教师要正确对待心理冲突，善于调适。调适是指为了达成个体与个体、团体与团体之间的和谐关系而进行的努力。教师心理调适主要包括自我调适与社会调适两方面。

首先是自我调适。自我调适主要指个人通过学习和主观努力，弄清教师这一角色期望的真正含义，掌握社会规范的精确要求，提高自身的思想水平和角色技能等，进而较自如高效地完成角色义务和职责的一种自我调节行为。教师对其角色的心理适应，是他们从事教育活动的心理前提。当一个人开始从事教师职业时，他就必须依据社会期望与职业活动的要求以及特定的教育情境，积极主动地调整自己的心理和行为，以适应其特定的角色需要。社会上人们对教师的行为和作用往往有传统的比较一致的看法，甚至形成刻板印象，认为我们的教师应像"园丁"，精心哺育学生；像"蜡烛"，燃烧自己，照亮别人；像"专家"，传道、授业、解惑，以满足学生的求知欲；像"父母"，热爱关心学生。这些看法及印象实质上反映了社会对教师的要求。教师必须从主观上努力去认同它，并尽量地去适应这些要求，才有可能成功地扮演教师角色。为了能满足角色要求，教师还必须从个性上提高个人的自我修养，达成教师角色心理的内化与人格化，形成与教师身份相吻合的稳定人格，这是对教师的一种内在要求，也是教师对角色的一种真正适应，是积极的角色自我调适，能从根本上缓解角色心理冲突。

其次是社会调适。社会调适主要指调整社会为个人所提供的教师这一角色的地位以提出新的符合社会实际和个人条件的角色期望，或改善条件以创造一个适合个人发展的角色化环境。教师的心理冲突有很多是由他人、社会等外在因素造成的。因此，教师角色的社会调适是很重要的，它包括许多方面，这里主要谈几点：一是要通过多种途径指导人们正确认识教师角色的特定职能，营造支持教师职业威望的社会心理氛围，同时不过分夸大教师的作用而对教师产生过多的不切实际的角色期望，实事求是地、客观公正地对待教师角色，让教师在不背负沉重的心理包袱的情况下，愉快地从教。二是要通过提高教师的实际社会地位，尤其是提高教师的劳动报酬，正视教师劳动的价值，缓解由此而引起的教师心理冲突。三是教育管理者要为教师提供一个宽松民主的业务活动环境，如对教学不要过多地进行行政干预，不要在学生面前纯粹为显示个体权威而公开指责、批评教师，要让教师有教育教学及科学研究的自由权与自主权等，这有利于减轻教师由此而产生的心理冲突。

第二节　高校教师道德行为的选择

一、高校教师的道德行为及其特征

（一）"行为"概述

"行为"一词在现代科学中常常被用来描述各种对象的活动和变化，泛指自然现象和社会动态。在伦理道德领域，行为是指人自觉的、有意识的、有目的的活动。

我国自春秋以来，许多哲学家和伦理学家常常用"行"表示行为，认为行为是人在道德等思想观念指导下的活动。如《论语》："行己有耻"、"行必果"、"行笃敬"等，《左传》："行则思义"、"行无越思"等。《墨经》中"行"、"为"两字通用："行，为也"；"志行，为也"；"为，穷知而悬于欲也"。《荀子》的《儒效》《赋》等篇中，直接将"行"、"为"两字合用："其衣冠行为已同于俗者矣"，"行为动静使之而后适者耶"等。《荀子·正名篇》进一步指出："虑积焉、能习焉而后谓之为，正利而为谓之事，正义而为谓之行。"

在西方伦理学史上，许多哲学家和伦理学家也把行为看做是社会的、有理性的人所特有的活动。在西方被称为"行为科学鼻祖"的亚里士多德，把人的活动同人的目的性和意志联系起来，比较系统地研究了行为的各个方面。他强调人的特殊功能，不是一般的"生长养育"（因为植物也有）和"感觉经验"（因为一切动物都有），而是"人的心灵遵循着或包含着一种理性原理的主动作用"，或者说，是有目的、有意志的"具有主动意义的活动"。① 亚里士多德的这个思想，对西方后来的行为研究有很大的影响。不少伦理学派和心理学派，据此把宇宙中的变化，依次表述为"运动"、"动作"（生命有目的的运动）、"行动"（动物有目的有感觉的动作）和"行为"（人有目的有感觉有理智有意志的行为）。

中外古代有见识的伦理学家对行为的这些说明，包含了许多有价值的思想。但是，由于历史条件的限制，他们不能理解人类社会生活的本质，不能正确认识人的行为对社会经济、政治等的依赖关系，而总是用"一般社会"、"一般人"的抽象观点来研究人的行为，因而不能揭示出人类行为最本质的特征。

近代，随着科学的发展，一些思想家力图用自然科学等的成就来说明人类行为的本质。这种行为研究，在西方比较流行的有两种。一种是以生物学和生理学理论为基础来解释人类行为。他们把人的行为仅仅看做有机体对外界刺激的反射动作或反应活动。如有的人根据所谓"刺激—反应"的公式，把人的情感、思维、意志等精神现象，仅仅归结为生理活动本身，完全否认自觉意识和理性在行为中的特殊作用。行为主义创始人华生（J. B. Watson）就公开宣称："行为的改变要根据刺激—反应情境来研究，完全不需要涉及意识及意识伴随物和神经学假设。"心理过程也不过是"肉眼可见的肌肉收缩的作用"，甚至可以归结为喉头筋肉的跳动。② 这种被称作"筋跳主义"的行为观，显然由于孤立地探讨个体行为的生理基础，走到了十分荒诞的地步。还有一些思想家，则力图以心理学理论为基础来说明人类行为。这种行为观的出现，来源于美国的霍桑试验。他们从试验中看到，

---

① 周辅成. 西方伦理学名著选辑（上卷）[M]. 北京：商务印书馆，1964：287.
② 加德纳·墨菲，约瑟夫·柯瓦奇. 近代心理学历史导引 [M]. 林方，王景和，译. 北京：商务印书馆，1980：335、337.

某些心理因素对人们的生产行为有影响，从而逐步专注于用个性心理来解释人们的行为。这种行为理论，主要以"需要—动机—行为"的关系为核心，说明情感、期望、挫折等心理因素，对人们的行为过程有着重要的作用。它始终环绕行为者个人心理来说明行为，虽然也可以对某些行为做出合理的解释，但由于脱离经济关系和社会制度，因而不能在总体上揭示行为的本质。

马克思主义伦理学认为，行为是人类特有的社会活动方式，它具有三个相互联系的本质特征。第一，行为是人积极能动的自主活动。人的行为是从低级运动形式逐步发展起来的高级运动形式，其中包含低级的机械、物理、化学和生命等运动形式，但在总体上并不等同于这些低级运动形式。它们之间的根本区别，就在于低级运动形式，包括机器人的活动，都是盲目的、被动的运动，而人的行为则是一种积极能动的自主活动。为了揭示人类个体行为的自然基础，把行为分解成机械的、物理的、化学的、生命的等简单形式加以研究，或做这些方面的模拟和复制实验，无疑是很有必要的，但不能因此而把人的行为简单地归结为这些运动形式或其中的某一种运动形式。第二，行为是受人的意识支配并被人所意识到的自觉活动。人的行为与动物的活动也有本质区别。动物的活动，从一定意义上说，也有一定的自主性。一些高等动物的活动，还表现出受其感觉、知觉、表象和简单的动机、情绪等动物心理支配。而人的行为是受理性思维支配的有目的有计划的创造性活动，是受高级意识支配并被行为者意识到的自觉活动。而动物的活动则是受通过遗传获得的本能支配的、为了满足有机体的自然需要的适应性活动。第三，人的行为是受社会条件机制制约并具有某种社会倾向的社会性活动。引起人行为的，既有自然需要，更有社会需要；制约人行为的，既有生理机制、个性心理机制，但最根本、最主要的还是社会条件和社会关系的机制。因此，人的行为总是具有表现一定社会或阶级利益要求的倾向性。

总之，行为是人们的自然需要和社会需要引起的，在改造周围环境的社会实践中，通过一定社会关系表现出来的有目的有计划的创造性活动，是人类所特有的生存和活动的社会方式。

（二）道德行为和非道德行为的联系

高校教师的行为可分为道德行为和非道德行为。道德行为也叫伦理行为，是人们在一定道德意识支配下，做出的有利或有害于社会和他人的行为。而非道德行为也叫非伦理行为，是指不是由一定的道德意识引起，也不涉及有益或有害于社会和他人的行为。这种行为既无道德意义，人们也不可能、不应当对其进行善恶评价。比如，精神病患者的行为、无知幼儿的行为、丧失自制力的老人在精神恍惚中的行为以及个人日常生活中不涉及他人和社会利益的行为，都是非道德行为。

在现实生活中，道德行为和非道德行为的界限只具有相对意义，而它们之间的联系则是非常紧密的。

第一，在特定意义上为非道德行为，在广泛的范围内往往具有道德意义。严格地说，生活在社会中的人们，不可能与他人和社会毫无关系，因而他们的观念、情感、意志及其支配下的行为，也不可能不具有道德意义。个人日常生活中的某些行为，并不直接与他人和社会发生利益关系，直接地、孤立地看不具有道德意义。但从广泛意义看，又都与他人和社会有利害关系，又有道德意义。有些行为，在此时此地此条件下不具有道德意义，在彼时彼地彼条件下又可能有道德意义。至于个人的精神状态、生活作风、思想情操等，本身就是个人品德的表现，不能简单地视之为与道德无关的个人小事。马克思主义伦理学虽然反对把个人生活中的任何琐事都上升到道德的角度，反对道德评价上的简单化和庸俗化的做法，但并不否认个人日常生活行为往往寓有一定的道德意义，因而提醒人们检点自己的言行，注意平时修养。

第二，道德行为往往是同其他行为相伴发生并相互结合的。人们的社会行为，是人们的社会实践和社会关系的表现，总是包含着复杂的社会实践内容和社会关系内容，总是会同时或不同时地对社会或他人产生多样的影响。事实上，大多数被称做道德行为的行为，并不是孤立的纯粹道德意义上的行为，而只是从对他人和社会利益的关系这一特定方面来对它进行善恶评价罢了。因此，否认道德行为和非道德行为之间的联系，认为经济行为、政治行为等不能从道德上进行评价的观点，是错误的。同样，把经济行为、政治行为与道德行为完全等同起来，用经济政策代替道德要求，或用政治手段代替道德教育的观点和做法，也是错误的。

（三）高校教师道德行为的基本特征

高校教师的道德行为是教师个人基于对受教育者和社会对其职业要求的某种自觉态度而自主作出的行为选择，因而它具有以下两个基本特征。

第一，高校教师的道德行为出于对他人和社会利益的某种自觉态度。人们生活在社会之中，个人的生存和发展离不开他人和社会的存在和发展，总会牵涉到个人同他人和社会之间的利益和义务关系。自觉到这种利害关系，并变成个人一定的目的、愿望和意志，支配着和付之于行动，就构成道德行为。当然，这种自觉态度既可能是正确的，也可能是错误的。这是构成道德行为的前提。

第二，高校教师的道德行为是行为主体自主选择的结果。只有基于自己的意志，经过自愿选择而做出的行为，才具有道德意义，才负有道德责任。在这一点上，它同法律行为是有一定区别的。在不可抗拒的外力强制下，如被迫、被逼、被诱等情况下做出的某些错误行为，一般可以不负法律责任，但不一定不负道德责任。如果尚有自己选择的余地（包括要付出极大代价），就应承担道德责任；如果与个人意志无关或无能为力（如昏迷或意外事故），则可以不负道德责任。

二、高校教师道德行为选择的客观限度

高校教师的行为从价值论的意义上说，实际上就是指高校教师的道德行为或伦理行为。道德行为并不是没有任何利益痕迹的所谓纯道德意义的行为，而是一种在个人利益和社会整体利益（包括他人利益）的关系上经过个人自觉选择的行为。因此，如何看待和处理个人与他人和社会的关系问题，就成为道德行为类型划分的客观基础。在这种利益关系上，人们有两种基本的行为选择。

一种选择是以追求个人利益为基础，把个人利益作为道德行为的出发点和归宿，作为决定行为发展的动力，从而一切都以是否有利于个人为转移。做这种选择的人，有时虽然也会像爱尔维修、边沁等人那样，提出甚至强调个人利益和社会利益的结合，但根本的立脚点还是个人利益，还是把个人利益放在首位，而要他人和社会的利益服从个人利益。

另一种选择，则是以追求社会整体利益（包括他人利益）为基础，把社会整体利益看做是个人利益得以存在和发展的必要条件，是个人行为的出发点和归宿，是道德行为的根本动力。这种选择，虽然并不否认个人利益，也强调个人利益和社会整体利益的结合，但根本的立足点是社会整体利益，并要求在个人利益从属于社会整体利益的前提下，实现个人利益和社会整体利益的结合。

道德行为上的这两种基本选择，反映出人们不同的觉悟水平，也表现出人们不同的道德品质，从而形成了道德行为的两种基本类型——道德的行为和不道德的行为。高校教师的道德行为是高等学校教师生存和活动的社会方式，是高校教

师在自己道德意识支配下做出的有利（善行）或有害（恶行）于社会和他人的行为。善行或恶行的不同选择和评价，体现了高校教师不同的道德品质和道德境界。

道德行为选择是一个由多种要素共同作用的过程，有着极为复杂的机制，包括以个人为基础的心理机制和以社会为基础的社会机制。道德行为选择的心理机制表现在如下三个方面。

第一，认识机制。这一机制表现为人的知识结构，主要包括本体性知识、背景性知识和条件性知识。教师对外来信息并非全盘接收，而会根据自己原有的感知模式加以选择，凡是与自身模式一致的信息就得到认同，并融入自己的道德认知结构，固定为信念体系并显现在日常生活中；否则，就无动于衷或排斥拒绝。为什么不同的教师在进行道德选择时会有不同的表现？答案就是每个教师都有自己独特的取舍标准，各人的价值认知模式各具特点，千差万别。教师认识上的道德定势和道德期待也是一个重要因素，它使主体一开始就产生倾向性，聚焦在特定的对象和有限的范围内，只注意个人感兴趣的相关信息。经历了一段职业生涯之后，每个教师都形成一套自己的道德修养体系及道德习惯。没有一个教师心目中的道德榜样是完全相同的，从精神世界到行为方式，都会有自己的选择模式。道德定势和期待使教师能把握、选择与个人需要相符合的对象及信息。不过，有一点值得注意，即过强的定势和过高的期待又成了偏见，使教师得出错误的认知。一个讲究自身道德修养的教师，会经常反思自身的具体状况与现实状况，不断地调整主客观的关系，从而获得对道德情境的正确认知。在此，反思性省察十分重要。石里克指出："比起一个人怎样才被认为是该负责的这个问题来，还有一个更为重要的问题，那就是他自己怎样才会感到自己是该负责的。"心理学家林崇德说："优秀教师=教育过程+反思。"

第二，情绪与情感机制。人类道德是直接发生在情绪情感这一层面上的。它是教师道德行为选择的重要心理基础。情绪和情感具很强的肯定和否定的性质，对教师的道德行为选择影响很大。这种影响具有几个特点：其一，高强度。一旦喜欢某事物，就容易走极端，动员全部身心力量，把自己完全投入进去，产生"爱得发烧"或"勃然大怒"之类的强烈情绪。其二，弥散性。喜、怒、哀、惧等情绪，往往会从原点扩展开来，波及其余，所谓"爱屋及乌"即是。其三，持久性。如政治上的信念，可能随着环境的磨炼，益发坚定，终身保持。

第三，意志机制。它是将人的感知与思考、欲念和情感转化为外部实际行为的活动，是主体沟通认知和情感的桥梁。真正的选择是理智而审慎的意志过程。"更高一级的教育道德意识乃是教师本人遵循教师道德要求的愿望，是形成他的意志、成为他个人兴趣的内容的需要。"那么，意志机制是怎样起作用的呢？（1）自主。道德行为选择只能是教师自己的活动，而不是别人强加的外在的活动。有意志的选择是自主的选择。（2）自决。只有自决的选择才是现实的道德选择。看上去，人们似乎很容易做出自决的选择，实际上并非如此。自决的选择常常要面对严酷的现实、困难的形势以及冲突的情境，只有那种个性独立、勇敢坚定和理智清醒的人才能视自决为使命，同时做出正确的选择。意志薄弱、习惯服从权威的人，常常拱手让出宝贵的选择权，放弃了应承担的责任。这绝不是一种盲目的冲动，它源于教师内心的道德本性，它既根基于对现实的深入了解，更眺望未来和远大的理想目标。（3）自控。如果说，选择的意志机制从结构上看是自主和自决的，那么，从过程看则是自控的。自控是选择得以顺利进行的必要保证。人们在进行选择时，有可能出现失控状态，即偏离了原来的正确方向，或者畏惧困难，半途而废。为了尽量少犯错误，坚持正确的选择，教师既要经常随机应变，又要相信自己的选择，使选择朝着既定目标进行。

在社会主义市场经济条件下，高校教师的行为选择作为一种现实活动选择，不仅仅是一种心理需要的选择，同时也是一种复杂的利益计虑。被动地对教师行为选择进行外在约束和监督，已不适应当前教育教学的发展目标和趋势。随着社会主义市场经济体制的建立，市场经济观念也延伸到高校教育领域。一是对功利价值的肯定，二是对等价交换原则的认可，三是对外部性的合理补偿。这种体制上和观念上的变革对高校教师的价值取向、心理需要和行为选择产生了两大现实影响。

第一，一定的物质利益需要成为教师行为选择的重要因素。面对现实较低的收入，从工作中获得合理而公正的报酬，生活得更加体面、舒适，同样也是高校教师的现实需要。因此，追求一定的物质利益需要，将自身行为的投入与产出、付出与所得结合起来，全面权衡利弊得失成为教师行为选择的重要因素。

第二，教师行为选择呈多层次、多样化态势。市场经济在促进利益关系表面化的过程中，也带动了利益格局的调整、利益需求的差异及利益矛盾的碰撞。出于满足不同的需要和需要层次，教师行为选择表现出一定的层次性和多样化的态势：其一，单纯精神性需要为主——无私奉献型。这部分高校教师具有强烈的事业心和社会责任感、彻底的奉献精神、坚定的信念和高尚的道德情操，将个人利益得失置之度外，而自觉自愿地选择努力行为，独自承担外部社会成本而无怨无悔。这种选择只是属于极少数高校教师。其二，单纯物质性需要为主——机会主义型。基于信息不对称，教师努力程度难以被有效监督和评价，会出现"败德"行为，如工作不努力，没有事业心和责任感，消极怠工，把主要精力投放在社会兼职上，造成教师隐性流失，直接影响工作绩效。这种类型选择也是属于少数教师。其三，精神性需要和物质性需要相结合——等价交换型。这部分高校教师出于精神性需要和物质性满足的利益权衡，要求自身的付出与所得、投入与产出对等，按劳取酬，按酬付劳，行为选择取决于激励和约束机制，大多数高校教师属于这种类型。

高校教师行为的道德选择不是随心所欲、脱离实际、纯粹主观的活动，而是在一定的客观限度内根据具体的社会历史条件进行自主选择的过程，受着社会机制和心理机制的制约。

第一，教师要根据教育劳动的特点和教育规律的要求进行选择。教师要达到教育行为的最佳效果，必须要根据教育活动的特点选择教育行为方案。不从教育对象的实际出发，盲目选择和实施教育行为方案，教育效果肯定不好。同时，教育活动有着内在的规律和要求，不容教师主观随意行事，违背了教育规律就会受到惩罚。因此，教师一定要制定出符合教育规律要求的教育原则、教学计划、教学大纲，不断修改使之完善，并严格按照它们去选择和实施教育行为方案。

第二，教师要在一定的社会环境和历史条件下来选择教育行为。一定社会的经济、政治状况不仅决定该社会教育的目的、内容和方法，而且也决定其发展的规模、速度与任务。这就决定了教师只能选择与之相适应的教育行为方案。超越了一定的历史、社会环境，是不能自由选择教育行为方案的。

第三，教师选择教育行为要考虑自身所处地位的立场。在社会主义制度下，人民教师作为工人阶级的一部分，只能从工人阶级和广大劳动人民利益出发，选择与之相符合的教育行为，为人民教育事业服务。

第四，教师选择教育行为要受社会道德意识和教育传统习惯的制约。我国当前的各种道德原则、规范、观念以及教师的传统美德和一些或积极或消极的习俗、舆论、思想等都影响和制约着教师的行为选择。

第五，教师道德行为的选择，还受其世界观、人生观、道德观、价值观以及个性心理品质和个人决策能力等主观因素的影响和制约。在外在客观社会机制基本相同的情况下，教师个人的主观因素不同，对同一教育行为的道德抉择也就不同。

知识窗

大众最乐于接受具有较高的道德水平、能以身作则教导学生的老师

搜狐与《中国青年报》联合推出的在线调查，25000多人参与其中。在"在您看来，大学教师的哪些行为是最不能接受的"一题里，得票最高的是"学术水平低，碌碌无为"，占17.16%；其次是"性骚扰、嫖娼等不正当性行为"，占16.63%；位居第三的是"学术腐败，剽窃他人学术成果"，占14.86%。

而"您认为，教师应该具有的最基本的行为和道德标准是"一题里，25.81%的人首选"具有较高的道德水平，能以身作则教导学生"；其次是"客观公正地对待每一个学生，不偏私"，占20.91%；第三是"学风高尚，能抵抗学术界的腐败之风"，占16.44%。

可见，大众对大学教师的期望更多的是做好教书育人的本职工作，同时有学术创新，最痛恨的则是学术腐败。

资料来源：搜狐教育，教育观察，第六十五期

三、高校教师行为选择的责任承担

道德行为选择以意志自由为前提，又以道德责任为结果。高校教师在自由地选择道德行为的同时，也自由地选择了责任。与自由一样，责任也是道德行为选择的基本因素、属性和条件。一般来说，凡承认选择自由的理论也都承认应该为这种选择负责。因为人既然面对着一种以上的行为可能性，既然可以在几种可能性中进行思考、权衡、取舍，那么，这种选择就是他自己决定的，就证明他是同意所选择的可能性的，他也就必然要为选择所造成的后果负责。只有自由才能使选择者负有责任，也只有责任才能说明选择者是自由的。

绝对自由论者由于无限夸大人的选择自由，认为选择可以不受任何限制和约束任意进行，因而也就无限夸大了人的责任。基督教神学家极力宣扬这种绝对的责任观，认为至高无上、尽善尽美的上帝凭其意志创造了人类，所以人的本性是善良的。但为什么人又会干出坏事、产生罪孽呢？这是因为上帝不但创造了人，

也创造了人的自由意志，赋予了人以选择善恶的自由。人类始祖不听上帝的命令，滥用这种自由，做出违背上帝意志的选择，偷吃智慧之果，从而犯了原罪，并因此被赶出了伊甸乐园。人类的堕落是人自由选择的结果，人应该为这种选择负责，承受苦难。所以，人只有诚心诚意地向上帝忏悔，背起沉重的十字架，才能重新得到上帝的恩典，摆脱原罪以享永恒的幸福。

存在主义者既是绝对自由论者，也必是绝对责任论者。萨特认为，"要为自己所做的一切承担责任"①，责任就是人"负起"自己自由的"重担"，"人由于命定是自由的，把整个世界的重量担在肩上，他对作为存在方式的世界和他本身是有责任的"。② 责任使人不去盲目地相信某种特定价值的存在，使人意识到自己的选择是"不能得到辩护的"，个人所参与的一切事件，都是由自己造成的，负有不可推卸的责任。如果"我"被征调去参加战争，如果"我"没有从中逃出、开小差或自杀，那么就是"我"选择了战争，"这场战争就是我的战争"，"一切就都说明我对这场战争是负有完全责任的"③。

绝对责任论者不论其主观动机何在，但在客观上，只能造成两种结果。一是因责任而取消自由，责任已成为无法承受的负担，因此必然要逃避自由。④ 二是因责任而取消责任：个人什么责任都负，也就等于什么具体责任都不负，人人都具有同样的责任，又等于人人都没有责任。

如果说，绝对自由论者因夸大自由而间接否定责任的话，那么，机械必然论者则是因否定自由而直接否定了责任。机械必然论者坚持世界是一个因果链条，一切都是被决定的，在社会领域，他们也只承认客观必然性而否认人的主观能动性。人的动机、目的，人的观念、情绪，都是由社会环境造成的，不可能有什么意志自由。17世纪荷兰哲学家斯宾诺莎甚至认为，那些主张人有意志自由的人，就像一个获得了一定能量并向指定方向运动的石头一样，认为自己是自由的。这就是说，正像石头运动是有原因、被决定的一样，人也是被环境决定的，他的活动并不是自由的表现，而是必然性支配的结果。进化论者从生物发展的规律去理解人，认为人的生存和发展、人的活动和道德面貌都是生存竞争的结果，受优胜

---

① 中国科学院哲学研究所西方哲学史组编. 存在主义哲学［M］. 北京：商务印书馆，1963：342.
② 萨特. 存在与虚无［M］. 赵宣良，译. 北京：三联书店，1987：708.
③ 萨特. 存在与虚无［M］. 赵宣良，译. 北京：三联书店，1987：709.
④ 弗洛姆. 逃避自由［M］. 刘林海，译. 北京：国际文化出版公司，2002.

劣汰、自然选择的决定，不可能有什么自由。

机械决定论者反对绝对自由观，把人、人的选择看做社会环境决定的，这当然是正确的，但他们由此走向极端，否定人能认识、改造社会环境，能够利用必然性实现自己的目的，即否定人具有相对的意志自由，这当然是错误的。这种观点也常常导致两种结果。一是宿命论。既然一切都是决定好的，人根本不可能改变自己的命运，因此人就不要去做无谓的努力。听从命运，服从命运的安排，就是人唯一的职责。二是把自己的一切都推给环境、社会和必然性，把本来是出于自己意愿的选择说成是迫不得已的决定，最终否定了个人对选择应负的责任。

由此可见，对责任的正确理解是同正确的自由观紧密相连的。不管是无限夸大意志自由，把自由理解为不受一切制约的"天马行空、独来独往"，还是绝对否定人的自由，把人的选择看做必然的结果，都会否定人的现实的选择，否定人为这种选择所应承担的责任。

选择和责任是不可分的，否定责任也就否定了选择。高校教师的道德行为选择之所以具有重要的意义，原因之一就在于它包含着人的责任。选择将人带进价值冲突中，使人在多种可能性中进行取舍，并在这种取舍中表现出自己的价值。一个人无论选择善还是恶，选择道德的行为还是不道德的行为，都必须对它负责。

选择的处境不同，选择的自由也会不同，有多大的自由就有多大的责任。责任的量是与自由的度相连的。对于那些主观条件和客观条件都受到严格限制，个人的努力无济于事的选择所承担的责任，和对于那些虽然受到一定程度的限制，虽然个人完全可以通过种种途径改变事态发展进程，但他没有这样做而是采取随意或听之任之的态度所负的责任相比，前者显然要远远小于后者。

自由与责任的对等关系不是绝对的。因为自由不仅是一种客观状态，而且与人的主观努力有关，随着当事者的道德品质、道德境界的高低不同而变化。在同样的环境中，有的人可以游刃有余地去选择，可以自由地选择责任，而有的人则可能成为客观条件的奴隶。孔孟所说的"杀身成仁，舍生取义"，强调仁义是人之为人的标志，在生命与仁义不可兼得的情况下，道德高尚的人就会表现出高度的生死选择自由。相反，苟且偷生、背信弃义、卖友求荣的人，不但没有丝毫的自由，而且也丧失了做人的资格和责任，成为被人唾弃的罪人。

确定高校教师在道德行为选择中的责任，对于教师明确职业行为选择中应负的责任，形成道德责任感，正确进行行为选择是十分重要的。当然，高校教师只有在主客观条件相适应的范围内，才能担当自己的职业责任。具体说，首先，教育行政机关和学校对教师道德行为提出了明确的要求，教师的职业道德行为的选择和实施有章可循；其次，客观环境为教师选择符合客观必然性和教育规律要求的职业行为提供了条件；再次，教师已具备了认识和支配符合客观必然性和教育规律要求的道德行为的能力。随着社会和教育事业的发展，高校教师自由选择道德行为的范围在扩展、条件在改善、能力在提高，道德责任感也会不断增强。

责任是一个具体的历史范畴，在不同时代和社会中，教师责任的客观规定是不同的。一般而言，教师必须而且只能在一定社会和时代规定的相应责任限度内承担责任，而其规定的限度的量有最低量和最高量之分，因此，我们可以从责任的最低限度和最高限度两方面去界定教师责任的限度。

其一，教师责任的最低限度。教师责任的最低限度是指在教师应尽、应负的责任中最基本、最起码、少量的客观规定。它从性质上确定了教师责任的最低范围，指明哪些基本事情"应该做"，哪些基本责任"必须承担"。谁做了这"应该做"的基本事情，谁承担了这"必须承担"的基本责任，谁才有资格成为教师。承担最低限度的教师责任是成为教师的基本前提和条件。界定教师责任的最低限度可以考虑三个因素：

第一，客观上可能做到的。要求教师承担某一责任，前提是社会历史条件和客观环境要为教师提供承担责任的可能性。对于客观上根本无法做到或者在当时条件下不可能做到的事情，就不能要求教师承担责任。如一个教师不可能选择自己的家庭出身和父母，也不可能选择自己出生的时代和社会，因此，不能要求教师对自己的家庭出身和出生前父母的状况负责，也不能要求教师对自己出生前的时代和社会状况负什么责任。当然，对于客观上可能做到的事情，教师就必须要考虑承担责任。如教师在成长以后，特别是扮演了教师这一角色后对社会、对学生、对自己应承担一定的、相应的责任，因为这是可能做到的。

第二，应该做的事情。教师与其他职业一样，都有其应该做的事情和应该履行的职责。对于教师分内应该做的事情，教师必须考虑认真去做，做好了，就算尽到责任；相反，该做的没做或没认真做，那就是没尽到教师的职责。对因失职而造成不良后果的教师，要追究其责任。

第三，主观上具备承担责任的能力和条件。承担一定的责任，往往需要教师在主观上具备某些特定的相应的能力和条件。对于那些凭教师的能力和条件完全

可以做好而没有做好的事情，教师必须承担责任；反之，就不用承担或少承担一点责任。

这三个因素并不是彼此孤立或并列存在的，而是相互联系、相互制约的；"应该做的"决定了"客观上可能做的"和"主观上具备了能力和条件做的"的性质和内容；而"客观上可能做的"和"主观上具备了能力和条件做的"则为"应该做的"提供了现实的基础。它们三者缺一不可。由于那些"应该做的"、"主观上具备了能力和条件做的"，但"客观上不可能做的"事情，如脱离实际、超越时代的教学任务；对于那些"客观上可能做的"、"主观上具备能力和条件做的"，但"不应该做的"事情，如以父母为主的家庭教育；对于那些"客观上可能做的"，"应该做的"，但"主观上不具备能力和条件"的事情，如当前教师尚无能力进行的、过于超前的教育改革，等等，都未能达到教师责任的最低限度，因此，就不应将其确定为教师的责任，即使确定了，也是不切实际、不合理的。总之，确定教师责任的最低限度，必须把三个方面的因素综合起来考虑，凡是教师"应该做的"、"客观上可能做的"、"主观上具备了能力和条件的"事情，就应该确定为教师责任。任何一个教师必须义不容辞地承担起这些最基本的责任，谁不承担或不能承担都将失去其教师的意义和资格。

其二，教师责任的最高限度。教师责任的最高限度是指在教师责任中的最大量的客观规定。它从范围上规定教师责任的最大规模和程度，规定了教师只能在最高的限度内承担必须承担的责任，而超出最高限度的事情则"不应该做"，其责任"不需承担"，谁做了"不应该做的"事情，谁承担了"不必承担"的责任，谁就无理地增加了额外的负担，其结果非但无济于事，而且会造成不必要的浪费，甚至有可能酿成不良后果。

界定责任的最高限度比界定最低限度相对困难。最低限度界定的是最基本的量，它解决的是胜任教师的资格问题，即什么样的人才能当教师；而最高限度界定的是最高的量，它解决的是如何才能当好教师的问题，其界定的意义比前者大。一般地说，最低的量在一定时期内是相对固定的，人们较易把握；而最高的量则是相对复杂和难以固定的，人们要具体界定它的限度是不容易的。但这并不妨碍我们对教师责任最高限度的界定，我们可以为其确立一些原则。

第一，教师承受性原则。教师肩负着人类灵魂工程师的职责。教师职业是神圣的，但教师本身也是普通的人，而不是纯粹的机器。我们有理由要求他们有很强的业务能力与素质，但也应顾及他们的身心承受力。教师责任的最高限度的界定要充分考虑教师在具备了承担责任的能力基础上所能达到的最大承受程度。在最大承受范围内，教师能产生强大的内驱力，热情地承担责任，勇敢地面对挑战，心态是健康的；而一旦超出最大的限度，教师就会有力不从心的感觉，身心疲惫，甚至导致患病。

第二，教育有效性原则。教育是有目的和追求效益的。所谓"有效"，是指教师在实施教育之后，学生获得了进步或发展。教师承担责任的状况，直接影响教育效益是有效还是无效，是高效还是低效。一般地说，教师在掌握有效教育的策略和技术的基础上，在责任最大限度范围内，承担的责任越大，教育的效益就越大，反之越小；而超越最大限度范围，承担的责任越大，教育越得不到应有的效益，变为低效甚至无效。有利于教育有效性的提高，是界定教师责任最大限度的根本原则。

第三，教育合法性原则。国家有关法律如《教育法》《教师法》规定了教师的基本权利和义务。教师责任如果无限增大，是不能够带来社会认同的，其主要原因在于合法性的作用。合法性就是社会对于责任的限制，没有社会的支持，再多的责任也无济于事。教师最大限度责任的承担，必须尊重合法性原则，不能为一味追求责任的简单增大而随心所欲。

责任的限度并不是固定不变的。当前，我国教育事业面临新的挑战，全面推进素质教育、深化教育改革的根本任务赋予了教师责任更多更新的内容。教师"客观上可能做的"范围大了，教师"应该做的"内涵增加了，特别是教师"主观上具备的能力和条件"增强了、增多了，承受力增强了。同时，随着国家对教育越来越重视，教育改革越来越深入，教育法规越来越健全，教师责任的限度也有了相应的变化，因而我们必须用发展的眼光去确定教师责任的限度。

激励高校教师选择努力行为，必须先了解和掌握教师的主导需要。教师个体角色行为是从个体需要出发而形成的符合自己认知结构角色观念的体现。高校教师作为知识层次、智力水平较高的个体，思想活跃，崇尚科学，富于理智，有较强的自主意识，既是一个自我引导、勇于创新的人，又是一个目标明确、努力实现自我价值的人。美国心理学家马斯洛的"需要层次论"清晰地描绘了高校教师的多层次需要，他们不仅追求低层次的物质需要，更追求高层次的精神需要。

"学高为师，身正为范"的职业角色和职业素养使高校教师追求一种强烈的心理满足需要。他们具有较强的事业心和社会责任感，不断追求和探索新知，在最基本的生存需要得以满足的基础上，渴望自身的付出得到社会客观而公正的评价、认可和尊重，期望享有较高的社会荣誉和地位，在教育教学事业蓬勃发展的进程中，最大限度地体现自我价值，这构成了高校教师主导需要的精神性特征。

高校教师的职业劳动的特殊性和主导需要分析表明，高校教师行为选择是教师个体的个性需要与职业角色规定相结合的产物，其主导需要具有高层次和精神性特征，完全有别于其他社会阶层的主导需要。随着教学改革的不断深化，素质教育的实施使教学过程日趋复杂，教学目标日趋增高，有效地激发高校教师的内驱力，使创造性和积极性成为一种稳定、持久的心理体验和需要显得尤为重要。单纯外在的监督去管理复杂内在的思维性劳动，其效果微乎其微，只有根据教师职业劳动特点和主导需要，制定出与之相匹配的以精神激励为主导的制度创新，才能使高校教师自觉选择努力行为，持久而稳定地提高工作绩效。

从上述道德选择的限度可知，高校教师选择教育行为既要受到社会客观条件的制约，又要受到个人主观因素的影响，因而它必然要涉及各种关系和利益，这就向高校教师的行为选择提出了道德要求。

第一，要根据社会和教育发展的需要来确定方向、手段和行为的选择。教师必须认识和尊重教育的客观规律，在此基础上充分发挥自己的主观能动作用，实现自由选择。违背社会需要和教育规律的选择，是对社会教育事业、对己、对人不负责任的行为，是要受教师道德谴责的。

第二，增强道德责任感，自觉培养从事教育劳动所需的道德心理品质和教育技能。高校教师只有热爱本职工作，对自己所从事的教育劳动发生兴趣，并且具备一定的基本知识、教育技艺和教学能力，才能真正做到自由选择教育行为，并使之达到社会和教育过程所要求的水平。

第三节　高校教师行为的道德评价

道德评价是人类道德活动现象的重要组成部分。它对个人道德品质的形成、社会道德风尚的改善、人们道德关系的协调，对道德规范作用的发挥，从而使道德从实有到应有转化，都具有重要作用。所谓道德评价，就是人们根据一定的道德准则，通过社会舆论、传统习俗和内心信念等形式，对他人或自己的行为进行善恶判断，表明褒贬态度。它是一种鼓励或抑制人们行为的无形的精神力量，是道德准则转化为人们道德行为的保证，起着维护社会秩序的作用。高校教师行为的道德评价，是高校教师整个道德活动的有机组成部分。了解道德评价的标准、依据、方式和作用，对于提高高校教师的道德水平，形成良好的师德风尚，具有重要意义。

一、高校教师行为道德评价的依据

在人的行为特别是道德行为过程中，动机和效果是两个最重要的因素。因此，道德评价的根据问题，主要就是如何看待道德行为过程中的动机、效果及其相互关系的问题。动机是行为主体在同社会和他人的关系中，自觉追求一定目的的自觉愿望或意图。效果是行为主体的行为给社会或他人带来的实际后果。对人的行为进行善恶评价，究竟是以动机为根据，还是以效果为根据，或是将两者结合起来作为根据，这是不同学说的不同观点。

第一，动机论和效果论的错误。动机论者强调，评价行为善恶的根据，只能是或主要是行为的动机。他们认为，任何人的行为，都是出于一定的动机而发生的，并且是受这一动机支配的，因此，判断行为的善恶，只能以行为的动机为根据，至于行为的后果如何，那是无关紧要的。康德就是这种动机论的著名代表。他认为，在道德评价的意义上，世间除了"善良意志"外，再没有什么可称得上是道德的。善良意志之所以是善良的，只因为它本身的意向就是善良的；行为后果的好坏，并不反转过来影响它的好坏，或说明它的好坏，当然也不能说明整个行为的好坏。他举例说，一个人看到有人失足落水，如果有救人的善良动机，并尽力去营救，那么，即使他没有救出那个人，从道德评价来说，谁不承认他的行为仍然是绝对善良的呢？所以，只有行为的动机，才是评价行为善恶的根据。

效果论者强调，只有行为的效果，才是评价行为善恶的唯一根据。19世纪英国功利主义者约翰·穆勒就是效果论的著名代表。他认为，一个人即使是为了追求个人利益，但只要他能给别人带来好处，其行为就应该说是道德的。这种观点从边沁开始愈益走向极端。他们认为，对于一个救溺水者的人来说，不论他心目中有何等卑鄙的动机和意图，他的行为都是道德的，不应该因他动机的卑鄙而使他应受到赞许的程度减低丝毫。

动机论和效果论都人为地割裂了动机和效果的辩证关系，在道德评价中只看到一方面而忽视、否定了另一方面，把行为过程的某一因素绝对化，把复杂的善恶根据简单化，犯了片面性的错误，陷入了形而上学的困境。可见，单纯以动机或效果作为善恶根据，都不能对行为做出正确判断。历史上有的思想家察觉到这一点，提出过在对行为进行善恶评价时，应当把动机和效果结合起来考察。孔子曾提出，判断一个人的行为好坏，应当"视其所以，观其所由，察其所安"（《论语·为政》）。墨家也提出过，对一个人的行为做判断，应当"合其志功而观焉"（《墨子·鲁问》）。

第二，动机和效果之善恶的辩证统一关系。要正确解决道德评价的根据问题，必须首先了解动机和效果的善恶在行为过程中，是怎样通过曲折复杂的关系，而达到对立统一的。对于这个问题，可以从三个相互联系的方面来认识。

首先，在道德行为总体上，动机和效果的善恶是相互贯通或相一致的。正如毛泽东所指出的："我们是辩证唯物主义的动机和效果的统一论者。为大众的动机和被大众欢迎的效果，是分不开的，必须使二者统一起来。为个人的和狭隘集团的动机是不好的，有为大众的动机但无被大众欢迎、对大众有益的效果，也是不好的。"① 这就是说，从行为总体看，动机和效果总是互相连接、互相贯通、互相转化的。任何动机都包含对某种效果的预测和追求，而任何效果都是受某种动机的支配所造成的。一般来说，除某些特殊情况外，既没有不追求任何效果的动机，也没有不来自任何动机支配的效果。好的动机常常会引出好的效果，坏的动机往往会引出坏的效果，特别是在最终的意义上，动机的善恶与后果的善恶是相一致的。而且某种动机引出某种后果后，这种后果又会强化人们原来的动机，或激起人们新的动机，从而又通过新的行动产生新的后果。所以，在行为总体上，动机和效果的善恶是统一而不可分的。

其次，动机和效果的善恶的统一是充满着差异和矛盾的错综复杂的统一。这就是说，从某一个具体行动，或某一行动过程的某一阶段来看，动机和效果的相互关系，呈现出极其复杂的情形。这可以大致归纳为以下几种类型：（1）性质和程度均相当——善的动机导致同等程度善的后果，恶的动机导致同等程度恶的后

---

① 毛泽东. 毛泽东选集（第3卷）[M]. 北京：人民出版社，1972：825.

果；（2）性质相悖——善的动机导致恶的后果，恶的动机导致善的后果；（3）性质相当而程度相异——善的动机导致高于或低于预测程度的善的后果，恶的动机导致大于或小于预测程度的恶的后果；（4）性质相间——单一善的或恶的动机导致恶、善相间的后果，恶、善相间的动机导致单一的善或恶的后果；（5）性质不稳定或不确定——不稳定的动机对应于不稳定的后果，动机和后果之一或两者的善恶性质暂不能确定，等等。如果透过这些现象，再深入探索其行为方式和原因（包括责任限度内的原因和责任限度外的原因），情形就更为复杂了。

最后，动机和效果的统一是以实践为基础的曲折过程。任何人的行为动机，不论是道德的或不道德的动机，都是一个在外部生活环境中某种诱因的多次刺激下，逐步从倾向、欲望到意图等的形成过程，是一个从不自觉到自觉、从动摇到坚定、从多元到专一的过程。动机引起后果的情形也是这样，并非一旦形成动机，就立刻引起后果。特别是那些事关重大、涉及范围广泛的道德动机，其引起后果更是一个较长的甚至漫长的过程。常说"盖棺论定"，其实，有的动机及其引起的后果，在"盖棺"时，也未必就能做出可以经受住历史考验的"定论"。动机和效果相统一的这种过程性，是由社会和个人实践的过程性所引起的。实践是动机和效果的基础和桥梁。离开了实践，善良的动机就仅仅是动机的善良，卑劣的欲望就仅仅是欲望的卑劣，断然不能导致一定的效果，达到动机和效果的统一，甚至动机本身是善良或卑劣都难以确定。任何实践要达到预期的目的，总有一个或长或短的过程，因而动机和效果的统一也必然有一个或长或短的过程。而且由于具体的道德实践是一种创造性的改造活动，涉及个人与社会、他人之间的利害关系，常常会受到来自物质的或精神的、社会的或个人的种种因素的制约和影响，从而使机和效果的统一往往是一个包含着成功和失败、顺利和阻挠等的曲折过程。

第三，行为善恶的考察和判断。根据动机和效果的辩证统一关系，对于行为善恶的考察和判断，主要应该注意以下三点：

首先，统一考察和判断行为的动机和效果。这就是说，考察和判断某一道德行为的善恶，必须既看动机又看效果，联系动机看效果，透过效果查动机。这是道德评价中对待行为善恶的总原则。对于道德行为的考察和判断，如果只是片面地专注于动机而无视效果，就势必造成把空泛的动机视做实际的行为，甚至把虚假的动机当成真实的动机，从而也就会抛开行为的实际后果，只凭借行为者本人的宣言和表白，把善于说大话、空话、假话的人，把不顾行为后果而一味蛮干的人，视为最有道德的人。同样，如果只是片面地专注于效果而不考虑动机，就势必造成把出于善良愿望并尽了最大努力，只是因为预料不到的（即责任范围之外的）原因，不能达到应有效果的行为，看做不道德的行为。另外，这也就势必造成把行为者掩饰罪恶阴谋的伪善行为，以及并非行为者所意愿的原因而出现的"歪打正着"，当成是道德的行为。

其次，考察行为善恶应当注重于效果。其一，这是因为效果上的善恶比动机的善恶表现得更直接、更明显。它直接表现出有利于或有害于社会和他人的利益、合乎或不合乎历史发展的要求，并且是以容易被人感知的客观事实而存在的，从而也就容易让人按照一定的善恶标准进行善恶判断。其二，只有弄清楚了效果的好坏，才能进一步去考察动机的善恶。人们一般是在行为已经带来了后果时，才进一步想到要考察这一行为中的因果关系和行为者的责任问题，并由此而分析这一行为过程中的客观环境和行为者的主观动机。其三，检验动机的善恶主要凭借行为者的行动及其后果。只有首先以效果为重点考察行为的善恶，才是最有力、最可行的。

最后，在行为的动机和效果的善恶都已明确的情况下，对某一行为的判断，应注意其动机。动机和效果的关系有以下几种基本情况：（1）动机善，效果也善；（2）动机恶，效果也恶；（3）动机恶而效果善，即歪打正着；（4）动机善而效果恶，即好心办坏事。这时，我们应注重于动机判断行为善恶，即第一种行为是善的，第二种行为是恶的，第三种行为也是恶的，第四种行为则或善或恶（与责任无关为善，与责任有关为恶）。这样才是最为合理、最为公正的。

在高校教师道德评价的根据问题上，完整地掌握动机和效果的辩证关系，不仅能够正确评价自己和别人的道德行为，而且也对自己培养高尚的道德行为有着十分重要的指导意义。它向立志做一个师德高尚的大学教师指明，只有从各方面加强锻炼和提高修养，才能使自己善良的动机同有益的效果达到一致。首先，必须确立科学的人生观、职业观。只有对人生和职业的目的、价值和道路等根本问题，达到了符合历史必然性的了解，才有可能使自己在个别行为上的善良动机合乎实际，从而达到有益的效果。其次，必须掌握唯物辩证法，认识事物尤其是教育教学发展的规律。在高校的教育教学中，如果对教育教学的本质、内容、关系、环节、途径、方法、手段等不能辩证思考，不能形成规律性的认识，就很难使良好的愿望达到有益的效果。最后，必须精通教学、精通专业、深入实际，丰富社会经验和教学经验，增强解决复杂问题的能力。总之，只有依据动机和效果的辩证统一性，从各方面加强锻炼、提高修养，才能真正使自己成为有道德的人。

二、高校教师行为道德评价的标准

道德评价标准是个人或者社会用来评价道德主体的道德行为的依据，是个人或社会利益在现实社会生活中的反映。道德评价的标准可以从两方面予以描述：一方面是善恶标准，即凡是维护道德标准评价主体集团或阶级的利益的行为就是善行，否则就是恶行；另一方面是生产力标准，即凡是推动社会生产力向前发展的行为就是善行，而阻碍社会生产力向前发展的行为就是恶行。

（一）道德评价的善恶标准

善和恶是一对历史范畴，其内涵随着社会的政治、经济和文化的变化而变化。由于民族、地域、文化的差异，各个民族对善恶的理解也有所不同。正如恩格斯所说："善恶观念从一个民族到另一个民族、从一个时代到另一个时代变更得这样厉害，以致它们常常是互相直接矛盾的。"①

尽管善恶观念在不断地发生变化，但是善和恶的概念仍然可以从普遍的意义上加以规定和界说。在伦理学的最一般意义上，善就是对他人或社会有利的、有价值的行为，或符合一定道德准则的行为；恶就是对他人或社会有害的、产生负价值的行为，或违背一定道德准则的行为。在社会生活中，某一行为被评价为善，则表示该行为得到肯定和赞扬；而被评价为恶，则意味着该行为得到否定和谴责。善和恶是判断人的道德行为价值、对人的行为进行评价的最一般的标准。

中外历史上剥削阶级思想家在关于道德评价的善恶标准上，虽然各有不同的观点和说法，但始终贯穿着一个共同点，就是力图用抽象的超阶级、超社会、超历史的善恶标准，来掩盖敌对阶级之间的利益冲突。马克思主义伦理学认为，对于判断行为善恶的标准，应该进行客观的、历史的、具体的分析。这就是要看到善恶问题上的阶级标准、历史标准和生产力标准。

（二）善恶的阶级标准作为道德评价的标准，总是同人们的利益相联系的

人们根据自己的利益和社会的利益，根据自己和社会的意向、愿望和要求，

---

① 马克思，恩格斯. 马克思恩格斯全集（第20卷）[M]. 北京：人民出版社，1971：101.

来观察和判断他人和群体的活动，并把那些有利于自己或有利于社会的行为称为善，反之则称为恶。

自从人类进入阶级社会以后，由于对生产资料的占有方式不同，人类的利益关系也发生了根本的变化。不同的利益集团，形成了不同的、甚至完全相反的善恶观念。在阶级社会中，占有生产资料、对劳动人民进行压迫和剥削的剥削阶级，同没有生产资料、靠出卖劳动力为生的被剥削阶级之间，由于利益关系的对立，而产生对立的善恶观念。对劳动人民来说是善的行为，对剥削阶级来说，往往被看做是恶的行为，反之亦然。一般来说，在敌对阶级之间，不存在超阶级的善和恶。

在阶级社会中，对每一个人来说，判断行为善恶与否，主要是以其所属的阶级利益为标准的。就是说，凡是符合本阶级利益的行为就是善，凡是危害本阶级利益的行为就是恶。所以，恩格斯说："社会直到现在还是在阶级对立中运动的，所以道德始终是阶级的道德。它或者为统治阶级的统治和利益辩护，或者当被压迫阶级变得足够强大时，代表被压迫者对这个统治的反抗和他们未来的利益。"[1]

善恶标准在根本上表现为利益标准。但由于一定的利益标准在道德领域内又具体化为一定道德规范的标准，因而在具体的道德评价中，行为善恶与否，首先要看其是否符合一定的规范。利益标准在这里与道德规范标准结合起来。利益标准在总体上是一切道德评价尺度的最终源泉，因而离开了利益标准，道德评价的最终标准问题将是不可行的；而道德规范的标准，则把利益标准具体化、道德化，使对人们行为的评价，成为能够把握的道德评价。因此，如果不把利益标准落脚于道德规范标准之上，人们所进行的善恶评价，就可能是政治的评价、经济的评价或法律的评价等，而不能确定为道德的评价。

利益与善恶的这种关系，使得善恶标准在生活中显示出种种形态。一般来说，有多少阶级就有多少阶级利益，也就有多少阶级的善恶标准。历史上和现实中善恶标准的不确定性，归根到底，源于阶级利益的多样性。因此，在道德评价中，确认善恶标准的这种相对性，是首先需要确立的一条原则。

事实上，中外历史上的剥削阶级思想家，虽然提出了各种各样的善恶标准，甚至用普遍的形式来表达善恶标准，但是最终总是以其阶级利益来衡量善恶，把

---

[1] 马克思，恩格斯. 马克思恩格斯选集（第3卷）[M]. 北京：人民出版社，1995：134.

剥削者的行为统统看做是善的，而把被剥削的劳动者的行为一概说成恶的。马克思主义伦理学非但不隐讳阶级利益是阶级社会善恶标准的根本基础，而且公开申明无产阶级的阶级利益，是当代判断善恶的标准的基础。只有符合无产阶级和广大人民的利益要求的行为才是善的、道德的，而一切违背以致损害无产阶级和广大人民的利益的行为都是恶的、不道德的。

不同时代、不同民族、不同阶级由于社会历史条件、利益和道德准则的不同，因而在道德评价上有不同的标准。但这种善恶标准的不确定性、相对性只是问题的一个方面。道德评价的善恶标准还有其确定性、绝对性的一面。这就是道德评价历史标准和生产力标准。

（三）道德评价的历史标准

所谓道德评价中的历史标准，就是在评价人们行为的善恶时，把行为放到整个社会历史发展的总过程中考察，看这些行为是否有利于社会的进步，是否有利于大多数人的幸福，是否有利于社会物质文明和精神文明的发展。凡是最终有利于社会进步、大多数人幸福及物质文明和精神文明发展的行为，就是善的，反之则是恶的。

道德评价历史标准的这种性质，使得任何道德评价的阶级标准，都必须在历史标准面前受到检验，并因此证明自己在人类社会生活中和历史发展中是否具有客观合理性。从人类道德在阶级社会中的发展历史看，每个社会占主导地位的道德，总是在这一社会中属于统治地位的阶级的道德，在这里，道德上的善恶标准完全是以统治阶级的阶级利益为转移的。一般来说，每个占统治地位的剥削阶级，当它处于上升时期，当它谋求社会权利而进行社会革命的时候，比已经腐朽的阶级代表着更多人的利益，具有更多的人民性，并把社会推向前进，处于这一时期的剥削阶级的利益标准，虽然仍然是自己阶级的私利标准，但由于其与社会历史发展的必然规律在总方向上是一致的，代表社会进步的方向，因而这种阶级标准就获得了历史标准的证明，证明其善恶标准的客观必然性。而当统治阶级走向腐朽没落时，其阶级标准完全是以怎样维护自己的私利、维护自己的统治不致覆灭为转移的，并完全与社会历史发展的必然性相违抗，成为历史前进的障碍，因而最终失去了自己存在的客观合理性，也就不能成为客观地评价行为善恶的标准。

总的来看，每一个新社会中的统治阶级，在历史阶梯上都比前一个社会的统治阶级站得高，因而其阶级利益总要比前一个阶级更代表着历史前进的必然方向。

在这个意义上说，封建地主阶级的阶级利益比奴隶主阶级的阶级利益，其人民性要更多一些；资产阶级的阶级利益比地主阶级的阶级利益，其人民性也要多一些。历史发展了，阶级利益标准变更了，道德体现了更多人的愿望和意志，道德也就进步了。道德评价的历史标准和阶级标准，大抵就是这样具体地体现在道德发展的历史过程中的。

当我们运用历史标准来评价行为的善恶时，既须首先考虑到行为在历史发展总链条中的地位，亦须考虑到每一个行为的具体道德性质，而不能简单地把凡是正好处于历史发展总链条上的所有行为，都一律视为道德上的善或恶。判断行为的善恶性质比较复杂，需要对具体行为做具体分析，否则就不能进行正确的道德评价。

总之，在最终的意义上，只有符合历史必然性，并因此同社会发展的利益相一致的行为，才是善的行为，否则就是恶的或伪善的行为。

（四）道德评价的生产力标准

生产力作为判断一切生产关系及上层建筑包括道德是否合理及是否需要变革的根本标准，是完全正确的。因为社会生产力的发展，是一切社会发展的根本动力。我们的一切活动，包括政治体制改革和经济体制改革，我们的一切意识形态，包括各种观念及当前社会的道德准则、善恶观念，都应该以生产力作为最终标准来进行检验。我们之所以说评价善恶的历史标准的一个重要根据是社会的发展和进步，就是因为任何一个社会的发展和进步，都是由于生产力同生产关系的矛盾和发展而实现的，归根到底，又可以说是由生产力的发展所决定的。因而从这个意义上说，推动生产力向前发展的行为是善的，换言之，某一行为要成为善的，必须有利于生产力的发展。

但是笼统地说生产力的发展是决定行为善恶的标准，仍然只是从客观上、从总体上来把握生产力标准和善恶标准的关系。最主要的，是不能把生产力标准简单地等同于某一短暂时期的经济效益标准、物质财富标准或金钱数量标准，否则会导致见小利而忘大义、重眼前而轻未来，最终阻碍生产力的发展。

从生产力中唯一的活的因素——劳动者来看，行为善恶与否，必须看其是否有利于调动人的积极性，有利于为人的全面发展创造条件。

从生产力的根本标志——生产工具等劳动资料来看，行为善恶与否，必须看其是否有利于生产工具等劳动资料的革新、发明和创造。

从生产力的最后一个因素——劳动对象来看，行为善恶与否，必须看其是否有利于有效地使劳动对象向社会提供尽可能多的劳动产品，并是否有利于合理地使用和保护劳动对象。

如果站在这一高度上来理解行为善恶的生产力标准，就不会把任何表面上、短时期内能够带来一定经济效益、获得一定物质财富的行为，统统说成是"有利于"生产力发展的行为。因为靠人与人之间的尔虞我诈、投机取巧及种种恶性膨胀的私欲，靠一定时期抵制变革旧的生产工具、抵制使用新的生产工具，以及靠拼机器、拼地力、拼自然资源等，都可以不同程度地达到上述目的。

但是从长远来看，第一，尔虞我诈、投机取巧、私欲恶性膨胀的必然结果，是人与人之间关系的冷酷无情、社会风气的极度败坏和个人品质的极端堕落，建立在这种人际关系之上的社会，就如同建筑在沙滩上的大厦，筑得越高，坍塌得越快。这种社会使人的活力受到窒息，使生产力的发展无从谈起。第二，为了一时的利益而抵制新的生产工具的变革和使用的行为，也将使生产力的发展成为一句空话。马克思在《资本论》中对此进行过论述。他指出，资本家只要能榨取最大的剩余价值，在能够用人（哪怕是童工）的地方绝不使用机器，在能够用旧机器的地方绝不使用新机器，从而阻碍生产力发展。第三，拼机器、拼地力、拼自然资源，造成的只能是一种眼前的虚假繁荣，既不顾将来的发展，更不顾综合经济效益和社会效益，使机器报废、土地荒芜、自然资源枯竭、环境严重污染，最终也使生产力的发展成为一句空话。

在进行道德评价时强调生产力标准，并不意味着取消道德领域内的善恶标准（道德原则、规范等）。生产力标准一般并不直接用于判断某一行为的善恶性质，而是通过受生产力标准筛选和制约的具体的善恶标准（道德原则、规范）来达到这一目的。因此，生产力标准对具体行为的善恶而言，是标准的标准，即由道德原则、规范来检验行为的善恶性质，而由生产力标准来检验道德原则、规范的善恶性质。在这个意义上说，生产力标准与具体的善恶标准并不是排斥的，而是同一的，只是各自所处的位置不同、所起的作用不同罢了。生产力标准决定具体的善恶标准的性质，而具体的善恶标准，又具体体现生产力标准的要求。

在我国社会主义初级阶段，道德原则、规范、观念和行为，都应当适应社会生产力发展的要求。对是否有利于生产力发展，要进行具体的、辩证的、正确的分析。对那些奉公守法、诚实劳动、促进市场经济繁荣并最终促进生产力发展的行为，应当给予善的评价，否则应视为恶。生产力标准和道德规范的善恶标准，

在道德评价中应该而且能够统一，其实质是一致的。

总之，评价行为善恶的道德标准，是由合乎以先进生产力为代表的历史必然性的社会或阶级利益中引申出来的道德原则和规范。它是阶级性和客观性、相对性和绝对性的统一。

三、高校教师行为道德评价的形式

按照道德评价中主体与客体的关系，高校教师行为评价的基本形式可以分为社会的（他人的）评价和自我评价两种。在调节人们的道德行为，培养人们的道德品质中，道德评价的这两种基本形式是相辅相成、缺一不可的。

第一，社会的（他人的）道德评价。所谓社会的（他人的）道德评价，是指社会、集体或他人对行为当事人的道德行为进行善恶判断和表明倾向性态度。这种道德评价是为认识和调节他人的道德行为服务的，或者说，是为帮助他人认识和调节自己的道德行为服务的。它的判断和倾向性是否恰当、公正，只与评价主体掌握当时社会或阶级的道德准则，认识道德行为及其选择处境等的程度有关，而与行为主体在这些方面的状况无关。在这种评价中形成的价值信息（或善或恶）和准则性命令（应当怎样或不应当怎样），一般是通过社会舆论和传统习俗，从外部传递给行为主体的。它能否对所评价的行为发生作用以及在多大程度上发生作用，往往要受到行为当事人能否接受并产生共鸣的制约。

第二，自我的道德评价。所谓自我的道德评价，是指行为当事人对自己的行为进行善恶判断和形成倾向性态度。这种道德评价是直接为评价者本人自己认识和调节自己道德行为服务的。由于评价者同时又是行为者，因而既可能因易于了解动机而更恰当更公正些，也可能因利害直接相关而更带有主观随意性。在这里，评价者的道德信念、道德责任感和善恶判断能力，起着关键性的作用。在自我道德评价中，价值信息和准则性命令是通过评价者的个性心理活动形成的，并且是不借助于外部因素而直接感受的。因此，这样的道德评价，对于所评价的行为者能否发生作用以及在多大程度上发生作用，完全取决于评价者（也是行为者）能不能像要求别人那样，或更甚于要求别人那样严格要求自己。

第三，社会评价与自我评价的联系。在实际道德生活中，社会评价与自我评价相互补充、相互促进、相辅相成。首先，就同一行为的评价本身来看，社会和他人特别是这一行为直接所涉及的社会、集体或他人，往往对这一行为的效果的有益或有害，感受得更直接、更真切；另一方面，这一行为的主体，往往对这一行为动机的善或恶，了解得更明白、更深刻。因此，在动机与效果的善恶不一致的情况下，不论是对于"歪打正着"还是对于"好心办坏事"的行为，兼顾社会的评价和自我的评价，可以彼此取长补短，相得益彰，纠正偏颇，从而使对于这一行为总体的善恶判断更加准确，褒贬态度更加公正。其次，社会评价对自我评价可以起到促进作用，自我评价反过来又可以推动社会评价。最后，社会评价只有和行为当事人的自我评价相一致或大体相一致，并在行为当事人心理上引起了共鸣，才能使行为当事人真诚地和自觉地坚持或改变他所做的行为。

案例分析

因为超过一半的学生考试不及格，中国青年政治学院教师杨支柱给自己的学生公开写了一封道歉信，在信中他真诚检讨了自己教学的失误，同时也指出了学生在学习上存在的种种问题。此事引起很大反响，请问你对该老师的道歉行为如何评价，对他谈及的问题如何认识？

学生考试不及格，大学老师写下道歉信

二学位班全体同学：

你们好！

这次"民法分则"期末考试，二学位班 14 名考生只有 4 名及格，另外两名 55 分以上的跟平时成绩综合后勉强及格，总评成绩不及格的高达 8 人，超过总人数的 50%。对于这一结果我跟不及格的同学同样难过，因为这无异于宣布我本学期的教学工作不合格。

我的难过，还不仅仅是因为我自己的教学努力将被否定，也因为这一考试结果将导致很多同学不得不重修，一方面要被迫交纳重修费，另一方面你们下学期或下下学期的学习负担将雪上加霜。总共两年的学习时间，最后半年基本用在实习、找工作上，一年半的时间要学那么多课程本来就已经很紧张了，对于原来英语没过四级的同学尤其如此，我知道这种情况下重修这门内容庞杂的《民法分则》意味着什么。

但是，我们是学法律或教法律的，尊重程序对于将要从事法律工作的人具有特殊的意义，而尊重程序就得尊重根据程序所得出的结果。为此我要向你们道歉。

我觉得光道歉还不够，我应该受到严厉的惩罚。在过去的一年中，我受聘的是教学六级岗（见习岗），每月除了1000多元的基本工资外只有1000元的津贴，比我担任图书管理员的同期收入每月少1200元，比我这个资历的人可能申请的教学三、四级岗那就少得更多了。我决定今年再申请教学六级岗一年，通过承受远远大于你们的经济损失，来稍微平复一下你们因为考试不及格而遭受的痛苦。如果再一次出现这样的考试结果，我将开除自己的教职。

当你们平静下来不再因为不及格而痛恨我的时候，我希望我们双方都能够从这次不及格中吸取教训。

从这次考试的答卷中不难发现，你们对于那些需要自己归纳而不能在教材的某个地方找到现成答案的试题回答得虽然不好，但对于教材里有现成答案的基础知识（例如并不生僻的名词解释）回答得更差。显然你们大多数同学没有按我的要求在听课前预习，部分同学甚至在考试前没看过教材，仅仅凭着上课的时候听得似懂非懂而且已经遗忘了不少的那点东西（甚至还缺过几堂课）就来应考了。老实说，我的阅卷并不很严格，不但预先制定的标准答案上没有的内容你们回答得有理的酌情给了分（这是应该的），而且你们普遍存在的词不达意和病句现象我没有扣分。如果这不是普通的期末考试而是硕士研究生入学考试，估计你们的平均成绩还要再低10分。你们的年龄大多在24岁左右，到了这个年龄还只有这点学习自觉性，这确实是我所没有想到的。

反思造成你们那么多人考试不及格的原因，我觉得我也是有很大责任的。我并没有因为不务正业而影响备课，我这学期一直在看跟授课内容有关的书，尤其是关于物权问题的书，我的两个老学生可以证明。我也曾试图改变教学方式，从前半学期的演讲式到后半学期的座谈式，你们应该能感受到两者的区别。但是我高估了你们的自学能力和学习自觉性。因为这种高估，我在教学过程中比较注重前沿问题而对基础知识重视不够，动不动就说第多少页到第多少页自己看去。因为这种高估，我对你们看书的情况没有专门进行检查、监督。因为这种高估，我在命题的时候没有考虑到你们的法学基础不如法律本科生这一情况而适当降低难度。我想这些都是造成你们那么多人不及格的原因。尤其应当检讨的是，我布置的作业中，选物权、债权、继承权部分题目的同学都有，其中选物权、债权部分题目的早该交作业了，可是你们拖延不交，一直拖到第18周，害我来不及细看，更无法因此而在教学上做出相应的调整。我虽然中间有两次提到你们作业写好了的请交给我看，但没有采取任何有力的督促措施。究其原因，一则是因为你们年龄那么大了我不愿意对你们说威胁性的话（唯一的一次是开考前对那些作业是从互联网上抄袭来的同学），二来可能是因为如今学年论文、毕业论文水平的普遍下降（跟20世纪90年代中期我教过的学生比）使我对看学生的作业有了心理恐惧。

或许你们会要求重修时更换任课教师，你们是有这个权利的，从公正的角度看我也以回避为宜。谁叫我把一大半学生教成不及格呢？不过无论你们是在我的门下重修，还是在别人的门下重修，我都衷心地祝愿你们下次考试及格，并在今后一年内所有的考试都及格。如果你们因为我给了个不及格而发生连锁反应甚至恶性循环，不能顺利地从中国青年政治学院毕业，那将是我终身的遗憾。

资料来源：杨支柱，人民网，2005年8月23日（有删改）

四、高校教师行为道德评价的手段

高校教师行为道德评价的手段或表达形式，主要包括校内外舆论、教育传统习俗和内心信念。其中校内外舆论和教育传统习俗是被评价的行为者外部的手段和形式，而教师内心信念则是被评价的行为者内部的手段和形式。它们都以各自的方式，通过对道德行为进行善恶判断，给予人的思想和行为以重大影响。

第一，校内外舆论。校内外舆论按其主体不同，可分为校内舆论和校外舆论两种。校内舆论就是教师、学生、行政管理人员等对教师行为的评价。校外舆论则是学生家长、社会组织、教育机关等对教师行为的评价。

通过校内外舆论可以判断教师行为的善与恶，有助于推动行为主体自觉履行师德原则和规范，及时了解自身行为的社会后果，在赞扬或谴责下，继续坚持或改变自己的行为方向，进而实现道德评价的作用。

在教育活动的实践中，校内外舆论并非是单一的标准和现象。有的是通过行政组织采取总结、讨论、座谈、报告和评估等各种手段进行的，有的则是对自身利益和评价的不同认识。学生及其家长对教师教书育人、职业道德的评价，就是一种校内外舆论。我们对有益的舆论要虚心听取、积极扶植、扩大影响，对流言蜚语、闲言碎语要冷静分析，区别对待，对错误的舆论要坚决抵制。

第二，教育传统习俗。这是在长期的教育职业中形成的一种稳定的习以为常的行为倾向。在道德评价中，教育传统习俗有其特殊功能。首先，它是评价教育行为善恶最简易的起码尺度。因为人们判断某一教育行为善与恶，总是首先看它

是否符合常规。其次，它是评价教育行为总体善恶的一个重要的因素。因为评价教师教育行为善恶要注意其一贯表现中趋于稳定的行为习惯。再次，它是巩固道德评价成果的重要形式。因为道德评价的成果只有变成主体的教育行为习惯，才会成为良好的教师道德风尚。

任何社会和时代的教育传统习俗都有两重性；同一社会的教育传统习俗中也有新旧两种因素的对立；旧的教育传统习俗中，既有不适合甚至严重阻碍新社会发展的因素，也有能够继续适合或有益于新的社会需要的因素。我们要扶植新的教育传统习俗，改造和利用旧的教育传统习俗中包含的合理因素，形成社会主义高等教育的新习俗。

第三，教师内心信念。这是教师对自己职业行为进行善恶评价的一种内在基础和内在力量，是教师个人发自内心对某种教师道德理想、道德观念和道德原则的坚定信仰，以及由此而形成的对实现相应道德义务的强烈责任感，即良心。它具有自觉性、内在性、动力性和强制性，是其他社会力量所不能替代的。

校内外舆论、教育传统习俗和教师内心信念这三种手段既有各自的功能，又有共同的基础和密切的联系。校内外舆论和教育传统习俗是社会对个人的评价，对个人来说，二者是客观的、外在的，是督促自己避恶从善的有效方法。教师的内心信念则是主观的、内在的，是个人对自己行为的评价，反映个人的道德觉悟程度。校内外舆论和教育传统习俗是否真正能发挥作用，最终要受教师内心信念的制约，反过来又促进教师内心信念作用的发挥。因此，只有综合这三种手段，教师道德评价才能有效充分地得以发挥作用。

五、高校教师行为道德评价的主要机制

高校教师道德评价的主要机制是教师的职业公正和教师的职业良心。

（一）教师的职业公正

所谓教师的职业公正，就是指在自己的教育活动中对待不同利益关系所表现出来的公平与正义。它表现在教师与自身、教师与同事、教师与学生等人际关系之中。教师职业公正既是一个至关重要的职业道德范畴，又是教育成功的秘密所在。教师的职业公正的作用和意义主要有以下五个方面：

其一，教师职业公正有利于良好的教育环境的形成。因为公正处理家长和社会有关方面的关系，有利于形成较好的学校教育的外部环境；公正对待同事、领

导，则能协调好不同的教育职能，从而形成良好的教书育人的学校教育的内部环境；公正地对待学生是教师职业公正的重点，这种教师职业公正有利于直接的教育、教学环境的形成。比如在实际教育活动中我们常常看到，由于教师对优秀学生的偏爱和对所谓差生的忽视或其他不公正的对待，后进生出于一种反抗心理，往往会强化其"捣乱"的倾向，其结果当然是教育教学秩序的混乱，最终将不利于教育活动的顺利开展的。

其二，有利于教师威信的提高。公正是人格的脊梁。孔子说："其身正，不令而行；其身不正，虽令不从。"这句话虽然是对从政者说的，但对教师同样适用。教师既是教育者，同时也是教育活动的设计者和管理者。如果教师的行为是不公正的，除了同行、领导的舆论、谴责和制度的制约之外，最主要的是影响教师的威信。

其三，有利于学生学习积极性的发挥。教师职业公正对学生学习积极性的发挥十分重要。这一重要性体现在两个方面：一个是对学生个体，另一个是对学生集体。对个体而言，教师公正是学生学习积极性的源泉之一。比如，教师对优等生的偏爱和对后进生的忽视或其他不公正的对待就既不利于优等生又不利于后进生的积极性的发挥。对前者的溺爱会助长其骄傲和浮躁的情绪，使其丧失不断进步的动力；对后者的忽视当然更会损伤学生的自尊，打击其本来就可能不高的学习积极性。对于学生集体来说，不公正的教师行为会人为地造成学生集体的分裂，其结果当然是集体生活和集体建设的动力减退、教师对学生个体在德育和智育多方面的教育性降低。

其四，有利于学生的道德成长。由于公正本身就是道德教育的重要内涵，所以教师职业公正本身直接构成德育的内容。教师要让学生选择公正的生活准则，他自己就必须首先做到为人处世公正无私。同时在学生的心目中，教师往往是公正、无私、善良、正义的代表，他们对教师有非常美好的期待。这一美好的期待决定着当教师在与他们的交往中做到公正办事，他们就会感觉到公正的美好和必要，从而奠定他们在未来社会生活中努力追求道德公正的心理基础。反之，当发觉他们原本有着美好期待的老师不能公正无私时，不仅会伤害他们对于老师的美好情感，而且会让他们怀疑道德教育课程所教授的公正本身的合理性，从而妨碍他们的道德成长。

其五，有利于社会公正的实现。首先，教师的职业公正是社会公正的重要组成部分。教师职业公正直接从属于社会公正。比如在招生、评价等问题上，能否公正对待一切对象就是一个直接的宏观的社会公正问题。有些公正形态虽然属于微观的问题，但也是社会公正的一部分。比如，课堂上的公正，虽然涉及的不过几十个人，但它一样属于社会公正的组成部分。如果考虑到几个学生可能联系到的人群，则这一公正涉及的面会更加广阔。其次，根据杜威的观点，学校是社会的雏形，因此教师职业公正是社会公正的起点。如果学生在学校生活中不能感受应有的公正存在，那么学生将很难建立公正的信念，最终会不利于社会公正的实现。

教师职业公正在一定意义上讲只是一个十分抽象的道德原则，怎样才能做到教师职业公正是一个既关系教师，也关系到教育体制的课题；一个既关系到教师的道德素养，也关系到其教育素养和技能等方面问题的复杂课题。我们这里主要是从教师的修养角度看这一问题的。从这一角度看，要真正做到教师职业公正是很不容易的。比如，教师的职业公正在主观上受到自己情绪的好坏的影响，客观上受到问题的情境性因素的影响。为此，教师在实践教师职业公正这一道德要求时，应当注意以下几个方面：

第一，自觉进行人生修养。就是说如果没有价值观上的必要修养，理解和实现公正一开始就是不可能的。没有价值自觉，就没有教师职业公正。教师职业公正对于教师而言，就是一个适当地对人对己的问题。对人对己的公正要求教师首先要有宽阔的胸怀和高度的使命感，同时还必须有一定的自制力和抵制压力、坚持公正的勇气。公正看起来是一个很容易实现的道德原则，但实际上没有对教育意义的深刻领悟或使命感，没有无私奉献的情怀，不具有较高人生境界者很难完全实现公正原则。

第二，提高教育素养。教师职业公正的实现不能仅仅是一种心理的东西，而是要在教育实践中落实的实践法则。教师职业公正的实现，需要教师有较高的教育技能上的素养。有一个处理作弊的例子说明了公正对于教育技巧的需要。一位教师在监考时发现一个学生抄袭了一道一分的题目。事后，老师在这个学生的试卷上打分为："100－1"。这位学生接到试卷后非常惭愧，立即找到老师，承认错误，要求老师将 100 分改回 99 分。老师听后，在他的试卷上批了个"99＋1"，并对他说："知错就改就行，以后要特别注意，这分是对你能认识和改正错误的奖励。"在这一例子中，教师的职业公正得以真正的落实是与他有高超的教育技能这一教育素养分不开的。

第三，正确对待惩罚的公正。惩戒权一直是教师的职业权利和工具。现代社会由于人道主义倾向的不断强化，也由于学生权利保护的立法不断加强，行使惩戒权已越来越困难。教师应当抵制无条件否定惩戒的教育意义的倾向。毋庸讳言，惩罚也的确是一种消极的教育措施。滥用惩罚同样是不公正的表现。所以惩罚的度如何把握、惩罚的公正如何落实都是教师要努力探索的问题。

第四，做到公正与仁慈的结合。公正本身是一个社会性和历史性的范畴。公正并不能解决教育中的全部问题，即使再公正的惩罚仍然可能会对学生造成某种程度上的身心伤害。所以教师的公正原则必须与教师的仁慈原则相结合。这一结合既可以增强教师职业公正的教育效能，也可以同时教会学生做一个既公正又仁慈的人。现代社会是一个以民主、平等为特征的社会，教师要公平合理地对待和评价全体合作者。其中，公平合理地对每个学生，是教师职业公正最基本的要求。教师对学生的态度和行为，进行教育和评价，都不能偏颇、偏袒、偏私，要公正、正直。对待学生不能以智力、相貌、个性、性别、出身、家庭经济条件、亲疏关系等分轻重、薄厚、冷热，要一视同仁，满腔热情，全面关心每个学生，并从学生的个性特征出发，全心全意地教育、培养他们健康成长。

（二）教师的职业良心

良心是伦理学中的一个重要道德范畴，在马克思主义理论出现以前，不少伦理思想家和哲学家对良心提出种种不同的解说。有的把良心看做是人先天所固有的良知良能，有的看做是"善"的理念在个人身上的显现，也有的看做是"上帝的声音"或先天的"善良意志"，等等。其中，有的良心观也包含一些合理因素。但由于论者所处的历史条件和阶级地位的局限，由于他们离开人的社会本质和道德实践活动去考察良心，因而都不能科学地说明良心。马克思主义伦理学把良心放在现实的社会关系和社会实践中来考察，认为良心就是在履行对他人、对社会的义务过程中所形成的一种道德责任感和自我评价能力，是一定的道德观念、道德情感、道德意志和道德信念在个人意识中的统一。马克思指出："理性把我们的良心牢附在它身上"，又说："良心是由人的知识和全部生活方式来决定的"。[①] 良心作为一种意识形态，是主观的，表现为一种情感和理智，它的内容则是客观的、社会化的，它是由人们的社会关系和社会物质生活条件决定的，是人们在社会实践中经过学习知识和接受教育而逐步形成的。

---

① 马克思，恩格斯. 马克思恩格斯全集（第10卷）[M]. 北京：人民出版社，1956：134.

社会主义教师的良心，是职业良心的一种形式，它是教师在社会主义教育劳动中对教师责任的自觉意识，是教师在自觉履行教书育人的义务过程中形成的道德责任感和自我评价能力，是师德观念、师德情感、师德意志和师德信念在教师个体意识中的有机统一。教师职业良心的基础是教育实践。教师只有投身社会教育活动中，才会产生教师与学生、教师与教师集体、教师与教育事业之间的利益关系。社会向教师提出教书育人、培养社会主义建设者和接班人的职业义务和责任，教师只有在履行义务过程中深刻认识和体验应有的使命、职责和任务时，才能产生作为教师良心重要方面的道德责任感。可见，良心不是什么神秘的不可捉摸的现象，也不是先天的情感或理性。把良心看成一种纯主观的、个人的天然情感，看做是"不学而知"、"不习而能"的"良知"、"良能"，这样的良心是一种脱离社会实践、不与履行社会义务相关联的虚假的良心，不是真实的良心。这种良心在实际生活中就必然为不道德的思想和行为大开方便之门，使人们在受到自己良心的谴责的时候，完全可以自我开脱、自欺欺人，做出昧良心甚至丧尽天良的事来。这种良心只能为利己主义、个人主义做道德辩护。

社会主义教师的职业良心，既是教师对社会要求的积极反应，又是其对教师义务的深刻理解和自觉行动。它是通过教师的教育实践，把社会主义社会对教师的客观义务要求转化为教师内心的道德准则和个人品德的结果。它是真实的、高尚的良心，因而它在教师的职业实践中具有特殊的能动作用。我们应该从三个方面重视培养和不断增强教师的职业良心。

首先，要注重培养和增强教师道德意识的自觉性和主动性。只有这样，才能使教师真正地承担自己的角色责任，养成对教育工作高度负责的精神。教师职业劳动的特点，决定了教师要淡泊名利，讲究职业良心，严于律己，从平凡中见伟大，要时刻不忘责任，一心想着事业。教师的职业道德，要求教师有很强的事业心、责任感和奉献精神；与此同时，教师工作本身的弹性很大，难以划分严格的时空界限，难以准确量化和随处监督，做好它归根结底还是要依靠教师的高度自觉性和主动性。如果没有这种自觉性和主动性，教师职业良心的作用就无从谈起。因为教师职业道德归根结底是一种外在的约束力，即"他律"，只有将它变为大家的自觉性即"自律"，这种外在的约束力才能更多地被教师付诸行动。因此，可以这样断言：有责任心，有对教育工作高度负责的精神，是培养和增强教师职业良心的前提。

其次，教育劳动的结果是产生掌握一定科学文化知识和形成一定思想品德的人，教师劳动结果的这一特殊性要求其应当具有高尚的师德品质。它同一般意义上的道德品质一样，包含四个基本要素，即道德认识、道德情感、道德意志和道德行为（可将之概括为："知、情、意、行"四个字）。要形成和发展高尚的师德品质，教师必须有意识地培养和提高这些基本素质，借此把教师职业道德规范转化为自身的道德品质。首先，要注意"内省"的方法。"内省"是教师职业道德的修养方法和职业良心的表现形态之一，对提高教师的思想道德境界、增强教师的影响力，是一种积极的促进因素。其次，提倡"慎独"的方法。"慎独"既是一种修养方法，又是一种很高的道德境界。所谓"慎独"，是指一个人在独立工作或独处，无人监督时，能自觉地严格要求自己，遵守道德原则和规范，而不做不道德的事情。"慎独"作为教师的修养方法之一，体现着教师的自我教育、自我控制、自我完善的自觉性。同时，作为道德境界，"慎独"体现着教师作为道德实践主体自身内在的道德意志和道德信念的坚定性。

最后，要重视教师职业良心自觉性、客观性的培养。职业良心常常以两种方式作用于人们的道德生活实践：一种是直觉的、主体的情感体验起主导作用，一种是理智的、理性的认知起主导作用（当然这两种作用方式不是彼此对立、互不相容的，而是相互补充、相辅相成）。正因为直觉在心理机制中也起着重要作用，这就有可能使教师在自己的道德活动中，不顾社会评价的结果，做出错误的行为选择乃至走向道德唯意志论。在实际的道德生活中，所谓"受骗的良心"是不乏其例的。所以，在教师道德践行中，教师又不能仅仅满足于"良心的发现"和情感的体验，要融入理性的制约和理性的导航。即是说：教师职业良心不仅要在实践的道德关系和道德活动中受到审查，而且还应该用道德责任来做定向，从而减少急躁和冲动，做出合乎教师职业良心的深思熟虑的、理性的选择，使教师个体道德日趋成熟，成为具有高尚品德的教育者。

复习思考题

1. 高校教师面临的道德冲突有哪些？
2. 高校教师道德行为的基本特征是什么？
3. 高校教师行为评价的道德标准是什么？
4. 高校教师行为道德评价的形式是什么？
5. 高校教师行为道德评价的主要机制是什么？

第五章

高校教师职业道德的培育与修养

● **内容提要**

高校教师职业道德的培育与修养是教育道德实践活动的最重要的环节。它是为培养教师的职业道德品质所进行的改造、陶冶、塑模的过程，也是铸造教师优秀品格的必由之路，通常包括在教育实践活动中提高师德认识、增强师德感情、锻炼师德意志、树立师德信念、培养师德习惯等内容。

● **学习目标**

1. 通过学习，了解高校教师职业道德培育的社会基础和实施途径。

2. 通过学习，对高校教师职业道德自我修养的可能性和必要性进行分析，掌握高校教师职业道德自我修养的方法。

3. 通过学习，了解高校教师职业道德的心理基础及其运行规律，了解道德人格的内涵及其在整个高校教师职业道德教育中的地位。

第一节　高校教师职业道德的社会培育

高校教师职业道德培养是在劳动阶段针对服务态度的再教育，是"心理断乳"之后的"良心补充"，是角色彩排之后的身份定型。高校教师职业道德的培养包括社会培育和自我修养两个途径。社会培育强调的是道德教育的外部输入，自我修养强调的是道德教育的内部建构。从教育学和心理学的研究来看，人的学习和成长既受遗传等生理条件的影响，又要受到环境和社会的制约。两者相互作用，缺一不可。本节主要探讨高校教师职业道德形成过程中的社会前提与主要途径，即影响高校教师职业道德的外部原因和实施途径。

一、高校教师职业道德培育的社会前提

高校教师职业道德是教师职业道德的子概念，是教师职业道德的一个具有特殊性的部分，这种特殊性来自于高等教育在整个学制教育中的特殊地位。现代意义上的高等教育的发展历史可以追溯到西欧中世纪的大学，后来历经发展，主要是英国、德国、美国的大学的不断转型，形成了以培养专门人才、科学研究、服务社会的三项职能为特色的教育形式。虽然在学术界，至今对高等教育也没有一个公认的定义，但是，普遍认可了高等教育是在高中阶段后实施的专门化教育。它是一项特殊的事业，它的特殊性表现在：首先，高等教育的对象主要是心理、身体趋于成熟的年轻人。其次，高等教育是以学科和专业为组织单元的教学活动。再者，高等教育的任务是为社会直接输送高级专门人才、存储传递创新人类文化和延续社会的新旧更替。高等教育不同于中小学教育，主要表现在中小学传授的基础知识是科学常识和基本的做人道理。高校传授的是专业化知识，它与社会中的许多行业对口，它是一种进入社会前的知识准备。中小学教师围绕课本教学，衡量教师教学水平的标准是教师是否吃透了课本。大学教师是围绕学问教书，评价教师水平的是老师在自己的专业领域走得有多远，进得有多深，大学教师传授的应该是方法、经验和新的疑问。中小学教师只研究教学法，只考虑如何将知识最大限度地、最有效率地传授给学生。大学教师除了研究教学法外还要研究高深

学问，探究未知领域。高等教育是构筑和充实人类知识宝库的一种扩大再生产，是掌握了专业知识的人与正在掌握专业知识的人之间的相互作用的过程，是揭示学生内心状况的困难并予以点拨和疏通的过程。因此，高等教育的特殊性也就决定了高校教师职业道德的重要性和培育方法的特殊性。

在我国，关于高校教师师德规范的最早论述是由康有为提出的，他按照幼教、小教、中教、高教的不同层次，分别提出了对教师素质的要求和行为准则："'德性慈祥，身体强健、资禀敏慧，有恒心而无倦心，有弄性而非方品者'；'学行并高，经验甚深'、'德性仁慈，威严端正，诲诱不倦'、'唯才德是视'；'行谊方正，德性仁明，文字广博，思悟妙通，而又诲人不倦，慈幼有恒'；'专学精深，奥妙实验有得'。"

综上所述，我们认为，高校教师职业道德是大学教师在从事高等教育劳动中必须遵循的人与人之间关系的行为规范的总和。粗略概括，它应该包括德性慈祥、学行并高、诲人不倦、专业精深等具体道德要求。

高校教师职业道德的关键和核心部分是职业这一概念，职业是反映以社会分工为纽带的社会形式和社会关系。为了更清楚地了解高校教师职业道德培育的社会前提，我们有必要认识一下职业这个范畴。

职业是一个用服务专长和服务信誉限制外人进入的封闭系统。职业具有如下特征：其一，进入职业的成员都是经过劳动前的学习，初步具有完成本职业的任务所需要的一般知识的劳动从业者。进入职场不仅是出于他们的志愿，而且还要付出跻身其间的努力。其二，职业都是具有服务专长的团体。服务专长既随着历史发展不断更新，也随其存在的历史而传代成俗。其三，职业之所以被社会生活认可，是因为社会生活有赖于它，若是它不能满足社会生活的需要，它就没有存在的余地。

认识职业的封闭性质和特征，才会搞清职业道德建设与职业存亡的关系。没有精益求精的专长服务，没有满腔热忱的道德服务，职业会自行垮台。职业道德建设是稳定和巩固职业封闭体系的一种调控手段。它的功能是提高职业成员对自己职业的封闭性的认识度，干一行，爱一行，信赖一行，维护一行。没有对职业封闭性的认识，则不会有职业的归属感和荣耀感；就会见异思迁，或是干一行糟蹋一行，败坏一行；就不会有在业务上精益求精、在道德上自觉修炼的内在要求。所以它是职业道德建设的生长点和出发点。

巩固职业的封闭性不是目的。目的在于为该职业架起通向其他职业和社会的桥，这就是职业要为社会服务，要招徕服务对象。从社会的视角看职业，它是封闭的；从职业功能的视角看职业，它是开放的。对内要讲开放，是为了教育职业内的成员面对社会寻找服务对象，扩大服务对象；对外要讲封闭，是为了向社会昭示，此职业是社会不可缺少的，是无法替代的。职业是内讲开放、外讲封闭的反差结构。教师育人越好，教育这个职业的声调越高，有赖于教育而存在的社会趋势就会增强，有志于从事教育事业的奋斗者也会越多。于是，封闭体系与社会沟通的渠道则更加宽广。

职业道德就是维护行业生存和尊严的必需手段，它是在个人完成了生理和心理的"断乳"以后，进入了劳动阶段中的教育。它是劳动中的教育，是成人的继续教育。高校教师职业道德教育也归属于这个范围。人的社会化过程大致可分为三个阶段：参加劳动前的社会化阶段，或者叫学习技能、准备劳动阶段，它包括学前教育、小学教育、中学和大学教育整个时期；劳动中的社会化阶段，即职工教育阶段；劳动后的社会化阶段，这是指退休离职后的阶段。职业教育是处在社会化过程三阶段中的第二阶段的教育。接受教育的既不是尚未成为社会劳动者的青少年，也不是离开了劳动岗位的退休人员，而是正在从事劳动的劳动者或工作人员。所以，职业道德教育的共同规律，就是在服务中接受道德，在服务中评价道德，在服务中展示道德。

职业道德与从业者的个人生活、社会发展休戚相关，是身份之德、角色之德，甚至是地位之德。社会有理由要求各行各业的从业之人爱惜各自的职业道德、尊重自己的身份之德。因为，只有这样才能使社会分工深入人心，各行各业相互尊重，整个社会才能有条不紊地运转。为此，社会也有义务为职业道德创造条件，培植土壤，让职业道德的种子健康地发芽成长。

那么，高校教师职业道德培育的社会环境和前提条件是什么？换言之，社会应该为高校教师职业道德的成长提供什么样的保障？我们认为，它们应该具有以下内容：其一，尊重师情、追求真理、弘扬功德，这是教师的权利；其二，无私奉献、酷爱师道、不贪功利，这是教师的义务。这些权利和义务的结合就是教师呼吁法律、舆论必须保障的其角色地位的内容。

尊重教师，珍视师情。这是教师的品德，也是教师的追求。教师虽然自己当不上元帅，但他培养了元帅；他虽然当不上总统，但培养了总统；他虽然不一定是科学家，但培养了科学家。他自己得不到的，绝不会让学生也得不到。恰恰相反，他要用自我的付出、奉献而使学生成长和完善。他自己不去做大亨、高官，但会教给学生关于经营、管理的知识。他不会凭借这些知识去谋自己的功名利禄，但他会因为这些知识是学生所需、社会所需而拼命去钻研和传播。他掌握知识，而不垄断知识；他占有阵地，而不世袭阵地；他珍惜时光，而不吝啬时间。这就是关于教师的无私精神的至美概括。

但是，教师并非义务绝对主义者、权利虚无主义者。他执著地履行义务，也冷静地思考权利。他造就了学生，也希望学生不忘师恩；他做出了奉献，也希望社会尊师成风。以为教师像蜡烛，淡忘了自己而会淡忘师情，这是不切实际的。以为教学相长，而视师生关系为"战壕"关系可以任意争斗，这是令教师不无伤感的。教师培养了元帅，他也期待接受元帅的敬礼；他培养了总统，也期待总统的问候；他培养了科学家，也期待科学家的祝福；他培养了企业家，也期待企业家的献花。

弘扬真理，重视福利。这是教师的理想，也是教师的生活。"朝闻道，夕死可矣！"孔子对真理、事业、理想、信念的酷爱及坚贞态度，几千年来都影响着教师。教师之道简称师道，包括教师需要的知识储备、技能方法、敬业精神和生活态度的全部精神总和。因为教师是人类文明传递的使者，所以，"学而不厌，诲人不倦"是教师的永恒格言。"学而不厌"是"诲人不倦"的前提，有了这个前提，教师才不致"以其昏昏，使人昭昭"，才有"得天下英才而教育之"的极乐境界。有了这种境界，才不会因"苔痕上阶绿"而有陋室之伤感，相反，会因有"谈笑有鸿儒，往来无白丁，可以调素琴"而产生"名""灵"的自慰豪情。知识就是美德，智慧就是财富，知识又是产生智慧的原材料。所以掌握知识越丰富的教师，愈会觉得精神充实，生活丰富多彩，进而则会有乐其道、不易其志的坚贞，即使是青菜萝卜，也能嚼出"宫商角徵羽"的音乐，看到"碧绿青黄赤"的图画。

但是，乐道而不安贫。教师也要生活，也食烟火。当年"有教无类"的孔子，在规定学生入学的程序上，也有"自行束脩以上，吾未尝无诲焉"的规矩，即学生需交一束肉干作"执见礼"方可入学受教。而且孔子的主要生活来源，并不是单靠微薄的"束脩"。他在卫国时，卫灵公问他："居鲁得禄几何？"孔子答："奉粟六万。"于是卫灵公也给孔子粟六万。当然，教师不饿体肤，不安于清贫，又是以"乐道"为前提的。执义勿图利，乐道不安贫，这是制约教师理想与生活行为的义利观。

倡导德功，敬重名师。这是教师的人生态度，也是教师的价值取向。教师不仅是人类文化的传递使者，更是树人的巨匠。芬芳的桃李，辈出的人才，就是教师的"功名录"。据说著名的数学家苏步青在一次同行高级专家会上曾这样说："我的水平不足以自诩，我的成就却是足以自豪。因为我培养了一流水平的数学家。"正因为教育有这种贡献，才使人类的文化史、文明史不是按照圆圈做圆周运动，而是循着梯级做上升的飞跃。正因为有人才的代际交替，才使人类一代一代地远离洪荒太古，一步一步向"摩登"走去。生产力是社会发展的最终动力，但生产力中人的因素及其智慧来自教育。人要启蒙，才会摆脱蒙昧；知识要传递，才会有迭增。所以，教师的功业彪炳千秋。他不但燃烧自身照亮别人，而且这种燃烧不是自我毁灭，而是将自我融进了人类的文化历史之中。所以，当上了教师，就要有成名的志愿、立功的行动，要力争成为大学者、大名人。这是教师应该珍惜的权利。不为教师的科学研究提供方便，压制教师的专业创造，不评定教师相应的技术职务，都可以视为"权益侵犯"，都应该被追究责任。

教师是谋功名的，但不贪功利。说到底，教师不是经济型角色、权力型角色、公关型角色。就其角色类属而言，他是智力型角色、名誉型角色。他以知识占有证明自己的财富，以授业传道表明自身的存在，以释惑解疑衡量自身的水平。作为表现型角色，教师不是逢场作戏，他的喜和忧始终连着学生，连着社会的文化、科学的昌盛和衰落。

综上所述，可以大胆假设，为了防止职业道德的滑坡，为了保证教师安于从教、乐于从教并以从教为荣，社会、政府应当为教师提供社会性的保障。在当前主要的措施是：排好品位，为烛灯添油，让教师先富起来。教师是太阳底下最神圣的职业。按照中国古代"天地君亲师"的等第，教师在人伦关系中排行第三。许欣欣在《2000年：中国社会形势分析与预测蓝皮书》中统计的《中国城市居民职业声望量表》表明：在中国城市的69种职业中，大学教授的职业声望紧随市长、政府部长之后排名第三。职业声望是影响职业社会地位的一个重要指标，由此我们可以比较欣慰地看到，经过社会和政府的努力，大学教师的地位在"文化大革命"后的几十年里得到了提升，这也折射出全社会重视教育、科学和文化的良好心态。保障这种发展态势则应该成为政府的责任。但在大学校园内的排名中，我们也仍然经常看到行政权力压制学术权利的现象，大学教授的权利不断地衰减，行政干部包揽一切的趋势在不同程度地蔓延。比如，在制订学校的办学目标、发展计划和远景规划中，忽视大学教授们的声音，而由行政领导主观武断地拍板；在学校招生、考试等方面，行政权力过大，有的甚至完全不顾学科特点和教师们的意见。这些现象都是轻视教师的表现，都是品位不清的操作。① 教师是烛灯，这是尽人皆知的比喻。烛灯能燃烧发光，是因为灯里有油。油尽则灯灭，这也是尽人皆知的常识。为烛灯添油，就是运用利益机制、激励机制，使教师倍增精神。

知识窗

古文赏析：《师说》是唐贞元十八年（公元802年）韩愈所作的一篇重要的论说文。文章批判了当时社会上"耻学于师"的陋习，论述了从师学习的必要性和原则，倡导从师而学的风气。

师 说

古之学者必有师。师者，所以传道授业解惑也。人非生而知之者，孰能无惑？惑而不从师，其为惑也，终不解矣。生乎吾前，其闻道也固先乎吾，吾从而师之；生乎吾后，其闻道也亦先乎吾，吾从而师之。吾师道也，夫庸知其年之先后生于吾乎？是故无贵无贱，无长无少，道之所存，师之所存也。

嗟乎！师道之不传也久矣！欲人之无惑也难矣！古之圣人，其出人也远矣，犹且从师而问焉；今之众人，其下圣人也亦远矣，而耻学于师。是故圣益圣，愚益愚。圣人之所以为圣，愚人之所以为愚，其皆出于此乎？爱其子，择师而教之；于其身也，则耻师焉，惑矣！彼童子之师，授之书而习其句读者，非吾所谓传其道解其惑者也。句读之不知，惑之不解，或师焉，或不焉，小学而大遗，吾未见其明也。巫医乐师百工之人，不耻相师。士大夫之族，曰师曰弟子云者，则群聚而笑之。问之，则曰："彼与彼年相若也，道相似也，位卑则足羞，官盛则近谀。"呜呼！师道之不复可知矣。巫医乐师百工之人，君子不齿，今其智乃反不能及，其可怪也欤！

圣人无常师。孔子师郯子、苌弘、师襄、老聃。郯子之徒，其贤不及孔子。孔子曰："三人行，则必有我师。"是故弟子不必不如师，师不必贤于弟子，闻道有先之后，术业有专攻，如是而已。

---

① 曾钊新. 教育哲学 [M]. 长沙：中南大学出版社，2003：98 - 101.

李氏子蟠，年十七，好古文，六艺经传皆通习之，不拘于时，学于余。余嘉其能行古道，作《师说》以贻之。

资料来源：韩愈，《昌黎先生集》

二、高校教师职业道德培育的主要途径

社会角色的类型不同，就有不同的服务规范。功利型角色的服务是要讲报酬的；表现型角色的服务是以技艺、才能的披露来实现的。商业工作者、生产企业者是功利型角色；大学教师是以弘扬真、善、美为核心，以技艺、才能等服务形式为表现的社会角色，这种角色的职业道德培育需要通过心印、亲认、见深、近宜的方法手段才能实现，才能达到预期的效果。

（一）心印法

心心相印，教要通心，理要润心，"润物细无声"，才能唤起被教育者的心灵共鸣，开启被教育者的心扉。心印法，就是以不同年龄、不同身份的人的心理特征为根据，选择不同的形式和不同的重点内容，进行师德教育。榜样的示范，竞赛的开展，家庭的熏陶，诤友的直言，文艺的欣赏，都是师德教育的活动形式。仅仅把师德培育理解为课堂的宣讲是不全面的，它具有"集群活动"的特征。按照不同时期的人的心理特征，组织不同重点的内容进行教育，才有可能易于被不同时期的人所理解和接受，因为"心理基地"才是教育的可接受性基地。比如，青年的思想是一匹无缰的骏马，它在追求，但不一定有正确的目标。因此，正确地诱导青年树立正确的理想，既是专业教育的前提，又是道德教育的主题。而好胜是中年的心理特征。年富力强，不甘落伍，建功立业，但不一定能正确处理荣誉和失误的关系，因此正确对待同行，相济共事，不求虚荣，是中年道德教育的内容。

（二）亲认法

这种方法是以人的不同的认知水平为根据，采用不同的教育方式进行教育。道德教育的基本存在是以情动人、以形感人、以理导人和以境育人等四种方式，即在"情"、"形"、"理"、"境"等因素中实现对人的品质培养。这种方式在师德教育的实践中可以交替出现，互相衔接。"情"能拨动心弦，点燃激情，使受教育者在感染中逐步形成高尚的道德品质；"形"可以用崇高的形象、具体的接触，

使受者在经验中学习道德规范；"理"可以抽象的思维、高度的概括，使受者自觉地思考做教师的责任；"境"则可以设立情境，使受者在复杂艰苦的环境中，自觉地概括教师的道德准则，自我完善品德。

（三）见深法

道德教育既有不同阶段的具体目的，又有全过程的共同目标。我们进行教师职业道德教育的总目标是以全心全意为人民服务为基本原则，对教师施加社会主义职业道德的影响，使其形成社会主义的教师职业品德。为此，就要始终不离基本原则，设计出梯级式的教育程序，使受教育者一步步地达到预期目标。我们可以把教育的阶段一分为四。

第一阶段是"给的教育"，就是培育教师全心全意地为学生服务，为学生着想，将自己的爱心无私付出的道德教育。孔子主张教师对学生要"仁爱"，做到"诲人不倦"。他说："爱之能勿劳乎？忠焉能勿诲乎？"（《论语·宪问》）我国近代教育家夏丏尊说，教育没有感情，没有爱，如同池塘没有水一样，没有水就不能成其为池塘，没有爱，就没有教育。瑞士著名的教育家斐斯塔洛齐提倡教师对学生有"母亲般的爱"。

第二阶段是"立的教育"，就是培养教师矢志教育，忠诚教育事业，正确处理好个人利益与教育事业利益关系的道德教育。因为立志是教师迈开大步的航标，树立为社会主义教育事业奋斗的远大理想，是一个高校教师走向成熟的标志。

第三阶段是"钻的教育"，是指高校教师要"严谨治学，学术有成"，在自己的专业领域锐意进取，不断提高自己的学识水平。荀子认为，当教师必须具备"博习"精神。他说："诵说而不陵不犯，可以为师；知微而论，可以为师。"（《荀子·致仕》）人民教育家陶行知先生第一个明确把教师钻研学问与搞好教学工作直接结合起来，将它看做师德的重要内容和要求。他倡导，教师每天要问一下自己："我的学问有没有进步？"在治学态度上要做到"一"、"集"、"钻"、"剖"、"韧"五个字，以便"于己于人于社会都有贡献"。

第四阶段是"和的教育"，是指教师在知识积累和道德修养等方面和谐发展，相互促进，使之逐步融合的过程。"喜怒哀乐之未发者，谓之中；发而皆中节者谓之和。致中者，天下之大本也；致和者，天下之大德也。"（《中庸》）只有到了"和"的层面，教师才能正确处理好"教"与"学"的关系、师与生的关系、家与业的关系、个人与集体的关系、利与义的关系，才会真正称得上是德才兼备、文质彬彬，才会拥有和而不同的大家风度。

四个阶段的教育前后衔接，互为因果，逐步提升，使得教师的职业道德培育逐步见深，走向完美。

（四）近宜法

因"地"制宜，因"时"制宜，因"近"制宜，以不同类型的社会生活为基地，采用不同的教育环节，形成一定的教育模式，这就是近宜法的具体操作。在高校教师职业道德的培育过程中，近宜法的操作模式大致由入学教育、平时考核、期末评比和结业典礼等环节构成。

入学教育，无论是新生还是新任老师，都是带有"序言"性质的一课，要向他们讲清道德调节的意义，使之掌握道德规范的内容。平时考核要包括经常性的道德教育和道德评价工作。把道德放在平时考核的内容中，可以促进师生加强道德修养，不断完善自己的品行。期末评比，这是道德的群众性评价活动，它在对道德行为作出肯定或否定的舆论作用下，扬善抑恶，把道德水平提高一步。结业典礼，这是学校工作的一个特有环节，它对即将离去的学生给予临别赠言，师生依依惜别，既是道德实践的检阅，又是新局面开创的起点。

为把道德规范变为现实的教育力量，学校中还可采用编唱校歌、设计校徽、陈列校史等形式，使道德广为流传，成为校风中的重要内容。

经过以上的程序和形式，一个学校一定会形成自己独特的校风。校风是一个学校精神文明的综合指标，它包括政治水平、道德面貌、业务技能、生活方式和环境布置等多种因素。其中道德面貌是诸因素的主要因素。良好的校风一旦形成，它就会成为一种强大的精神力量，可净化学校的风气，并为改善社会风气起着良性波及作用；又因它沿袭相传，更能影响着历代师生为教育事业奋力建树。[1]

第二节　高校教师职业道德的自我修养

自我修养是高校教师职业道德建设中的另一个重要内容，是大学教师在其职

---

① 曾钊新. 教育哲学 [M]. 长沙：中南大学出版社，2003：278 - 280.

业道德实践中将职业规范与个人行为的主动联结，是经过自我选择、自我评价、自我批判之后的个人品质定型，它具有自动性、自觉性和自律性的特点，它与社会培育相互配合，主要从修养者的内部寻求高校教师职业道德建设的有效途径。

一、高校教师职业道德修养的可能

教师职业道德修养就是把从职业道德教育、职业道德评价等道德实践中获得的认识，经过自我的扬弃，将可以肯定的因素消化，转化为个人品质的定型过程。高校教师职业道德的自行修养具有以下几个特点。

（一）事物的发展和前进是以外因为条件、内因作根据的

外因要通过内因而起作用。就个人的品德形成来说，道德教育是外因，道德修养是内因。个人要通过自我消化，汲取"活动集群"中的道德教育的乳汁，转变为个人道德机体中的营养，使品德的细胞繁殖并健康成长。消化就是将摄入的食物转变为可以吸收利用的营养物质的过程。道德修养就是道德消化。囫囵吞枣，不经消化，于机体是无益的；不经过自我认识、自我成型、自我鉴定的培养过程而堆砌起来的品德也是不巩固的。

就广义上讲，道德教育也是道德修养。不过这种修养是通过课堂的宣讲、榜样的示范、文艺的欣赏、竞赛的开展、良师的诱导、诤友的直言、同志的谈心、家庭的熏陶等"活动集群"，有目的、有组织、有计划地对人们施加系统的道德影响。对被教育者来说，道德教育既是"外来的"，又是"群体的"，是群体给人塑造灵魂。塑造灵魂是细腻的雕刻，不仅使灵魂具有美的骨架，而且具有美的内核。灵魂本来就是内在的品德，因此内在的品德还必须依靠内在的力量来塑造，还要有被塑者自身的雕塑功力。正是在这个意义上，我们把道德修养理解为是在道德教育这种外来的群体雕塑的同时进行自我雕塑，是对道德教育的自我认识、自我成型、自我鉴定的过程。

我们强调高校教师道德修养中的自我审定、自我吸取、自我成型的能力，正是为了强调教育职业道德建设中的自觉性和主动性。按照美的规律能动地追求和能动地建构，是教师的职业特征，我们千万不要有愧于人类灵魂工程师的神圣称号。

（二）自我定型

把道德认识加深，使道德品质成长并逐步铸定，是道德修养的唯一任务。在

完成这个任务时，它虽然经常采用道德修养这种方式，但又不同于道德修养。因为道德修养的实质是思想斗争，它像"打官司"那样，在整个修养过程中既克服又保留，有排泄又有吸收，克服和排泄糟粕，保留和吸收精华。道德培养则是取正面的肯定方式，它像垒墙那样，一砖一砖，日复一日，筑成个人品德的大厦。况且道德修养还包括道德水平或道德境界的行为过程，在这个过程中，一方面它取其经过扬弃后的道德精华作为构筑个人品质的材料，另一方面这些材料也不是原本的感性物，而是经过扬弃后的成型"砖块"。

所以，在这个过程中是正面与成型的一致。一般说来，经过修养后的品质要改变是不容易的，因为这里的建筑是按照成型结构铸定的。所谓"成型结构"，就是经过理性的扬弃和理性论证而成的道德信念。把道德信念作为锻造大学教师道德品质的材料，这样垒起来的职业道德大厦当然是坚不可摧的，它必然表现为矢志不渝的高尚节操。

（三）循序升高

道德品质是在后天的实践中不断获得和加深的。因此，师德教育必须从上岗前抓起，步步抓紧；师德修养必须从当教师的第一天做起，步步升高。

上岗前培养热爱教育、献身教育的品德，随后培养育人传道、培养新人，爱学生、诲人不倦，严谨治学、搞好教学，关心集体、团结互助，尊重群众、服从领导，尊重家长、互相配合，以身作则、为人师表等品德。从立志、向学、敬业、爱生、乐群到和谐，环环相连，步步见深，使师德修养在道德实践中步步为营，逐渐充实。

不仅在师德修养的内容上应循序升高、日益升华，而且在师德修养的方法上也应日渐加深、愈加自觉。开始可以采用比照的方法进行师德修养，学习古今中外著名的教育家、优秀教师的优秀品质；随后可以采用比赶的方法，更新自己的理想，树立目标，制订计划，不好高骛远，可以周边的优秀教师为参照，不断追赶，锲而不舍。

师德修养是个人品质的定型，但不是一成不变、一蹴而就的。它沿着步步加固、节节上升的路线使品德日趋完善，从低到高连续不断。师德修养的递进性是量变的渐进性和质变的飞跃性的统一。量的积累为质变做准备，飞跃是日益积累的必然结果，每飞跃一次则是向道德境界的更高层次的靠拢或重合。

师德修养的"消化自汲"特点，实际上是在获取道德实践的感性材料的基础上的思维加工的功夫；"正面定型"特点，则是经过思维加工后所做出的肯定判断；"循序升高"特点，是在做出了肯定的道德判断，从而提高了道德的认识水平后，又进一步去正确调整和指导道德行为的过程。

总之，师德修养是在道德教育的基础上，经过自我修养的扬弃，从正面培植和提高自己的品德的过程。它是道德教育活动的深化，也是道德修养活动的纯化；是道德认识的品格化，也是设置在自身的道德冶炉；是道德实践在个人方面的展开，也是其他道德实践形式的补充。

师德修养的过程，可视为从"师德的感性实践—师德的理性肯定—理性指导的师德实践"的过程，这就是认识过程在师德修养中的体现。在认识过程中，理性认识是实现物质变精神、精神变物质的中间环节。它承前启后，把实践升华为具有普遍意义的理论，又成为指导更高阶段实践的前提。道德修养在个人的道德生活实践中也起着这种承前启后的作用，它既是对个人已经领受的道德实践的总结，又是将要进行的更高一级道德实践的奠基，具有"总结"和"奠基"的双重职能。①

道德培养中的"总结"具有认识过程中的"理性"性质，又具有不同于"理性"的特殊性质。"理性"是关于认识对象的内在本质及普遍意义的掌握。人们用理论把握对象，并在观念上改造客体。"总结"是关于道德实践带有普遍意义的那些原则的概括，是移入人脑并在人脑中改造过的道德实践的具体现实材料和建立起的体现人对道德现实行为的原则的把握。道德原则总是具有一定范围内的普遍适用性的，以普遍性原则为标准来判断自己的行为道德与否，是使个人行为与道德价值相吻合的可靠保证。将这一判断换一种表达方式，即："我只去做那种人人都能做并且允许我做的行为，别人都不许我去做的事我也没有任何理由标新立异。"道德原则之所以具普遍性，是因为它是约定俗成的。所谓约定俗成，就是说每个人都是道德的立法者，而任何个人又都不可能成为道德标准的最后制定者；只有个人在行为方面的愿望和要求具有普遍性，得到绝大多数人承认时，这些道德愿望和要求才会成为人们的实践道德。说到底，社会存在决定人们的意志，而人们的意志又产生出一定的行为方式和行为要求，因而道德具有普遍性的特征。于是，它就要求个人从普遍意志的角度去审定自己的道德立法，排除自己的那些

---

① 曾钊新. 教育哲学 [M]. 长沙：中南大学出版社，2003：283–293.

不能成为普遍意志的东西。

但是，道德培养中的"总结"是不同于认识过程中的"理性"的。"理性"以揭示对象"是什么"、"是怎样"为任务，"总结"以告示主体"该不该"、"该怎样"为任务；"理性"以概念、判断、推理的形式，抓住事物的本质，揭示事物的趋势，具有陈述性和预述性的意义，"总结"则以律令的形式，告诫人的行为的社会价值，具有指令性和定向性的意义。

法律也是法令，但它和道德律令又不一样。法律通过国家认可的成文形式，又凭借国家的力量，用"管不管"、"服不服"的方式去把握现实；道德律令则是通过不成文的形式，凭借信念、舆论和习俗的力量，用"该不该"、"好不好"的方式去把握行为。

作为道德"总结"的律令也在"总结"中继续深化，组成由律令、统治律令、自动律令构成的递进层次。"律令"只解决"应该"的定性问题，"统治律令"解决"处处应该"的定量问题，"自动律令"则由"处处应该"进入"自然应该"的习惯反射层次。一旦"应该"进入"自然"这个层次，"律令"就经由"总结"而转化成为个人的品德。品德这一概念，可以在社会生活中揭示出人们行为最典型的特点，必定表现为对待人及事的一定态度，是一个人具有道德意义的倾向在相当长时间内、在固定的或不变的条件下所做出的行为指导的总和，是"灵魂秘密"的实在内容。

没有"总结"作为道德律令的加工工艺，就没有对道德材料的消化和对道德品质的浇铸。这就是"总结"作为道德培养的第一个职能。道德教育的作用当然取代不了它，因为道德教育只是为品德的铸造提供材料而已。而道德修养是对所提供的材料的加工，加工的目的就是定型的成品。

道德修养的"奠基"职能，具有更加重要的意义，它既是道德品质向道德行为飞跃的起点，又是对道德行为的自觉指导。

以上问题，可以从两个方面来理解。一方面，这是道德修养本身的要求。从道德的感性实践到道德的理性肯定，这还不是道德培养的全部目的和归宿。道德修养的目的包括在每个人身上形成道德品质和在实践中实现这些品质两个部分。"总结"是解决"形成道德品质"的问题，"奠基"主要解决的是"实现品质"的问题，同时又是品质的继续和完成。"总结"和"奠基"相互区别，各自有所侧重；但它们又是相互联系、相互渗透、不可分割的。在这种既对立又统一的关系中，"总结"是"奠基"的准备，"奠基"是"总结"的归宿。另一方面，由道德的理性肯定向道德实践飞跃，也是道德实践本身的要求。道德品质要见之于行为实践，同时行为实践要求道德品质的规划和指导，这是同一问题的两个方面。强调道德品质向道德行为飞跃，这本身就包含了对道德品质指导作用的重视。

由于道德修养起了"奠基"的作用，就使作为精神状态的道德品质物化或对象化，使精神力量化为物质力量。实现了这种飞跃，道德品质就成了道德品行。如果说道德活动的概念只表示目的明确的和有道德动机的行为，那么品行则把一个人所有的行为完全包括在内了，因为这些行为能够受到道德的评价。

道德品质要见之于道德实践，道德实践要由道德品质来指导，都说明了道德修养作为"奠基"的职能是绝对必需的。

"奠基"职能之所以必需，还因为由"总结"得来的品质究竟是否合乎道德，必须再回到道德实践中去检验，使它得到修正、补充、丰富和发展。这样才能达到道德修养"循序升高"的特征规定。

要使道德修养真正成为道德实践飞跃的"奠基"转化，必须具有如下三个基本条件：第一，将要"物化"的道德品质应当是正确的；第二，将要"物化"的道德品质应当成为自己的道德信念；第三，在飞跃过程中，始终要从实际出发，坚持道德的理性肯定和具体情况的实际需要相结合的原则。

二、高校教师职业道德修养的必要

教师是怎样的一个职业，即教师的社会角色如何定位？这是对教师"形"的审问和慎思，古今中外的先圣哲人对此早有勘定。《周礼》记载："师，教人以道者之称也。"韩愈的《师说》："道之所存，师之所存。"荀子说："礼者，所以正身也，师者，所以正礼也。无礼，何以正身？无师，吾安知礼之为是也？"高尔基认为："世界上最美好的职业就是做一个人民教师。"夸美纽斯认为："太阳底下再也没有比教师这个职业更高尚的了。"还有人说，教师的职业很像农民，农民把种子撒在土地上，教师把知识种子撒在学生的心里，学生的资质便是土壤，资质的优劣就如土壤的肥瘠，经过日复一日的耕耘、施肥、灌溉，终会有桃李满园。

可见，教师是传道、授业、育人的崇高职业。那么，教师应当怎样传道、授业、育人？即教师应当怎样做才是合格的教师？这是了解教师"是什么"之后，思想向更深层次的渗透和延伸，是"应然"对"实然"的审示和补充。教师的角色化存在是一个有着很浓厚道德范导意义的角色化存在。它总是凝聚教师对自身使命的某种"敬畏"。我们看到这种"敬畏感",是一种为人类文明或文化传递"薪火"的道义责任在教师角色化存在中的必须体现,也是一种为人的生命存在的潜能和理想新人的塑造而担忧的人类良知在教师角色化存在中的必然体现。敬畏必然表现为道义、良知和职责。通过教师角色的敬畏感可以实现"有所为,有所不为"的道德自律,固化为教师内心的术、德、艺三个方面的责任感和使命感。陶行知先生一生从教,知行合一,张弛自如,堪称教师的楷模和表率,郭沫若为其书写墓联时,将其教育一生概括为"千教万教,教人求真"。这个概括高度浓缩和提炼了陶行知的教育思想和育人理念,同时也为我们提供了教师从教施教之纲。爱因斯坦说过:"我认为对学校来说,最坏的,是主要靠恐吓、暴力和人为的权威来进行工作。这种做法摧残学生的健康的感情、诚实和自信……使学生对教师的尊敬唯一的源泉在于教师的德和才。"要使学生"亲其师,信其道",教师应当是"智如泉涌,行可以为仪表者"。陶行知先生毕其一生"教人求真",昭示教师应该以教育学生学习真知、追求真理、锻造真人为责任的职业真谛。教育是灵魂对灵魂的改造,教师工作的工具就是"魂",他们靠"魂"来征服学生,而这个"魂"就是教师的内在职业修养。

（一）业精为师,教师应有的职业专长

师者,先行者也,能授业传道者也。做人之师,必须在知识的占有上走在学生的前面,要具备解疑释惑的本领,要有能把复杂的局面明了化、简单的认识系统化的高超艺术;要有能把深奥的道理形象化、通俗的表白哲理化的厚实功夫。所以一个称职的教师,必定千方百计地训练口才,嚼烂教材,博览百科。他绝不是一个饱食终日而无所事事之徒,而应是淳厚饱学之士。马克思曾说:"如果我们选择了最能为人类福利而劳动的职业,我们就不会为它的重负所压倒。因为这是为全人类所做的牺牲,那时我们感到的将不是一点点自私而可怜的欢乐,我们的幸福属于千千万万的人。"教师以从事教学工作为己任,并且他一般总是教授某一个或某几个领域的知识,因而,他一方面需要一定的专业基础知识,同时也需要教育、心理、伦理、社会等方面的知识以及一定的专业、学科前沿知识。教师这三个方面的知识缺一不可且是成塔形排列的:最低层是教育、心理、伦理、社会学等方面的知识,这些知识是获取教师资格的职业入门知识,属于职业常识。教师不懂教育学、心理学、伦理学等人文科学常识就如同军人不知爱国而无权看守疆土、医生不知爱"生"（生命）而无权对待患者一样无权去照管学生的心灵。中间层是专业知识，它是教育知识结构中的主体部分，也称为主体知识和标志性知识，它显示教师的专业身份，表明教师的研究专长。最高层是尖端知识，也称为创新知识，它代表了教师的研究能力和研究水平。为此，教师应有"钻"业务的精神，要在自己的专业领域锐意进取，不断提高自己的学识水平。

（二）德高为范，教师应有的职业品格

教师是以教育他人为职责的，他要起到引导他人思想品德的作用，促使受教育者达成特定的社会化要求，服从、依循所属社会群体的道德规范，其自身首先就应该成为他所要求学生成为的那种人。孔子说："其身正，不令而行；其身不正，虽令不从。"（《论语·子路》）车尔尼雪夫斯基认为："教师把学生造成一种什么人，自己就应当是这种人。"教师的道德结构包括教师的"德心"和"德形"两个方面，它主要揭示的是教师应该具备的道德品德和职业品格，换言之，它规定了什么样的人是合乎社会对教师道德上的要求的。

1. 教师的"德形"是教师道德要求的外在表现，包括教师的仪态、行止、业功等方面的要求。

（1）仪态。是教师在教学活动中，在面部表情、衣着仪容等方面表现出的一种外在行为方式和特征，是教师在身体修饰、衣着打扮方面的外部形态，是教师精神面貌的展现。

（2）行止。是指教师的行为举止。眼睛是心灵的窗口，行为是心灵的表白。教师的行为是自身修养的外在表现。行为得体、举止文雅、处事得当、待人中和的教师，他的行为就是无言的教育。在教育过程往往这种隐性的传播、无意的影响能起到意想不到的效果，善的言行会为教学增色添彩，而恶的习惯会对教学的进程增加阻力。

（3）业功。是指教师的教育能力、教育水平和教育功力，主要指教师内在的智能结构。教育水平的高低直接影响到教学效果的好坏。第斯多惠在《德国教师教育指南》一书中指出教师应不断地教育和提高自己，"谁要自己还没发展、培养和教育好，他就不能发展、培养和教育别人"，"只有当他自己致力于他自己的教育和教养时，他才能实在地培养和教育别人"。

2. 教师的"德心"是教师道德要求的内在诉求，由敬、勤、淡、静、礼、诚六德构成。

一谓"敬德"。它强调要培养高尚的道德情感，真心诚意地履行道德规范，言行一致、内外合一。"敬者，主一谓敬，所谓一者，无适之谓一"，即教师应志向坚定，严谨专一，固守不易，并且甘于奉献。

二谓"勤德"。有了对教育事业的忠敬之情，就要求教师把热爱本职工作的情感转变为自觉履行道德规范的行为，勤于事业，认真履行教师的基本职责。《礼记》中说："师也者，教之以事而喻诸德也。"

三谓"淡德"。即教师在其职业劳动中，必须坚守高尚情操、淡泊从教，不为物欲所惑，保持一颗恬淡之心，但这并不否定教师对个人正当利益的追求及不断提高教师生活水平的合理要求。

四谓"静德"。要求教师始终如一地坚守教育目标，有毅力，不浮躁，不急于求成。认认真真、踏踏实实地做学问，宁静而致远。

五谓"礼德"，即进退有节、不卑不亢、知书达理、文质彬彬。遵循礼德，要求教师为人师表。礼者，仁之表也。懂礼的人是内心有仁的人，仁者爱人，因此，知礼要从爱人、爱学生开始，只有内心充满仁爱和感恩的人才会诚心诚意地知节达礼。

六谓"诚德"，即教师要实事求是、正直忠厚、表里如一、言行一致、知行合一；反对假话、大话、空话，反对言而无信，行而无果。"身教最为贵，知行不可分"，教育心理学研究表明，教师言行一致，以身作则，能够激起教育集体内其他成员的崇敬和向往的心理，并以之为效仿的对象，同时它还能造成和谐的人际氛围，有利于师生之间的信任和合作。

（三）艺娴为尊，教师应有的艺术品质

教师应在占有一定知识的基础上，结合自身的教学实践经验，形成与自己的个性特征相应的教学技能，成为驾驭教学的能手。哈里·道认为："教学完全不是由实验室里产生或大学教室里学得的整理成文的技术和原则的应用而结合的过程。""教学实际上是一种表演艺术，教师的选择、训练、职业指导、工作条件以及人员补充的方式等都应参照其他表演艺术的特点。"马卡连柯感到，如果一个教师缺乏教学艺术的应有修养，不能随机应变地运用多种教育技巧，他就"不可能成为良好的教师"。他说："只有在学会用15种至10种声调来说'到这里来！'的时候，只有学会在脸色、姿态和声音的运用上有20种风格韵调的时候，我才变成一个真正有技巧的人。到了这个时候，我就不怕有谁不肯接近我，或者对所需要的没有感觉了。"他还说："我相信高等师范学校里，将来必须要教授关于声调、姿态，运用器官，运用表情等课程，没有这样的训练，我是想象不出来可能进行教师工作的。"韦伯（F. Weber）也谈到："教育家者，亦即艺术家也。换而言之，即教育上之艺术家也。故于语言，于行动，不可不具有艺术家的能力。以前者言之，则必长于词辩，巧于衍述。以后者言之，则必精于图画，巧乎手工。"董仲舒认为："善为师者，既美其道，有慎其行；齐时早晚，任多少，适疾徐；造而勿趋，稽而勿苦；省其所为，而成其所湛，故力不劳而身大成，此之谓圣化，吾取之。"

教师只有在术、德、艺三个方面刻苦修行，不断提升，方能有所成就，方能成为名实相符的教师。但是，一名定位准确、志向坚定的教师除了应在术、德、艺的能力方面有所造诣外，还应自觉地将教育事业与人生幸福联系一起。换言之，好的教师不会把对自身的要求看成仅仅是一种责任和义务，不仅仅是"要我如此"，好的教师会把职业要求与自身的价值追求和人生幸福捆绑一起，是"我希望如此"。因此，教师不要仅仅将术、德、艺视为职业目标，而应把教育事业与自身幸福合而为一视为最高价值、最终目标。这种事业与幸福的和谐统一就是教师的人生境界。教师除了有能力还要有境界，只有具有境界的教师，才能获得精神上的真自由、真解放，才能使自己的灵与肉摆脱世俗的束缚，而进入永恒和无限的意义体味之中。①

三、教师职业道德修养的方法

师德修养的过程，即是使师德原则和规范固定人的行为的"动力定型"，成为人的灵魂王国中的精神建筑的过程。近朱者赤，近墨者黑。关心和注重教师的道德实践，使教师在职业道德修养的过程中接触到无数可歌可泣的事实，耳濡目染就会受到感化，得到美的感受和善的熏陶，高尚的品质就由此印入心田，作为"外在"的客体，就转化为"内在"的观念。这就是品德形成的根本途径。

教师职业道德修养主要有学习、鉴戒、树标、日记、慎独、践履等重要手段。

（一）学习

学习是领受已经被总结为高尚品质成果的手段。特别是学习中外著名的教育

---

① 曾山金. 教育目标的伦理管理 [M]. 长沙：湖南人民出版社，2007：157 – 167.

家、思想家的著作，把他们已经提炼升华为教师品德的那些宝贵成果，直接作为我们品德的原则、规范和成分，这是师德修养中极富成效的方式。高尚的品德来自崇高事业的社会实践，但我们不可能事事都直接实践，我们还须向间接经验学习。只有用人类的优秀成果武装自己，才能成为一名合格的教师。

（二）鉴戒

小乘佛教中对于个人修炼的要求，有持戒、修定和修慧三种。其中的持戒就是遵守戒律，做到不杀、不盗、不淫、不妄语。《礼记》中也有"非礼勿视，非礼勿听，非礼勿言，非礼勿动"的要求。我们在道德修养中借用这种方法，并将其延伸为"鉴戒"。鉴戒是以戒为鉴，从应该否定的品德的另一端，向我们发出的"此路不通"的信号，使我们忌讳从而少走弯路，缩短我们直接达到高尚品德的距离，减少不必要的道德修养中的"能量消耗"。鉴戒虽然不是为道德修养提供直接肯定的"原料"，但绕过那些不必要的折腾，可以使我们夺取时间去对那些应该肯定的"原料"作出肯定，使我们尽快作出"总结"，及早找到"奠基"，以便实现向更高道德实践的攀登。

（三）树标

树标是把现实的榜样作为师德修养的明镜。在道德教育中，常常采用榜样示范的方式，这种方式和道德修养中的"树标"并不完全一样。在那里，榜样是作为教育者向被教育者灌输的材料，在这里，榜样则是修养者自己设计的楷模；在那里，榜样是启发式的注进，在这里，则是请进式的启发。虽然可以取同一榜样，但途径不同，效果也有差异。如何使榜样的品质真正成为自己品德中的血液，借用郑板桥"眼中之竹"—"胸中之竹"—"手中之竹"的珍诀，是不无意义的。竹由"眼"入"胸"，再出于"手"，于是，眼外的竹就成为笔下的竹。同理，我们也可以把学习标兵视为"树立的标兵"—"心里的标兵"—"复现的标兵"这样一个融会转化过程。

（四）日记

日记是思维和感情的积极性作用的标志，是道德修养的"自白"的形式。

汉朝刘向《新序·杂事》说："司君之过而书之，日有记也。"可见，作日记由来已久，而且与思想修养连在一起。将自己思想上的收获、情感中的熏陶，书录下来，既可反躬自省，又可指点未来。它是昨天的足印、今天的镜子、明天的

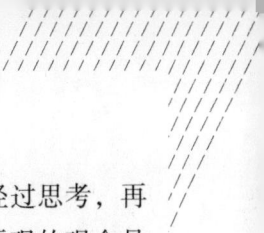

路灯。在道德修养中采取日记的方式，可以把已经获得的道德经验经过思考，再现于观念之中，跃然于纸墨之上。由于人的思考具有反思的性质，再现的观念是经过了加工和扬弃的精制的精神新产品，是在精选材料进行品质垒筑的自我实践，因此日记不仅是关于自己进行道德修养的纪实，也是对善恶判断的自我能力的锻炼和考验，是关于道德是非认识的升华，是对品质垒筑的再认识和再体验。鲁迅坚持写日记，雷锋的道德实践和品德锻炼也都反映在雷锋自己的日记之中。一部好的日记，自己读来，可以看到自己是如何经过日积月累筑起个人品德高楼的；旁人读来，可以听到道德进步的脚步声；后人读来，可以领受到道德教育的亲切呼唤。这种日记，实际上是道德教育的具体教材、道德修养的直接营养。

（五）慎独

"慎独"一词出于《礼记·中庸》："道也者，不可须臾可离也，可离非道也。是故君子戒慎乎其所不睹，恐惧乎其所不闻。莫见乎隐，莫显乎微，故君子慎其独也。"《大学》也说："诚于中，形于外，故君子慎其独也。"慎独的意思是指在无人觉察的闲居独处时，尤须谨慎地对待自己的行为，自觉遵守道德要求。它是我国传统伦理道德的修养方法，也是师德修养的重要方法，更是师德修养的一种极高境界。慎独是一种自律的行为，是主体自己约束自己，自己限制自己。它是一个由自重、自省、自警、自励组成的自律系统。自重就是尊重自己的人格，注意自己的言行，珍惜自己的名誉，待人处世端庄厚重，注意自己的身份，不失之于轻浮、流俗。《论语·里仁》中说："见贤思齐，见不贤而自省也。"自省是指人的自我反思、自我省察，辨察自我意识和言行中的善恶是非，严于自我批评，及时改正自己的错误。自警，就是自己警告和告诫自己，时时刻刻不忘记自己的身份。自励，就是自我鼓励和鞭策。自重、自省、自警、自励相互关联，层层升高，反映出慎独修养的全过程。

（六）践履

践履就是把师德培养中已经成型的品德，即"灵魂的秘密"交给社会"验收"。道德本身就是言行一致的社会现象。道德培养的目的在于铸造高尚的品德进而指导自己的行为，践履正是为这一目的服务的手段。如果通过"修养"，"总结"了一套品德的概括而不去实行，那么，这样的道德修养就成了道德摆设的代名词。"灵魂的秘密"只有在社会的"验收"中，根据社会的评价进行修正，方可领得社会的"许可证"和"合格证"。

第三节　高校教师道德素质的养成与提高

高校教师道德素质的养成与提高是以道德心理的优化为基础前提、以职业道德知识的内化为承载内容、以道德人格的升华为目标预期的三位一体整体运作。道德心理的优化主要揭示个体道德心理的运行规律，从科学的角度探索道德教育的有效手段；道德知识的内化主要揭示知识与心理，特别是与个体情感之间的关系，从道德认知的角度探索道德教育的实现途径；道德人格的升华主要揭示道德人格在道德教育中的特殊性和重要性，从道德教育目标的角度探索道德教育的最终追求。

一、高校教师道德心理的优化

心理学家皮亚杰认为，个体心理的发生发展过程，既不是外部物理世界的简单复本（经验论），又不是主体内部预成结构的展现（预成论），而是在主体不断成熟的基础上，与客体相互作用的过程中获得个体经验与社会经验，使图式不断地协调、建构，逐步形成一系列由低级到高级的心理图式（或称认知结构）的过程。因此，道德图式，是个体道德接受的心理机制。所谓道德图式，是指发源于道德活动，而又作为先存的心理状态，来制约主体活动的若干具有价值向性的道德意识单元的有机组合。虽然道德图式往往作为一种先存的心理状态，对人们的道德活动产生影响，但是，道德图式本身却又是道德实践的产物。个体只有在道德实践中反复感知大量的道德现象，并经过道德理性的不断升华，才能逐步确立起比较稳定的道德图式。

道德图式一旦确立，就不仅对个体的道德行为发生影响，也对个体的道德认知发生影响。道德图式往往作为一种主观的内在尺度，引导个体对道德现象做出有意识的评价或无意识的反应。在实际的道德活动中，人们往往亲近和肯定那些与其内在的道德图式相一致的道德现象。

道德图式由道德图式内核与道德图式外周两部分组成。道德图式的内核，是一个道德体系从根本上区别开来。道德图式的外周，是道德图式的核外区域，通常为那些具有共同性的道德因素或整个人类最为基本的德性以及与之相应的道德情感等心理因素所栖。这是道德图式的非本质部分。具有共通性的道德因素或最基本的德性，就是我们所谓的道德意识和道德情感，它们往往在不同的道德图式中都有体现，因为它们是人之为人的一个根据，是人与兽的区别之所在。①

因此，高校教师职业道德心理优化就是要建构正确的道德心理图式，特别是要树立端正的积极的道德心理图式的内核，这是因为道德图式内核是整个道德图式的本质规定之所在。作为本质存在的这种基本内核，实际上指示出个体道德行为的方向。个体的道德潜能，必须在现实中沿着这一确定方向展开。取消道德图式的这种基本内核，并不意味着同时就取消了个体的道德潜能，但是，没有基本内核作为依托，道德潜能就只能以无序的、混乱的方式展开。

我们认为求真的品格就是高校教师职业道德心理图式的基本内核，教师的道德心理活动都应以此为基础进行展开。为什么高校教师的心理图式以求真为内核？我们从两个方面来分析：一是求真在高校活动占有的地位，二是求真的特殊功能。

求真是教育活动的品德要求。高等学校是学术性组织，因此在教育组织中主要进行的是学术活动，当然还有各种行政行为、经济行为，但主要的是学术行为、教育行为。学术行为是以探求和揭示世界的本体、思维的方法和人生的意义为宗旨的认识活动和实践活动，科学活动、道德活动和审美活动构成了学术行为的全部内容。其中，科学活动占据了重要的地位，在某种意义上看，学术行为实质上是一种科学活动，因为科学是对世界的规律性和知识的真实性的探索，它是人类了解和改造世界的最根本的方法和途径，它既为道德研究和审美研究提供了素材，又为它们提供了依据。而科学活动是以求真的方式来把握世界，求真是科学不可移易的精神、不可丢失的影响、不可替代的方法，科学与求真几乎成为同义语，求真既是科学的工具，又是科学的目的。说它是工具，是因为科学只有通过求真的途径、求真的方法才能获得对世界的认识；说它是目的，是因为科学的任务就是在不断地排除谬误接近真理。目的和目标都是指行为的结果在实现之前以观念的形式在人的头脑中的成像。那么，由于学术行为的任务也是在于通过观察、讨论、研究、分析、归纳，在不断地排除谬误的过程中接近客观对象的本质，因此求真也就成为学术活动的主要内容、学术行为的重要品德，真理也就成为学术活

---

① 吕耀怀. 道德图式结构解析//曾钊新文集（第1卷）[M]. 长沙：湖南人民出版社，2003：316 - 317.

动追求的目标。因此，我们说学术行为以求真为目标。

真是善的基础，求真方可提炼出善。我们对"真"的寻求，并不仅仅是为了获取某些"普遍必然性"的知识，从而对世界上千差万别、千变万化的事物做出理论解释，更重要的是为获得规范人的思想与行为的"根据"、"标准"和"尺度"，从而奠定人类自身在世界中的"安身立命之本"或"最高的支持点"。因此，在哲学的意义上，对"真"的寻求，其实质是对"善"的寻求，即对人自身的幸福与发展的寻求。爱因斯坦在分析真和善的关系时曾说："对真理和知识的追求并为之奋斗，是人的最高品质之一。"亚里士多德在《形而上学》中强调："求知是人的本性。"可见，求真也是人类自我完善的一个重要维度，求真的深层之处蕴藏着向善的成分。

在科学的活动中，求真与向善不仅仅是交织在一起，结合在一起，而且向善是求真的目的、统率，求真的活动受善的理念引导、指挥和控制，向善成为求真的精神和灵魂，善是真中提炼出的价值。科学上的求真具有终极的价值意义，科学活动也因此具有把人导向到人生最高境界的作用。爱因斯坦说过："一切道德、科学连同宗教和艺术都是同一个树枝上的各个分枝。所有这些走向都是为着使人类生活趋于高尚，把它从单纯的生理上生存的境界提高，并且把个人导向自由。"这种导向的作用之所以产生，不仅在于它在价值上指向人的终极目的，还在于人生的智慧是真善美的统一，这种真善美的统一离不开科学的知识和真理。贺麟先生曾有过一句精辟的话："欲知人，不可以不知物。"如果没有一种对于世界、宇宙的浓厚认识和恢宏识度作为背景，一个人的人生境界和人生哲学是难以实现的。海森堡认为，现代物理学可能已经为人类精神和实在之间关系的广阔见解打开了大门，为技术的发展和人生意义的联系提供了可能。反过来，人们掌握了科学知识与真理，也往往归于这种人生的大智大慧的达成。正如杜伽尔所说："科学并不单纯是知识，它是与宇宙相协调的愿望……与它要探索其规律的宇宙相协调的愿望。"不管我们的知识怎样抽象化，不管我们怎样致力于消灭主观的因素，但归根结底科学仍具有强烈的人性。我们想到的和去做的每一件事都是与人有关的。科学无非是在人类之镜中的自然映像。我们可以无限地改善这面镜子，或者我们自己相继发现错误的原因，但无论怎样，都永远抹不掉人类的属性。

求真可以亲和美，使真美善实现统一。以求真为终极目标的科学活动，不仅反映着人与客观世界的认识关系，而且反映着人与客观世界的审美关系。可见，

科学不仅仅是求真，而且还爱美。美是对"合规律性"——"是"与"否"和"合目的性"——"应当"与"善"的统一，这意味着真、善、美三者是统一的。

如果进行智力教育而不去揭示所研究对象的美，进行劳动教育而不去认识劳动的目的、内容和过程中的美，培养品德而不去欣赏品行之美，使身体得到发育而不具备关于人的完美体魄的概念，这是无法想象的。反之，如果脱离生活，脱离积极的创造性活动，脱离为达到理想而进行的斗争来进行审美教育，这种教育也是空虚的。当我们紧密结合生活进行教育，并向学生展示体力劳动之美、精神和体格之美时，我们就能更加有效地解决智育和德育、美育、劳动教育和体育诸方面的问题。

真与美亲和、与美结伴。真依靠美来展示自身，美依靠真而让人称奇。人类实践的存在方式，造就了人生活世界的真情之美，也造就了人智力探险的逻辑之美。人类具有思维的能力和求知的渴望，宇宙之谜、历史之谜、人生之谜，对于具有思维能力和求知渴望的人类来说，是一种精神上的诱惑和智力上的挑战。面对这种诱惑与挑战，人类以思维的逻辑去揭开笼罩着自然、历史和人生的层层面纱，并以思维的逻辑去展现自然、历史和人生的本质与规律。逻辑之美是人类的智力探险之美、思维撞击之美、理性创造之美。人类的智力探险、思维撞击和理性创造是美的，这种探险、撞击和创造的产品——思想、理论、科学——也是美的。正如哲学家卡西尔所说："在我们现代世界中，再没有第二种力量可以与科学思想的力量相匹敌，它被看成是我们全部人类活动的顶点和极致，被看成是人类历史的最后篇章和人的哲学的最重要的主题。"在科学理论中，我们可以感受到科学"首尾一贯""秩序井然"的逻辑结构之美，可以感受到"强有力"的科学语言之美，也可以感受到"清晰而明确"的科学描述之美。

培根把科学精神的求真比喻为追求一个美人、并由此获得人生之幸福的过程。他说，研究真理，就是向她求婚；认识真理，就是与她共处；相信真理，就是享受她的柔情。可见，在培根看来，一切美好的事物，真与善、善与美、真与美，在科学活动中都融为一体了。霍金曾经提出："在这个作为创造能力特殊表现的科学和艺术领域内，人与客观现实一起建造起另一种现实，这就是由一些艺术形象构成或由一系列概念来表示的世界。"真正的科学家和真正的诗人是用同一种材料塑造出来的，科学和艺术的全部实践的特点就是使知识和感情条理化，把它们归结成理论系统或形式美学系统。①

　　由于求真在学术活动中的重要地位和它独有的向善爱美的特殊功能，所以它成为高校教师心理优化的首要对象，它是教师心理图式中的基本内核。

案例分析

　　求真是教育活动的品德要求，也是高校教师职业道德中最基本的要求之一，请你结合以下案例谈谈求真在学术活动中的重要性。

　　一、哈佛大学达西丑闻

　　约翰·达西（John Roland Darsee）是哈佛大学医学院一个附属医院的博士后研究人员，他的导师尤金·布劳恩瓦尔德（Eugene Braunwald）是哈佛大学教授，也是美国科学院当时心脏科学的唯一院士。在 20 世纪 80 年代以前，由布劳恩瓦尔德指导过的 130 多名研究人员中，已经有 40 多人在美国的大学里获得了正教授和系主任的职位，而达西则被布劳恩瓦尔德认为是这 100 多人中最优秀的。在 1978—1981 年间，达西作为主要作者，已经发表了 100 多篇论文（其中绝大部分是论文摘要）。1981 春，布劳恩瓦尔德为达西争取到了哈佛医学院助理教授的职位。

　　就在达西准备上任之际，他的三个同事发现了他伪造试验数据的证据。哈佛大学马上收回了给他的聘书，但允许他继续在布劳恩瓦尔德的实验室工作。5 个月后，美国国家卫生研究（HIN）发现达西提供的试验数据与其他人的数据有极大的出入，达西丑闻这才走出了哈佛大学。最终，达西发表的 17 篇论文、53 篇摘要被撤销。HIN 禁止达西在 10 年内申请或参加 HIN 的科研项目。

　　不过，达西丑闻的影响之大主要还是因为哈佛大学在这件事情的处理上出现了过失。达西从事的研究项目来自 HIN，达西做假是在 1981 年 5 月被发现的，可是哈佛大学在 HIN 发现数据离谱之后，也就是半年之后，才正式通知 HIN。在此之后，哈佛大学自己成立了一个调查委员会，8 名成员中，有 5 名是哈佛的教授，尽管主任由约翰·霍普金斯大学教授担任。这个调查委员会在两个月内只开了两次会，没有与任何检举人面谈，就在 1982 年 1 月下结论说，达西做假仅限于已经发现的那几例。可是在 1982 年年底，由 HIN 组织的调查却表明，达西的论文几乎篇篇有假，他的做假历史可以上溯到他的本科时代。HIN 的调查报告直言不讳地

---

① 曾山金. 教育目标的伦理管理 [M]. 长沙：湖南人民出版社，2007：78 - 81.

批评了哈佛大学处理达西事件不当。

二、贝尔实验室：舍恩事件

从 2001 年起，国际物理学界出现了一颗闪亮的明星，他就是贝尔实验室的舍恩（Jan Hendrik Sch. N）。在短短的两年间，他发表了 90 余篇论文，绝大多数是在国际权威杂志上，如《科学》和《自然》。有一段时间，舍恩每 8 天就发表一篇论文。他被誉为爱因斯坦第二，被视为诺贝尔奖的当然得主。不过，在 2002 年的 9 月，舍恩建立的这座科学大厦顷刻间土崩瓦解，他发表的论文被所刊载的杂志整批整批地撤销。仅在 11 月份，《科学》杂志就一次撤销了舍恩的 8 篇论文。

舍恩是德国人，事发时只有 32 岁。他的事发，实际是早晚的事情。2002 年春天，有人发现舍恩的试验结果根本就重复不出来，而普林斯顿大学和康奈尔大学的物理学教授分别发现舍恩的 3 篇互不相关的论文却含有完全相同的图表。贝尔实验室马上开始了对舍恩的调查。尽管舍恩把原始记录彻底销毁了，调查组还是得出了结论：他的试验结果多数是伪造的或经过篡改的。贝尔实验室在调查结束后马上把他解雇。德国一个世界著名的研究机构——德国马克思·普朗克研究所（Max Planck Institute）撤销了给他的聘书。贝尔实验室的董事长欧西发表声明说："我们为这一科学不端行为发生在贝尔实验室而感到深切的悲痛。在它 77 年的历史中，这是第一次。"

三、"汉芯一号"造假奇闻

2003 年 2 月，在摩托罗拉公司做测试的工程师陈进，将一片从美国买来的 MOTO – freescale56800 芯片，雇人磨掉原有标志，再加上自己的 LOGO，"研制"成了"完全拥有自主知识产权"的"汉芯一号"，并借此当上了上海交通大学教授、博导、微电子学院院长。借助"汉芯一号"，陈进申请了数十项重量级的科研项目，进而骗取了高达 11 亿元的科研基金。2006 年 1 月，造假事件东窗事发，震撼全国。

四、2014 年科学界最大丑闻：小保方晴子事件

2014 年年初，日本理化学研究所（RIKEN）发育生物学实验室的小保方晴子（Obokata Haruko）和同事发现，将从新生小鼠身上分离的细胞暴露在弱酸性的环境中，能够使细胞恢复到未分化状态，并使其具备分化成任何细胞类型的潜能。他们将这种现象称之为"刺激触发的多能性获得"（STAP）。

2014 年 1 月 29 日，小保方团队将两篇研究论文发表在《自然》上。论文一发表就引起学界极大震动，一方面带来一片惊叹声，另一方面也引起部分人的怀

疑。争议不仅围绕 STAP 和两篇论文，也爆出小保方以往论文中就有伪造实验数据、篡改图片的嫌疑。许多顶尖研究者表示他们无法重复出小保方的实验结果，《自然》方面称这一问题已经引起他们的关注。

3 月 20 日，STAP 细胞制备技术的可重复性受到进一步受到质疑，小保方博士论文被爆造假。《科学》称，一些与《自然》那两篇论文有关的实验室，其实并未在论文发表前重复出小保方晴子团队的实验技术。与此同时，小保方的博士学位论文也爆出涉嫌抄袭。

6 月 3 日，最新检测结果显示，STAP 干细胞根本不存在！若山照彦提供了 20 个干细胞系（包括小保方的 8 个在内）给一家匿名的独立遗传分析小组，小组进行基因检测之后，给 STAP 判了死刑：所有干细胞系都与论文声称的小鼠品系不符，STAP 不存在。

6 月 12 日，小保方晴子事件导致理研发育生物学中心关闭。理研的调查委员会推测，研究者是为了制造突破性的研究成果而草率发表了研究成果。

7 月 2 日，《自然》杂志将两篇 STAP 论文撤稿。

7 月 17 日，早稻田大学宣布小保方晴子的博士论文"未达博士标准"，但并不撤销已颁发的博士学位。

8 月 5 日，一直力挺 STAP 的小保方晴子导师、被认为有望获诺贝尔奖的干细胞界顶尖专家笹井芳树自杀。

资料来源：果壳网，2014 年 4 月 1 日（有删减）

二、高校教师职业道德的内化

高校教师职业道德内化，是指高校教师在教育实践活动中通过道德认识强化、道德情感体验和道德意志磨炼，将师德规范固化为教师内心的道德结构的心理过程。换言之，就是教师职业道德人格的形成，教师职业道德人格化的过程。它可以分为有意识内化和无意识内化两种情况。

一是有意识内化，即个体有意识地将外在影响和要求内化为自身的素质。在这一过程里，学习主体能自我感觉到自身所做的努力，是一种有明确指向的、可以自己控制的也可以量化的知识转化的过程。比如系统的课堂讲授，老师按照教学计划按部就班地传授，学生依照老师的要求亦步亦趋地学习。其间，有明确的学习目的，有指定的学习教材，有科学的学习评价手段。

二是无意识内化，指个体在无意识之中接纳外在影响和要求，在日常生活、学习、工作当中，由于周围环境的影响，由于身边榜样的带动，由于平常日积月累的习惯性地操作等将一些为人们所广泛接受的为人处世的原则或是某一学科方面的知识等不知不觉地渗透到自身的知识结构中，积淀成为一种内在素质，进而养成一些习惯，指导自身的日常行为。在这一过程当中，学习主体能理解自身行为的意义和目的，也能体会到行为的最终方向，能知晓自己将要把自己培养成为一个具有什么样素质的人，但他们很难有一种量化的标准来评估自己的学习，他们所有的变化都是在一定环境当中，在某种特定的氛围中完成的，是一种潜移默化的过程。他们的进步不能用考试来衡量，但可以通过其精神面貌的改善，通过其对社会、对集体、对自己的人生观、价值观和世界观的改变，通过其对学习和工作的意义、目的的态度的演变来考察。这一种内化是主要的，对人的素质的提高起主导作用。

思想素质、道德素质以及心理素质等很难通过课堂教学培养出来，即使培养出来，也是不扎实，没有长久的实效。它们一般情况下是通过无意识内化的方式获得的，靠环境感染，靠场所熏陶，靠潜移默化来培养。

（一）情感教育是教师职业道德内化的外部诱因

情感教育理念，古今中外早已有之。从古代开始，教育教学专家就注意到人的情绪因素对教育的影响作用。孔子认为：知之者不如好之者，好之者不如乐之者。只有"乐之者"，才能"学如不及，犹恐失之"。赫尔巴特主张通过兴趣的培养来达到使受教育者形成教养的目的。然而，在教育实践中，尤其是在蕴含浓厚情感色彩的道德教育实践中，诸多教育者却只重视认识系统的操作而忽视情感系统的操作，把道德规范当做僵死的教条，企图以灌输式、填鸭式的方式将其强加给受教育者，结果道德教育流于程式化。

情感教育是指教育者满腔热情地进行教育活动，在教育过程中不仅注意诱发、激励受教育者的情感，使之处于最佳状态，而且把情感培养视为教育的目标之一。这一原则包括三个内容：一是教育者以积极饱满的热忱、健康的情感、良好的个性形象投入教育过程之中，在整体中把握客观知识的逻辑联系和意义结合；二是教育者善于运用各种方法、手段诱发、激励与协调受教育者的积极情感；三是实现教育活动中的情感渗透与迁移。这三个方面是相互联系的，教育者的情感是重要的前提，诱发、培养受教育者的情感是目的。

教育者和受教育者是构成教学中情感现象的两个源点。情感教育理论的代表，美国人本主义心理学家罗杰斯的非指导性教学模式，从实际操作层面阐述了情感教育理论。这种情感教育理论认为教育过程应以解决受教育者的情感问题为目标，首先由教育者建立一种接受气氛，让受教育者在情感体验中表达自我情感，教育者接受并理解各种情感。然后，组织受教育者鉴别和追求自己的学习目标，在实践中实现情感参与和渗透。最后，受教育者主动探索自己喜爱的事物，并做出选择，在此过程中实现教育主客体的情感互动。

在师德教育过程中应注意以下几点：

首先，要有道德情感体验。情感体验是指认识主体在情感上把自我当做客体，使自己暂时根据客体环境、立场、观点去观察事物、思考问题，从中获得关于客体的信息。情感教育模式依据的是情感体验的心理过程，它是一种以情感为核心的知、情、行整合结构。道德教育中的认知学习与行为学习是以情感为中介发生的，受教育者在特定情境中体验教育者的真诚、信任，接受并表达各种情感，把各种理性知识内化为情感力量并接受它。脱离情感体验的单纯的认知学习，只能造就夸夸其谈的"口头革命派"；没有正确情感导向的行为学习，就难以避免行为的功利性驱动。因此，没有情感体验，孤立的认知学习与行为学习是毫无意义的。行为学习的目的不在于行为本身，而在于行为背后的情感体验结果，它主要不是获得熟练的行为方式，而是要形成积极的情感体验。只有通过道德教育实践，主体与客体才能发生切实的情感关系，才能身临其境，体验、感悟主客体间的关系，实现知、情、行的整合。

其次，要有道德情感渗透。道德教育是一种情感交流、渗透过程。知识只有通过生动的情感语言触及受教育者的灵魂，激动他们的心灵，才能成为精神的力量。情感教育正是依靠情感语言和诗意想象的语言以完成个体的感受，同时要求结合具体知识点教育循序渐进地进行。情感渗透主要有目标渗透和过程渗透。（1）以情感为中介，实现道德知识向信念转化，知识只有转化为信念才能成为精神的力量。道德知识能否内化为道德精神力量，关键在于教育过程中的情感渗透程度。（2）实现教育过程与情感实践一体化。教育过程是一种人际交往过程，本身充满着无数的情感渗透，它亦是受教育者情感实践的重要方面。以信任、关怀、合作建立教育中的关系，以丰富的教学媒体与生动的情感语言创设教育情境，实施情感化教学，是实现道德教育中情感渗透的重要条件。

最后，要有道德情感转移。情感转移即是"感人之所感"并能"知人之所感"，是既能分享他人情感，对他人的处境感同身受，又能客观地理解、分析他人的情感。在道德教育实践中，教育双方不仅要细心体验情感，而且要达到情感转移的效果。即要使受教育者在学习过程中能分析、理解教育者的情感；要使受教育者在观察处于某种情感状态下的教育者时，能产生与教育者相同的情感体验。雅斯贝尔斯在《什么是教育》一书中指出，爱的理解是师生双方价值升华的因素。要达到爱的理解，就要求教育双方的情感必须互动转移。情感转移包括两个方面：（1）教育者情感向受教育者迁移。德国教育家说得好，教育的艺术不在于本领的传授，而在于情感的唤醒、激励、鼓舞。教育者激发被教育者的情感，并对它作移情理解，反馈到受教育者，经其体验，潜移默化，教育者的情感便产生了转移。（2）受教育者把自我转移到道德知识和道德规范的对象中去。假人于物，把自己化身于"道德"之中，努力比照理想与现实的差距，从而达到自我教育、自我提升的学习效果。

（二）意义性学习是教师职业道德内化的内部动因

所谓意义性学习就是指学生在学习的整个过程当中都能清楚地知晓学习的目的及意义所在，对学习的目标及学习所要达到的理想状态有一个非常明了透彻的了解，从而在整个学习过程当中，能自始至终保持浓厚的学习兴趣，自觉地完成学习任务，及时地进行学习反馈，将学习与主体自身的全面发展紧密地联系在一起。

学习道德知识和道德规范应该是一种意义性的学习，而不能是机械式的填鸭式的学习，而对学习意义的把握，对学习意义的理解，主要在于学生对学习目的、学习价值、学习兴趣以及学习的功利性几个方面。

（1）学习目的。学习目的主要指学习指向，指整个学习过程所指向的要达到的理想状态以及其要实现的目标。以往的学习心理学研究表明，具有明确学习目的的学生，其学习的焦虑水平适中，成败归因正确，愿意承担富有挑战性的学习任务，能形成较为强烈的学习动力和学习热情。

（2）学习价值。即学习价值观，是指对自身学习的价值思考和价值定位，包括其社会价值、功利价值及其心理价值。

（3）学习兴趣。学习兴趣指对某一学科领域中的知识和技能所具有的一种强烈的好奇心以及迫切希望掌握这种知识和技能的愿望。它是学习动力系统中最活跃、最容易观察到的偏重于情感领域的成分。学习兴趣一般由于学习者的一种内在需要而被激发出来，可以充分而积极地调动学生的思维，提高其对知识接受、加工、重组的水平，不断地将学习者的学习引向更高的层次。

（4）学习功利性。学习的直接的功利性方面一般总被许多教育工作者和教育理论家所忽视。从诱因理论上来讲，功利性可以成为学生学习的主要外部诱因。作为一个心理学的概念，诱因是指行为激活的外部因素，包括能满足个体需要的客体、情境和事件，是引发行为动机的目的物，具有诱发或激起个体指向目标的行为的作用。学生若能正确地把握学习功利性的尺度，将学习的长远理想与近期的功利目标结合起来，将强烈的社会责任感与正当的个人功利要求结合起来，对于提高其学习兴趣，维持艰苦和长期的学习将具有重大的现实意义。

（三）养成良好的道德习惯

教师职业道德内化的最终指向道德作为一种实践精神，从不满足于对自身的理论追求，而是追求具体行为的落实。高校教育职业道德的培养也绝不是仅仅满足于对教师职业道德规范和教师职业道德理论的掌握和理解，它更加希望这些文本和规范能成为大学教师血液中的魂、记忆中的神、机体中的魄，使"理应之理"变为"自然而然"，使道德个体获得"从心所欲而不逾矩"的道德自由。因此，道德习惯的培育应该成为道德培养的着眼点和着力点，理应成为教师职业道德人格的核心内容和职业道德内化的最终指向。

道德习惯是指个人在社会生活中，通过不断反复的道德实践，形成的不需外在监督即实现的道德行为生活惯例。而职业道德习惯是指从业者在其职业生涯中，经过长年的职业道德的学习和实践所养成的职业道德生活惯例。

教师良好的职业道德习惯包含以下三个方面的内容。

首先，教师的道德习惯是具有教师职业道德意义的生活惯例。教师在教育活动中都可能有意无意地养成各种习惯，但我们不能把这些习惯就等同于职业道德习惯。职业道德习惯须是符合职业道德准则，含有职业道德内容，具有职业道德价值的习惯。职业道德习惯是序列职业道德活动的自动化、模式化。一个具有好职业道德习惯的教师，他的道德活动往往是迅速的、自如的，不需要深思熟虑的意志努力。有时是一种道德直觉，主体无须对客体凝神静思、分析综合，一望便知对不对、好不好、该不该。

其次，教师的道德习惯是教师职业道德人格的核心内容。教师职业道德人格

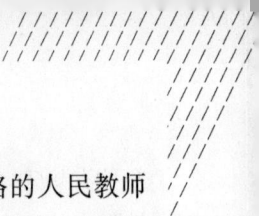

的形成是整个职业道德培育的最后环节，一个具有教师职业道德人格的人民教师必定是具备良好的职业道德习惯的好老师。一般来说人格包含五个要素：认识、情感、意志、信念和习性。教师的职业人格比人格的内涵要深，外延要窄。它的内在结构是职业道德认识、职业道德情感、职业道德意志、职业道德信念和职业道德习惯的有机结合。而职业道德习惯是多方面的，是职业道德行为和职业道德图式的统一，它既表现于言语、行为、态度、仪表、爱好等方面，也表现于思维方面。特定的职业道德习惯，乃是特定的职业道德认识、职业道德情感、职业道德意志、职业道德信念与特定人的肉体的融合，它似乎是不思而有、不虑而得、自然而然的。道德人格总是寓于道德习惯之中，根据一个人的道德行为习惯，即可确认其道德人格。

最后，教师的道德习惯是教师职业道德人格教育的归宿。长期以来，我们对思想政治教育强调得多，把德育的价值取向与德育过程混为一谈，总以为只要把道德观念和价值概念讲给学生听，学生就能获得相应的品德。实际上，受教育者从接受道德观念到形成道德行为是一个长期的、反复的过程，必须伴随着思维水平的提高和道德习惯的养成，否则就会使受教育者只背记大量的理论、条例而在道德实践中却有可能表现出不道德。因此，重视发展受教育者的道德思维，培养其道德实践能力，进行道德习惯的养成教育，使他们具有良好道德习惯和道德素质，是道德教育的目的和归宿。

三、高校教师道德人格的升华

人格，是人们日常生活中使用频繁、含义广泛的一个概念，也是为诸如心理学、伦理学、社会学、法律学、教育学等多门学科所深入研究的重要范畴。"人格"一词的英文表达是"personality"，表示个人的某种存在状态，它的词源是晚期拉丁文"persona"，即假面壳，相传始于古罗马一个演员为了掩饰他不幸的左眼。后来，"面具"这个词逐渐被赋予多种意思：（1）一个人给他人的印象；（2）人的社会身份和角色；（3）特指有优质品质的人；（4）人的尊严和声望；等等。我国的人格思想源远流长，汉语中与"人格"一词含义相近的词语也颇为丰富，比如人品、品格、品质、个性等，人格教育和修养的方法与途径更是不知凡几。

尽管我们不能武断认为，"人格"就等于"人"字与"格"字的简单相加，但通过单个字的字义分析，可以对"人格"一词的含义有更深入的了解。人，是一种有规定、有准则、有限制的特殊存在物，因此人的存在中有接受、顺从以及被限定的一面；"格"，据《辞海》解释，有多层含义，它的第一层含义是指方形的格子、框框，这是从外观上所给定的一种比较形象的解释；它的第二层含义是准则、式样，如"合格"。这个"格"多指静态的定局或需服从的一种限定，这个"格外"就是超出常规以外，与格内之物不同的意思。从"格"的第一层含义来看，"人格"从字面上可以理解为"人之格"或"格中之人"，前者是指人所处的某个格子，主语是"格"，后者是指处于某个方格中的人，主语是"人"，这是一种直观形象的理解，处于格子里面的人，即为"格中之人"，而处于格子以外的人，则为"格外之人"。"格"的第二层含义，是对第一层含义的推导和引申，因为，既然是方形的格子，就必定具有一定大小的空间，而构成这个格子的四条边，便可以理解为一定的标准、准则，由这些标准、规定构成的具有一定大小空间的"格"则是人类社会的某个领域。从这个意义上来看，"人格"就是指社会对人的一种规范、准则约束或处在一定社会规范、准则中的人。符合这些规范、准则，则处在"格"内，否则，将被排斥于此"格"之外，就是"出格"。

心理学和伦理学对人格的研究最为深入，且各具特色、互有差异，主要表现在：第一，二者追求的终极目标不同。心理学追求的是一种健康人格，是对人格心理层面健康的追求。尽管每一个学派，甚至每一个人格心理学家，各自的理想人格模式都各不相同，但他们有一个共同的特点，即都是把所追求的理想人格的终极目标指向心理人格的健全。为了实现这一目标，人格心理学家们通过大量临床经验和心理测试，研究心理人格的产生机制与规律。与人格心理学不同，伦理学所追求的理想人格模式是主体高尚的道德人格。高尚人格的内涵随时代的变迁而变迁，各个阶级道德高尚的标准也各不相同。比如，在漫长的中国封建社会，高尚人格指的是君子人格，而当代则将全心全意为人民服务、大公无私作为人格高尚的标准。尽管如此，伦理学以高尚人格作为理想人格模式一直没有丝毫的改变。

第二，二者的内涵不同。心理学认为，人格是个人的气质、性情、能力的总和，是个人的心理特征的具体表现。不同的人格学家，还从不同的视角，将人格划分为各种不同的类型。外在的表现是内在心理特征的体现，人格通过气质、性情、能力等将内心的所思所想写在脸上、言谈举止之中，十分强调人的自然特征对人格心理方面的影响。而伦理学认为道德人格，是指个人资格、规格、品格的内在统一。也就是说，道德人格是一个具有为人资格和尊严的人的道德品质和社会地位。从这个定义可以看出，道德人格研究的侧重点是道德境界的高低，只有道德境界高的人才具有人格，而道德境界低的人，可以说是没有"人格"可言的。

第三，二者的外延不同。世间万物皆有其"格"，物有物格，人亦有人格。"格"之大小不同，"格"中所"框图"内容的多少也不尽相同。心理学研究之人格，以人的自然性、生物性为研究的前提，它将所有具有人的自然特征之人"框"入其中，任何人只要他具备人的外貌、形体特征，只要是人，在心理学看来便具备了做人的资格，所以，这个"格"可谓是大"格"了。而伦理学以"人一出生，便被打上了社会的烙印"为研究前提，其道德人格所指之"格"，是指心理学人格的"格"中之人或者说自然生成之人再以道德规范为格，将道德品质高的人"框"入其中，品质低下者则被拒之"格"外。因此，从外延来看，道德人格是小"格"，心理学人格是大"格"，前者是后者的"格中之格"。

我们认为，道德人格是道德主体的资格、规格和品格的内在统一，不能简单地将之理解为一个人做人的资格或道德心理上的品格。资格是指人之为人的先在条件，是道德人格形成的必要条件；规格是指从道德主体长期遵循的特定道德规范的性质和层次中所折射出的人格境界，其高低直接决定了道德主体是否真正具有做人的资格和品格的高低，进而决定道德人格的有无；品格又可称为品德、品质，它是主体内在规格的外在表现，是道德主体在长期的、一系列的道德行为中形成并通过道德行为表现出来的一种较稳定的内心状况和心理特征。狭义的道德人格就是指道德品格。品格是世界上最强大的动力之一。高尚的品格是人性的最高形式的体现，它能最大限度地展现出人的价值。

正如不能有"无头脑"的哲学家一样，也不能有无灵魂的"灵魂工程师"。教师的灵魂就是以教师人格为首位的包括完备的知识体系、思想作风、工作精神的总和。教师应该凭借职业的良心，在对"树人"的社会责任自觉地接受以后，使其升华为一种甘为"人师"、"人友"、"人范"和"人梯"的崇高理想和目标选取。"人师"、"人友"、"人范"和"人梯"就是高校教师道德人格的理想标准。

"人师"既是一个目标，一种责任，也是一种荣誉。师者，先行者也，能授业传道也。做人之师，必须在知识的占有上走在学生的前面，要具备解疑释惑的本领，要有能把复杂的事情明了化、简单的事情系统化的高超艺术，要有能把深奥的道理形象化、通俗的表白哲理化的厚实功夫。

"人友"，是指教师要有与学生沟通感情的品格。"教不严，师之惰"，严中有情才能感化学生。爱的力量是伟大的，向学生输送一份爱必定会获得十倍的偿还。笔不能在凹凸不平的草地上把字写好，人不能在战栗的心境下把知识领悟。教师应与学生结为朋友，使他们实现"愉快学习"，进而百倍地提高学习功效。与学生为友要体现在感情上，感情要熔化于教学中。教学中哪些地方是疑难，疑难要如何才能解开，教师都首先必须做"心理投射"的假设。将心比心，才能做到肝胆相照，才会体会学生的苦楚。否则，就会成为一个没有心肝的居高临下的校园泥尊。

"人范"，是指教师的身教和风范作用。"人格效应"是灵魂塑造中的基本效应，高人格的教师才能培养出高人格的学生。教师的品德固然是学生的范本，教师的水平也是学生评价教师的品德的样本。如果教师鼓励学生认真，但教师的教案却很马虎，如果教师高呼知识的力量，但教师的知识储备却很匮乏，那么，这实际上就是暗示学生要讲空话，言行不一，文过饰非。所以思想影响不仅表现在思想说教中，更多的是存在于生活中和教师对待自身工作的态度中。讲台上"言"高调，讲台下"行"跑调，这是一个没有职业良心和职业道德的食利之徒，绝不是一个称职的教师。

"人梯"，是指教师要有甘于提携后学，甘为蜡烛照亮别人的自我牺牲精神。教师的使命是把知识献给大众。重要的在于播种，而不在于自己去占有、收获。正所谓"生而不有，长而不宰，为而不恃"。要做到播种不息，把收获留给未来。花朵逝去的时候，把信念留给心中的果实；树叶飘零的时候，把营养留给脚下的泥土。辛勤的教师珍惜一分一秒的时间，但有时，又可把时间当做雪花那样，一片一片地抛却，只要学生问难，不管白天夜晚，都可以放弃自己的安排，去详尽地回答他的问题。烛光精神是教师引以为自豪的荣耀，它不是在放热时流泪，而是在发光中奉献。学生一代一代地从学校走向社会，不像流水那样一流而逝，学生永远不会忘记自己知识的发源地，在他一生的事业中都打上了母校的印记。

"人师"、"人友"、"人范"和"人梯"的精神，构成了教师职业道德人格的核心内容和培养目标，它是在对"树人"社会责任的神圣性深入的理解之后，坚定的内心信念和义务坚守。

教师的道德人格综合了教师职业道德认识、职业道德情感、职业道德意志、职业道德信念、职业道德习惯等多种品质，其中认识、情感、意志、信念是教师人格的内在品质，道德习惯是认识、情感、意志、信念的外在表现。教师道德人格的升华，就是教师的道德认识、道德情感、道德意志和道德信念，经过社会的道德培养和自身的道德修养得到整体的提升，使教师由道德无知到道德有知，从道德自发到道德自觉，从道德他律到道德自律的人格转化。因此，教师道德人格的升华包括教师道德知识的升华、教师道德情感的升华、教师道德意志的升华和教师道德信念的升华四个环节。这四个环节依次推进、互为因果，经过量的逐步积累，最终完成人格的质变。

道德认识的升华。人格升华的第一步，就是每个教师要真正理解道德认识的真谛。道德认识是要求教师对职业道德的认知不能只停留在有关师德的规范和条例上，而应透过道德规范的字里行间，真正体会到教师的身份、角色的重要性和责任感。"师者，所以传道、授业、解惑也。"因此，教师的第一要德就是"智"德，想要让自己成为一名有德的人民教育者首先要让自己成为"经师"和"智慧的化身"。"以其昏昏，使人昭昭"，这样的老师是不合格的老师，这样为人是"缺德"的人。"名师出高徒"，每个教师都应力争成为明师、名师，甚至是"一代宗师"，要用自己的知识和行动来教育学生，这既是教师的目标，也是教师的责任。要教好书，就要有"破书"的气概和毅力。古谚有云："读书破万卷，下笔如有神"，这是就读书与写书之间的关系而讲的。同理，"破书千万卷，教书如有神"，这是就读书和教学之间的相互关系而体悟的一种因果关系链。"破书"的含义，一是指破译书中之谜，二是指道破书中之理。读书读到了这种程度，就可称为"破书"了。要"破书"，就要会读书，要掌握书中的概念以及概念之间的联系，掌握由概念所构成的原理以及原理之间的关系，掌握原理所构成的体系以及体系和课程之间的关系。有人把教师当做教书匠，如果教师能把所讲授的课程内容掌握得滚瓜烂熟、了如指掌、思绪如流，那么这种教书匠正是我们所需要的具有高超教学艺术的教育者，也是具有道德人格的教师。而那种认为有一本教材就敢上讲台的教师，照本宣科的教师，只用事例去向学生描述教学内容而不是尽力揭示教学内容中的理论内涵以使学生获得理论的教师，应该说是不称职或者没有道德人格的教师。

道德情感的升华。道德情感是道德人格的重要组成部分，离开了情感，人格与道德就无法结缘。道德情感同其他情感一样，是人对客观世界的一种特殊反映形式，是人对是否符合自己的道德需要而产生的内心体验。因此，道德需要是道德情感的心理本质。人的需要是千差万别的，所谓众口难调，就体现了人的需要的多样性。人的需要不仅多样，而且多层次。人本主义心理学家马斯洛认为需要可以分为五个层次，分别是：生理需要、安全需要、归属与爱的需要、尊重的需要、自我实现的需要。假如参照马斯洛的划分法，为道德的、职业道德的需要进行定位，它们可以看做是一种安全的需要。因为这种需要表现为人们需求稳定、安全、有秩序和能受到保护的一种状态，而道德作为一种规范，它的职能就是维持社会的稳定和有序。如果将教师的职业道德情感与他对学生的爱、对自身价值的理解和尊重和自己终生的追求相联系，那么他们的道德情感毫无疑问地得到了提升。教师将职业道德情感上升为对学生的情感，也就具有了与学生沟通感情的品格，才能拥有"人友"的尊称。"严师出高徒"，严中自有真情流露，严而不专，严而不横，老师与学生结为朋友，使得双向流动的教学过程成为感情的交流、知识的互动进程，让学生在一种愉快的心境下修业进德，这样的教师不仅是有学有识的老师，而且是有情有义的老师。

道德意志的升华。道德意志的升华就是要将教师对在其职业道德履行中表现出来的克服内外部障碍，坚决执行由道德动机作出的决定，用正确的观念战胜不正确的观念，从而完成一定的道德行为的顽强力量和支持精神升华为一种持久的是非分明、扬善抑恶、崇美贬丑的正义感和责任感。换言之，教师不仅要通过道德意志将道德知识、道德规范内化为自己的道德信念、道德品质，而且，要通过意志的支撑和道德的坚守使自身成为学生的道德典范。能成为学生的道德典范的老师，我们亦可尊之为"人范"，即人之范本，道德范例。它是在道德实践中产生的、具有肯定意义的现实生活中的典型，是能够使人产生美感的崇高形象，是内在的善品和外在的善行的统一，是"诚于中而形于外"的正面人物的风范。"人范"具有能触发人们仰慕的效仿性、能唤起人们崇敬的形象性和能为历史所考证的真实性特征。效仿性讲的是功利性的规定，体现了善的原则；形象性讲的是评价性的规定，体现了美的原则；真实性讲的是判定性规定，体现了真的原则。"人范"是真善美在先进人物上的具体集合，是真善美的统一。真善美是与假恶丑相对立的存在，是对假恶丑的抵制和战胜。

道德信念的升华。罗素在《人类的知识》中比较详细地考察过信念的意义及其种类。他认为，信念是身体上或心理上或者两方面兼有的某一种状态。他列举出五种不同种类的信念：第一，那种以动物性推理补充感觉的信念；第二，记忆；第三，预料；第四，只凭证据不经思考就得出的信念；第五，那种得自有意识的推理的信念。实用主义的创始人皮尔斯则认为思维的唯一职能在于确立信念，而"信念就是在我们的本性中建立的一种行动的习惯"。道德信念是人们对某种道德理想、道德原则和规范的笃信。道德信念的升华就是思考如何将萦绕在头脑中的道德观念和道德意识转化为对自己所虔诚的事业的满腔热爱和勇于献身的精神。一名好的教师不但要努力成为一名"经师"、一位"人友"、一个"人范"，还要努力成为一座"人梯"和一柄"烛灯"。苏联教育家苏霍姆林斯基 17 岁时在一所农村小学任教，卫国战争后，他身负重伤仍然回到了学校，并请求免去教育局长的职务，在帕夫雷什一所普通的农村中学担任校长，直到 1970 年去世。他虽然只活了 62 岁，但一生写出了 40 多部书，6000 多篇论文，1000 多篇童话、故事和小说，并创造了"个性全面发展"的教育理论。他的《给青年教师的建议》一书在我国广为流传，是每一位青年教师的必读书，对我们现在教育的发展仍有着深远的影响。当教师，就应该以苏霍姆林斯基为榜样，就要有献身这一事业的决心和意愿。的确，教育事业因为它的崇高和伟大，要求每一位教师热爱它、忠于它。夸美纽斯说："太阳底下再也没有比教师这个职务更高尚的了。""我们对于国家的贡献哪里还有比教导青年和教育青年更好、更伟大的呢？"我国杰出的教育家杨昌济先生说："教育者，寂寞之事业，而实为神圣之天职，扶危定倾，端赖于此。"可见，有幸从事教育工作，是无上光荣、值得自豪的。

复习思考题

1. 高校教师职业道德培育的主要途径是什么？
2. 高校教师职业道德修养的必要性是什么？
3. 高校教师职业道德修养的主要方法是什么？
4. 高校教师道德素质应如何养成并提高？
5. 高校教师道德人格的理想标准是什么？

参考文献

罗国杰．道德建设论［M］．长沙：湖南人民出版社，1997.

唐凯麟．伦理大思路——当代中国道德和伦理学发展的理论审视［M］．长沙：湖南人民出版社，2000.

李春秋．高等学校教师职业道德修养［M］．北京：北京师范大学出版社，1999.

施修华．教育伦理学［M］．上海：上海科学普及出版社，1999.

王正平．教育伦理学［M］．上海：上海人民出版社，1991.

李春秋．教育伦理学概论［M］．北京：北京师范大学出版社，1995.

曾钊新．教育哲学断想录［M］．长沙：中南工业大学出版社，2000.

李建华．教师伦理学［M］．长沙：中南工业大学出版社，1993.

彭升 . 21 世纪高校道德建设四论［M］．长沙：中南大学出版社，2003.

乐龚进．教师职业道德［M］．北京：北京教育出版社，1993.

周义德，等．师德修养论［M］．长沙：湖南人民出版社，2003.

图书在版编目（CIP）数据

高校教师职业道德修养 / 李建华主编 .—长沙：湖南师范大学出版社，
2015.7

ISBN 978 - 7 - 5648 - 2188 - 3

Ⅰ.①高…　Ⅱ.①李…　Ⅲ.①高等学校—教师—职业道德

Ⅳ.①G645.16

中国版本图书馆 CIP 数据核字（2015）第 160431 号

高校教师职业道德修养

李建华　主编

◇责任编辑：何海龙
◇责任校对：蔡　晨
◇出版发行：湖南师范大学出版社
　　　　　　地址/长沙市岳麓山　邮编/410081
　　　　　　电话/0731 - 88853867　88872751　传真/0731 - 88872636
　　　　　　网址/http：//press. hunnu. edu. cn
◇经销：湖南省新华书店
◇印刷：长沙鸿发印务实业有限公司
◇开本：710 mm × 1000 mm　1/16
◇印张：14
◇字数：243 千字
◇版次：2015 年 7 月第 1 版　2020 年 7 月第 5 次印刷
◇书号：ISBN 978 - 7 - 5648 - 2188 - 3
◇定价：30. 00 元